KB071422

NetMiner를 활용한
빅데이터 텍스트
분석 기법과 활용

정원준 저

학지사

머리말

4차 산업혁명 시대는 인공지능, 사물인터넷(IoT), 빅데이터, 클라우드, 3D 프린팅, 블록체인, 로봇공학, 나노기술, 바이오기술, 신소재기술, 에너지 저장기술 등이 융합된 지능형 정보기술이 제조업, 서비스업을 비롯한 사회 전반에 침투하여 사회의 모든 분야에 지능화가 적용되는 시기를 말한다. 이러한 4차 산업혁명은 스마트기술과 데이터의 창조적 활용을 통하여 인간중심의 스마트 가치를 실현하는 것을 의미하기에, DNA(Data·Network·AI)를 기반으로 지능과 정보를 통한 기술적 혁신이 주 핵심이다.

클라우스 슈밥(Schwab, 2016)은 지금이 4차 산업혁명 시대인 근거를 속도, 범위와 깊이, 시스템의 충격이라는 세 가지로 제시하였다. 첫째, 4차 산업혁명 시대의 속도는 선형적 속도가 아닌 기하급수적인 속도로 전개 중이다. 둘째, 디지털 혁명을 기반으로 한 과학기술의 융합이 개인, 경제, 기업, 사회를 상상할 수 없는 패러다임 전환으로 유도한다. 우리는 '누구'인가에 대한 근본적 질문과 답 그리고 변화에 직면한다는 것이다. 셋째, 시스템의 시대적 충격은 국가 간, 기업 간, 산업 간 그리고 사회 전반 시스템의 변화를 가져오고 있다고 예측하였다.

한편, 소셜미디어와 스마트폰의 등장으로 촉발된 빅데이터 이슈가 산업 전반에 확산되면서 빅데이터 분석기술은 조직의 경쟁력을 높이는 중요한 요소가 되고 있다. 빠른 속도로 데이터가 급증함에 따라 빅데이터의 분석은 기존의 분석 방법과 달리 정교한 분석기술과 통계적 의미 부여가 필요하게 되었다. 이는 정부 및 지방자치단체와 같은 공공조직이나 사기업을 포함한 민간조직들이 축적한 빅데이터를 어떻게 분석하고 활용할 것인가에 따라 향후 각 조직의 성패가 좌우되기 때문이다. 하지만 축적된 빅데이터 중에서 가치 있는 데이터는 소수에 불과하다. 따라서 모든 조직이 보유한 빅데이터의 가치를 누가 먼저 추출해 내느냐에 따라 조직의 성패를 가늠할 상황에 직면해 있는 지금 빅데이터를 분석하여 의미 있는 데이터로 발전시키는 기술이 필요하다. 빅데이터는 미래의 새로운 자원이다. 인터넷의 폭발적인 성장과 클라우드 컴퓨팅의 도입으로 유발된 빅데이터는 이미 경험 중인 4차 산업혁명 시대의 핵심 자원이기 때문이다. 또한 향상된 데이터 저장·처리 기술과 분석기술을 이용하여 이제까지 다루지 못했던 방대한 규모의 데이터를 활용한다면 빅데이터는 새로운 비즈니스 기회를 창출할 수 있을 것이다.

종합하면, 빅데이터는 민간 기업들에 있어서는 생산성과 기술 경쟁력을 제고하며, 고객 반응을 실시간으로 경영에 반영할 수 있도록 하는 등의 효과를 보이고 있다. 또한 이러한 측면이 공공영역에서도 강조하는 맞춤형 서비스 강화 등에 빅데이터가 기여할 수 있는 부분으로 이해되기도 한다.

이 책에서는 빅데이터의 속성 및 활용 요소에 대해 알아보고 빅데이터 활용을 지원하는 빅데이터 분석기술을 소개하고자 한다. 특히 다양한 빅데이터 분석 tool 중 ㈜사이람에서 개발한 NetMiner(넷마이너)를 소개하고, 이를 이용한 텍스트 마이닝에 대하여 다루고자 한다. 나아가, 언론 기사와 SNS 채널에서의 텍스트 분석 사례를 실습하고자 한다. 이러한 빅데이터 분석을 통해 조직의 소통 대상자인 다양한 공중이 소셜미디어를 포함한 그들의 매체에서 텍스트로 표출한 반응을 분석하고, 특정 이슈와 연관한 조직의 대응적 그리고 후속적 소통의 방향을 제공하는 지표가 될 수 있는 통찰력을 제공하고자 한다.

세부적으로, 이 책의 제1장에서는 빅데이터의 출현 배경과 정의, 구성 요소, 특징 및 빅데이터 분석의 요구 사항을 소개하고, 제2장에서는 텍스트 분석의 개요에 대하여 중점적으로 논의한다. 제3장부터 제6장까지는 텍스트 분석을 위한 NetMiner 프로그램을 소개하며 그 기능들에 대하여 세부적으로 알아보고자 한다. 제7장부터 제11장까지는 NetMiner를 이용한 텍스트 마이닝 기법에 대하여 언론 뉴스 기사 추출과 분석을 실습하고, 제12장부터 제14장까지는 SNS상 텍스트 분석 활용 사례에 대해 살펴보고자 한다.

이 책이 독자들에게 빅데이터 기반의 텍스트 분석 과정을 전반적으로 이해하는 데 도움이 되고, 학문적으로나 실무적으로 유용한 길잡이가 되기를 바란다.

2022년 8월 30일

정원준

이 책의 내용을 실습할 수 있도록 학지사 홈페이지에 실습데이터를 제공하고 있습니다. 다운로드하여 개인 용도로 사용하실 수 있습니다.

차례

제2부 NetMiner의 이해

제3부 NetMiner를 활용한 텍스트 분석

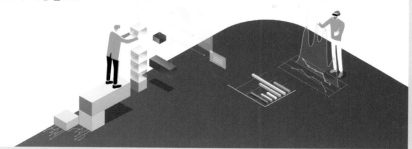

제4부 사례 분석

제1부

빅데이터의 이해

제1장

빅데이터의 이해

1. 빅데이터의 등장

　최근 정보통신의 발달과 모바일 인터넷 및 소셜미디어의 확산과 더불어 기하급수적인 정보량의 증가로 인해 빅데이터 구축, 분석, 활용 등이 IT(Information Technology) 분야의 화두로 떠오르고 있다. 또한 기업 및 국가 차원의 빅데이터 분석과 활용에 대한 높은 관심은 빅데이터가 경제적으로 자산인 시대가 도래하였음을 의미한다.

　빅데이터란 아날로그 환경에서의 데이터에 비해 생성되는 주기가 짧은 수치 데이터와 텍스트 및 이미지 등을 포함하는 방대한 규모의 데이터를 의미한다. 우리는 전통적인 샘플링 방식이 아닌 전수조사의 가능성과 이점을 부각하던 빅데이터 1.0 시대를 넘어, 빅데이터로 실질적 이윤 증대와 사회적 가치를 창출하는 빅데이터 2.0 시대에 살고 있다. 데이터 분석을 통한 수익화를 위해 다양한 비즈니스가 등장하고, 산업 전 분야에 걸쳐 빅데이터에 대한 수요가 급증하는 가운데, 사물인터넷(Internet of Things: loT)과 클라우드 컴퓨팅의 발전으로 빅데이터 분석 기법의 성장이 더욱 가속화되고 있는 실정이다.

　빅데이터라는 단어는 2010년 2월 영국에서 출간된 이코노미스트지에서 처음 등장하였다. 빅데이터라는 용어의 중요성이 부각된 것은 2016년 1월 스위스의 세계경제포럼(World Economic Forum: WEF) 창시자인 클라우스 슈밥(Klaus Schwab)이 4차 산업혁명이라는 단어를 사용하고, 10대 기술 중 첫 번째로 빅데이터 기술을 선정하면서부터였다. 2012년 다보스 포럼에서도 위기에 빠진 자본주의를 위한 사회모델 기술로서 빅데이터가 사회문제를 해결하기 위한 가장 큰 기술일 것이라 예측하기도 하였다.

이미 과거부터 존재해 왔던 빅데이터가 최근 4차 산업혁명의 핵심으로 떠오르는 이유는 무엇일까? 빅데이터의 등장 요인은 크게 네 가지로 나누어 볼 수 있다.

첫째, 스마트폰을 비롯한 모바일 기기의 보급 확대를 들 수 있다. 모바일 기기에 탑재된 센서, 원격감지기술, 소프트웨어 로그, 카메라, 마이크, 매장 등에서의 카드 사용, 자동인식 시스템(Radio Frequency Identification: RFID) 등을 통해 기존의 데이터와 다소 차이가 있는 새로운 유형의 데이터가 축적되고 이를 쉽게 수집할 수 있게 된 것이 데이터를 증가시키는 중요한 요인이 되었다. 최신 PC 및 노트북의 사양과 20년 전 PC의 메모리 그리고 하드디스크의 용량 등을 비교해 보면 예전에 비하여 데이터 저장과 활용성이 폭발적으로 늘어났다는 것을 실감할 수 있을 것이다. 특히 스마트 단말기와 소셜 네트워크 서비스(Social Network Services: SNS) 등으로 대표되는 다양한 정보 채널의 등장과 이로 인한 정보의 생산, 유통, 보유량의 증가로 인하여 데이터가 기하급수적으로 증가하고 있다(정원준 외, 2019). 카드 내역과 모바일 기기의 GPS, 트위터, 페이스북 등을 통한 사진, 동영상, 글귀, 댓글, 포털 사이트의 검색과 클릭, 텍스트 서비스 애플리케이션 내 문자 대화, 모바일 및 인터넷 쇼핑까지도 모두 데이터화되고 있다. 현재 우리의 일상 내 모든 행동 하나하나가 데이터화되어 축적된 것을 빅데이터라 할 수 있다.

둘째, 클라우드(cloud) 서비스의 대중화를 들 수 있다. 대규모 자료를 저장하고 관리할 수 있는 클라우드 환경이나 컴퓨팅 시스템 등의 확대가 급속하게 이루어지면서 다양한 영역이나 기관 그리고 연관 연구자들이 수많은 종류의 빅데이터를 확보하여 이를 활용한 여러 가지 분석이나 접근을 다각적으로 수행하고 있다. 클라우드 서비스를 통해 개인과 조직의 데이터가 한곳에 축적될 수 있었고, 따라서 데이터 분석과 활용에 대한 요구가 증가하게 된 것이다. 일상생활에서 IT 기기의 활용으로 인해 양산된 각종 텍스트, 문서, 통화기록, 전자상거래 기록 등 대규모 데이터가 집적되고 이러한 데이터가 연관 조직의 정보 수집 활동에 활용되는 등 그 활용의 용이성이 강화되고 있다. 가령, 기업과 개인의 활동으로 생성되고 유통되는 데이터뿐만 아니라 환경, 의료, 에너지, 복지, 국방, 기상 등 공공분야에서도 대규모 데이터들이 생성되는데, 이러한 다양한 분야의 데이터가 지속적으로 축적되고 활용될 수 있는 환경을 클라우드 서비스가 제공하고 있는 것이다.

셋째, 트위터, 페이스북, 유튜브와 인스타그램 등 소셜미디어 매체와 플랫폼 활용의 일상화를 들 수 있다. SNS 혹은 소셜미디어를 통해 커뮤니케이션과 정보의 유통구조가 새롭게 재편되고 이들을 통해 상호작용되는 데이터들이 증가하면서 이 데이터들을 비즈니스 측면에서 활용하려는 관심 또한 증대되고 있다(정원준 외, 2019).

넷째, M2M(Machine to Machine) 및 IoT 등의 통신기술 발전에 따른 사물 간 통신 네트워크에서 발생하는 데이터의 증가를 들 수 있다. M2M과 IoT 등의 활성화를 통해 데이터를 사용자가 직접 생성하지 않더라도 인프라 자체가 다량의 데이터를 생성하고 축적할 수 있게 되었다는 점 역시 빅데이터 등장 요인이다(Mckinsey Global Institute, 2011). 빅데이터 등장 배경을 정리하면 〈표 1-1〉과 같다.

〈표 1-1〉 빅데이터의 등장 배경

등장 배경	설명
기업의 고객 데이터 트래킹·수집 행위 증가	• 기업들은 온오프라인 사용자 정보, 소비자 행태에 대한 정보 수집에 적극적
미디어 콘텐츠와 콘텐츠 사용에 관한 정보 증가	• CT 스캔, CC카메라 등 다양한 부분에서 대용량 멀티미디어 콘텐츠 생산 증가 • 멀티미디어 콘텐츠와 콘텐츠 사용에 관한 정보의 증가
SNS의 급격한 확산과 비정형 데이터의 폭증	• 스마트폰의 확산과 더불어 젊은 층에서 중·장년층까지 SNS 활용 확산
M2M 확산에 따른 데이터 센서 저변 확대	• 현재 3천만 개 이상의 IoT 센서가 설치

출처: Mckinsey Global Institute (2011).

결국 빅데이터 시대의 도래는 어떤 원인 하나에만 의존한다기보다는 이 모든 요인이 한 시기에 동시다발적으로 발생하면서 사람과 사물들로부터 발생하는 데이터가 급증하였다는 것을 의미하며, 이러한 경향은 IoT가 발전하면서 그 범위가 지속적으로 확대되는 현상이라고 이해해야 할 것이다. 현재는 스마트폰과 자동차 등 일부에서만 활성화된 IoT가 가정의 가전제품과 원격 의료 서비스를 위한 기기 등에서 본격적으로 활용되기 시작하면, 발생하는 데이터의 양은 다시 기하급수적으로 늘어날 가능성이 있고, 민간 기업에서는 빅데이터가 고객 관리 등에서 중요하게 작용할 것은 분명해 보인다. 기업과 개인의 활동으로 생성되고 유통되는 데이터뿐만 아니라 공공분야에서도 대규모 데이터가 생성·분석·활용된다. 공공분야에서의 방대한 데이터는 환경, 의료, 에너지, 복지, 국방, 기상 등 중요한 분야에서 다양한 정책 요구를 확인하는 등 효과적이고 효율적인 행정을 구현할 수 있으며, 사회적 파급력이 큰 공적 문제의 해결에 공헌할 수 있다. 나아가 공공분야의 서비스 증대와 개인별 맞춤화에 대한 요구, 민간 기업의 정보요구 등이 합쳐져 데이터의 증대 현상을 보이고 있다.

종합해 보면, 빅데이터는 기존 일반적인 데이터베이스 소프트웨어가 수행할 수 있는 데이터 수집 방식이나 저장, 관리 및 분석의 정도를 뛰어넘는 대량의 데이터를 의미하며, 기존의 데이터 이론, 분석 방법과 해석을 발전시키고 더욱 견고하게 만드는 잠재력을 갖고 있다(White & Breckenridge, 2014). 이러한 빅데이터를 활용한 분석은 잘 드러나지 않았던 현장의 요구나 역동성, 의사결정을 위한 가치 있는 패턴이나 정보 등의 발견을 제공한다는 점에서 새롭게 주목받고 있으며 관심이 증대되고 있다(정원준 외, 2019; Adrian et al., 2016).

2. 빅데이터의 정의

'빅데이터'를 어떻게 정의할 수 있을까? 빅데이터는 말 그대로 기존 데이터에 비해 그 크기가 너무 커서 일반적인 방법으로는 수집하거나 분석하는 것이 어려운 데이터 집합체를 의미한다(De Mauro, Greco, & Grimaldi, 2014). SNS의 데이터나 인터넷 텍스트 및 문서, 통화 상세 기록, 대규모의 전자상거래 목록 등이 빅데이터에 해당한다. 밀레니엄 시대가 도래하면서 IT 기술이 모든 산업에 보편화되고, 특히 스마트폰·태블릿 PC와 같은 스마트 기기의 이용자가 늘어나면서 우리 주변에 새롭게 생성되거나 유통되는 정보가 폭발적으로 증가하기 시작하였다.

예를 들면, 스마트폰은 우리의 이동 경로를 실시간으로 기록하여 저장하며, 버스나 지하철에 설치된 요금정산기를 통한 이용률, 특정 시간과 공간 내 활동 경로에 대한 정보를 축적한다. 심지어는 네이버나 구글에서 찾아본 검색어와 SNS에 남긴 하루 동안의 짧은 기록들까지, 우리의 모든 것을 파악할 수 있는 막대한 양의 데이터가 축적되고 있다. 이렇게 축적된 모든 것이 빅데이터 범주 안에 포함될 수 있다. 빅데이터란 우리가 알지 못했던 새로운 것을 뜻하는 것이 아니라 우리가 지금까지 데이터라고 인식하지 못했던 모든 것을 데이터화한 것을 의미한다.

　기존의 처리 범위를 넘어선 대용량 데이터를 빅데이터라고 한다면, 빅데이터라는 개념은 과거에도 존재하였다. 과거에는 기가바이트(gigabyte)나 테라바이트(terabyte)의 데이터를 빅데이터로 볼 수 있었을 것이다. 하지만 최근에는 테라바이트를 넘어서 페타바이트(petabyte), 엑사바이트(exabyte), 제타바이트(zettabyte), 요타바이트(yottabyte)까지 데이터의 크기가 늘어나고 있다. 한편, 빅데이터는 빅(big)이라는 수식어로 인해 양적 측면이 부각되는 경향이 있지만, 실제로는 질적 의미가 빅데이터의 본질에 더욱 더 가깝다고 할 수 있다. 빅데이터에 대한 정의는 보는 관점에 따라 다양하지만, 결론적으로 빅데이터는 현재 시스템의 처리 범위를 넘어서는 데이터이며, 기존의 방식과 다른 새로운 처리 및 분석 방법도 필요하다(정원준 외, 2019).

　빅데이터는 기존의 데이터 수집과 저장 그리고 관리 및 분석 역량을 넘어서는 대량의 데이터 셋을 의미하지만, 기존의 관계형 데이터와 비교하여 양, 속도, 다양성 및 복잡성에서 차이가 있다고 볼 수 있다. 기업적인 측면에서 빅데이터를 기업의 효과적인 전략 도출에 필요한 상세하고 높은 빈도로 생성되는 다양한 종류의 데이터로 정의할 수도 있다. 최근에는 1세대 빅데이터와 차별화하자는 의미에서 빅데이터 2.0이 회자되고 있는데, 단순한 데이터의 양적 증가가 '빅데이터 1.0'이라면 초고속망 인프라와 데이터 분석력에 기반을 두고 정밀하게 여과되어 최적화된 양질의 데이터는 '빅데이터 2.0'이라고 할 수 있다(정원준 외, 2019). 이처럼 다양한 빅데이터의 정의를 정리하면 〈표 1-2〉와 같다.

〈표 1-2〉 빅데이터의 정의

기관	정의	참고
맥킨지 (Mckinsey, 2011)	• 기존 방식으로 저장, 관리, 분석할 수 있는 범위를 초과하는 대규모의 데이터로 정의	데이터 규모에 초점
International Data Corporation (2011)	• 다양한 종류의 데이터로부터 낮은 비용으로 가치를 추출하고 데이터 초고속 수집, 발굴, 분석을 지원하도록 고안된 차세대 기술 및 시스템 설계방식(architecture)으로 정의	업무 수행에 초점
가트너 (Gartner, 2011)	• 빅데이터는 21세기의 원유로 다양한 종류의 데이터가 기업이 감당할 수 없을 정도로 빠르게 생성되는 현상으로 정의	데이터 활용에 초점

출처: 최규현(2012).

이처럼 빅데이터는 단순히 규모 자체가 늘어났다는 것에만 특징이 있는 것이 아니라, 숫자 위주의 정형화된 자료에 국한되지 않고 텍스트, 동영상, 위치정보 등 다양한 형태의 비정형 자료가 포함된다는 점에서 지금까지와는 다르게 새로운 형태와 내용의 질적인 변화가 포함되어 있다는 것을 이해할 필요가 있다(정원준 외, 2019; 한신갑, 2015). 나아가 이전에는 다루지 않았던 형태의 빅데이터가 급속하고 다양하게 등장하고 있으므로 이에 대한 구체적이고 시의적절한 접근과 활용이 필요하다.

3. 빅데이터의 특성

빅데이터의 정의를 바탕으로 빅데이터의 특성을 보자면, 빅데이터는 복잡하고 (complexity) 방대한 양(volume)의 데이터로 다양한(variety) 정보의 결합이 가능하며, 데이터의 축적 속도(velocity)가 빠를 뿐만 아니라, 이를 통해 정확성(veracity)과 새로운 가치(value)를 창출할 수 있다(Gartner, 2011). 한신갑(2015) 역시 빅데이터를 논할 때에는 데이터의 양적 증가에만 주목할 것이 아니라, 데이터의 원천과 생산 방식, 구성과 사용 방식이 지금까지와는 근본적으로 다른 새로운 형태와 내용이라는 질적 변화의 측면에도 주목할 필요가 있다고 강조하였다.

빅데이터의 구성 요소는 일반적으로 3V(Volume, Velocity, Variety)라 말하며, 여기에 1V(Value)나 1C(Complexity)를 추가하여 설명하기도 한다. 이는 빅데이터란 3V를 가진 새로운 타입의 데이터로 과거에는 답할 수 없었던 인사이트(insight)를 얻을 기회로 정의하여, 3V에 새로운 가치(Value)를 더한 4V를 빅데이터의 기본 요소로 보았기 때문이다(NASCIO, 2012). 한편, 가트너(Gartner, 2011)는 3V에 복잡성(Complexity)을 추가하여 4개의 축으로 빅데이터를 설명하였다.

1) 규모(Volume)

규모는 기술의 발전과 IT의 보편화가 진행되면서 단순 저장되는 물리적 데이터양이 기하급수적으로 증가함과 동시에 이를 수집하고 분석하여 처리하는 과정에서 일어나는 네트워크 데이터의 급속한 증가를 의미하며, 빅데이터의 가장 기본적인 특징 중 하나이다.

규모는 축적되는 데이터의 크기가 한계를 넘어서는 것을 의미하며, 데이터가 크면 클수록 분석 가치는 커진다. 일반적으로 크기뿐만 아니라 데이터의 속성에도 연관되어 있다. 가령, 다양한 SNS를 통해 엄청난 양의 데이터가 생성되고, 과거에 사용하지 않았거나 관리하지 않았던 데이터들이 빅데이터의 분석 대상이 되어 예전에는 규명하지 못했던 새로운 함의를 제공하는 것이다.

2) 속도(Velocity)

속도는 빅데이터의 데이터를 분석 목적에 부합하도록 실시간으로 처리한 후 처리 결과를 반환해 주는 기능에 대한 시간적 의미를 내포한다. 즉, 데이터의 생성, 처리가 진행되는 속도를 말하며, 빠른 속도로 대용량 데이터의 수집, 저장, 유통, 분석, 처리가 가능한 성능을 의미한다.

빅데이터는 사물 정보와 스트리밍 정보 등 실시간 처리 및 장기적 접근을 요구한다. 실시간으로 생성되는 데이터의 생산과 수집 및 분석 속도의 증가 그리고 수집된 데이터에 대한 실시간 처리와 여러 경로를 거쳐 수집된 데이터를 분석하고 처리하는 장기적인 접근이 빅데이터에서 속도의 특성이다.

빅데이터 속도는 세 가지로 구분된다. 첫째, 데이터가 발생한 후 기업 내의 스토리지에 저장되기까지의 속도, 둘째, 발생한 데이터의 불필요한 부분과 무의미한 부분을 처리하여 가용하게 되는 수준까지의 속도, 셋째, 클리닝된 데이터를 분석하고 의미를 추출하여 최종 목적을 달성하는 속도이다. 이러한 속도는 데이터의 접근성과 사용 가능성을 높이는 데 많은 영향을 준다.

3) 다양성(Variety)

기존의 분석은 데이터베이스에서 관리된 구조적인 데이터로서 수치 및 텍스트가 주를 이루었다. 하지만 요즘은 소셜미디어에서 생성된 데이터나 스마트폰 그리고 오픈소스 데이터 등과 같은 신규 데이터가 생김에 따라 통일된 구조로 정리하기가 어려운 비정형 데이터 분석이 전체의 90% 이상을 차지하며 사진이나 동영상 등 기존의 구조화된 데이터가 아닌 다양한 형태의 데이터를 포함하고 있다.

빅데이터의 자료는 로그기록, 소셜·위치·소비·현실 데이터 등으로 데이터의 종류가 증가하고 있으며, 텍스트 이외의 멀티미디어 등 비정형화된 데이터 유형의 다양화로 빅데이터를 이용한 분석은 고정된 시스템에 저장되어 있지 않은 다양하고 광범위한 형태의 데이터를 포함하는 특징을 지닌다.

4) 가치(Value)

빅데이터의 개념에 관해서 가장 중요한 것은 빅데이터가 새로 생겨난 것이 아니라, 예전에는 다룰 수 없어서 가치가 없었던 데이터였지만 기술 발전 등으로 인해 이제는 다룰 수 있게 되어 새로운 가치를 지니게 되었다는 것이다. 바로 이런 점이 많은 학자가 빅데이터의 특성 가운데 '가치'를 제시하는 이유이다.

단순히 빅데이터의 양이 많아졌다는 이유만으로 빅데이터의 시대가 도래했다고 설명하기는 어렵다. 빅데이터를 활용함으로써 얻을 수 있는 기대 편익이 발생하지 않는다면 아무리 많은 데이터가 있다 하더라도 그 활용도는 축소될 수밖에 없을 것이기 때문이다. 이에 빅데이터는 '어떤 정보를 발견하는 데 사용할 수 있는가?'라는 목적으로서의 가치적 측면을 강조한다.

이와 관련하여 김기환(2013)은 빅데이터 활용을 통해 가치가 창출되는 요소를 투명성(transparency), 혁신성(innovation), 맞춤성(customization), 의사결정의 시의적절성(better and timelier decision)이라 강조한다.

투명성은 의사결정 과정이나 데이터에 대한 접근성이 더 개선되는 것을 말하는데, 빅데이터를 활용하게 됨으로써 이러한 측면이 향상된다는 것을 의미한다. 혁신성은 과거와는 차별화되는 서비스 등이 가능한 것을 말한다. 빅데이터의 혁신성과 관련하여 NASCIO(2012)는 빅데이터의 가치는 조직을 관리하고, 작동을 개선하며, 조직 간 가치사슬을 지지하는 역할을 하는 데 있다고 주장한다. 즉, 데이터는 그 자체로서는 쓸모가 없으며, 정보로 전환되어야 하고, 지식을 만들어 내어 의사결정을 도울 때 의미가 있다는 것이다. 그리고 맞춤성은 고객의 세분화된 수요에 대응할 수 있는 역량과 여건을 빅데이터가 제공해 줄 수 있다는 의미이다. 마지막으로, 빅데이터 분석이 의사결정의 시의적절성을 제고한다는 것은, 빅데이터 분석은 거의 실시간으로 어떤 현상이나 데이터 간의 숨겨진 패턴을 밝혀 줄 수 있고 이를 통해 의사결정에 도움을 줄 수 있다는 의미이다.

빅데이터의 활용을 통하여 실질적으로 얼마나 많은 효과가 발생하는가 하는 부분은 민간의 경우 비교적 용이하게 밝혀지는 데 반하여 공공분야에서의 입증은 쉽지 않은 편이다. 다만, 중요한 것은 빅데이터의 활용을 통하여 공공과 민간에서 일정한 효과를 기대할 수 있다는 것이며, 그 성과 측정에 다양한 응답을 제공할 수 있다는 점에서 지속적으로 빅데이터 분석의 가치를 기대할 수 있을 것이다.

가트너(Gartner, 2011)는 기존 데이터 처리와 빅데이터 처리에 대해 그 차이점을 설명하며 빅데이터의 가치와 파급효과를 제시한다. 기존 데이터 처리와 다른 빅데이터의 처리를 설명하면 다음과 같다.

· 상대적 의사결정(speed of decision making)

기존의 데이터 처리와 달리 상대적으로 빠른 의사결정이 더 요구되며, 대용량 데이터에 기반을 둔 분석 위주로 장기적 · 전략적 접근도 필요하다.

· 처리 복잡성(processing complexity)

단순 프로세싱 모델이 아닌 다양한 데이터 소스, 복잡한 로직 처리, 대용량 데이터 처리 등으로 처리 복잡도가 매우 높으며, 이를 해결하기 위해 통상적으로 분산처리 기술이 필요하다.

· 방대한 처리 데이터양(transactional data volumes)

클릭스트림(click stream) 데이터를 예로 들면, 고객 정보 수집 및 분석을 장기간에 걸쳐 수행해야 하므로 기존 방법과 비교해 처리해야 할 데이터양은 방대하다.

· 높은 비정형 데이터 구조(data structure)

소셜미디어 데이터, 로그파일, 클릭스트림 데이터, 콜 센터 로그 등 비정형 데이터 파일의 비중이 높다. 이것이 데이터 처리의 복잡성을 증대시키는 요인이 되기도 한다.

· 처리 · 분석의 유연성(flexibility of processing & analytics)

기존 데이터 처리 방법과 비교하면 빅데이터 처리 · 분석의 유연성이 높은 편이다.

새롭고 다양한 처리 방법의 수용을 위해 유연성이 기본적으로 보장된다.

빅데이터의 가치와 파급효과를 정리하면 〈표 1-3〉과 같다.

〈표 1-3〉 빅데이터의 파급효과

특징	효과
대규모 (huge scale)	• 기술 발전으로 데이터 수집, 저장, 처리 능력 향상 • 현실 세계 데이터를 기반으로 한 정교한 패턴 분석 가능 • 데이터가 많을수록 유용한 데이터와 이에 대한 새로운 패턴의 정보를 찾아낼 수 있는 확률 증가
현실성 (reality)	• 일상에서 데이터 기록물의 증가 등 현실 정보, 실시간 정보의 축적이 급증될 전망 • 개인의 경험, 인식, 선호 등 인지적인 정보 유통 증가
시계열성 (trend)	• 현시점뿐만 아니라 과거 데이터의 유지로 시계열적인 연속성을 갖는 데이터의 구성 • 과거, 현재, 미래 등 시간 흐름상의 추이 분석 가능
결합성 (combination)	• 의료, 범죄, 환경, 안보 등 타 분야와 이종 데이터 간의 결합으로 새로운 의미의 정보 발견 • 실제 물리적인 결합 이전에 데이터의 결합을 통한 사전 시뮬레이션, 안전성 검증 분야 발전 가능

출처: 정지선(2011, 2012); Gartner (2011).

5) 복잡성(Complexity)

빅데이터의 복잡성이란 데이터 구조, 도메인 규칙, 저장 타입 등 데이터의 발생, 처리, 클리닝 등의 과정에 포함된 모든 요소가 복잡해지는 것을 의미한다. 예를 들어, 미디어 관리 시스템에서 영상 데이터는 다양한 인코딩 포맷을 하고 있기 때문에 메타데이터를 기준으로 데이터를 분류하고 파싱(parsing)하는 작업이 필요하다. 이처럼 데이터 유형에 따라 분석을 위한 전처리(preprocessing)가 필요할 수 있다.

이처럼 빅데이터는 기본적으로 대용량의 데이터를 가지며 빠른 속도로 데이터가 생성되는 실시간성을 포함하고, 구조화된 데이터가 아닌 다양한 형태의 정보로 구성되기 때문에 기존 데이터보다 복잡하고 심화된 데이터 관리 및 처리가 필요한 새로운 패러다임이라고 할 수 있다.

여기까지 언급한 빅데이터의 다섯 가지 특성을 정리하면 〈표 1-4〉와 같다.

〈표 1-4〉 빅데이터의 특성

구분		내용
규모 (Volume)	정의	• 데이터 관리나 분석에 대한 개념 • 대용량 데이터 집합을 지칭
	특징	• 라이프로그와 기술 발전이 축적되면서 디지털 정보량 증가
	연구 가치	• 소셜미디어에서 텍스트 데이터의 양적 조사 가능 • 방대한 규모의 데이터를 통해 다양한 연구모델을 설계
속도 (Velocity)	정의	• 데이터를 처리하는 속도를 의미
	특징	• 실시간으로 데이터의 생성과 유통 속도가 증가함에 따라 데이터의 처리 와 분석 속도가 중요
	연구 가치	• 최근 이슈에 대한 분석과 텍스트 생성에 대한 실시간 파악이 가능
다양성 (Variety)	정의	• 소셜 · 위치 정보 등 정형/비정형 데이터가 혼재되어 있는 데이터
	특징	• 다양한 형태(비디오, 텍스트, 이미지 등)의 미디어에 대한 분석을 수행하 기 위해서 기존과는 다른 방식의 아키텍처와 기술이 필요
	연구 가치	• 텍스트 작성자의 특성을 파악 및 예측 가능
가치 (Value)	정의	• 종전에 규명하기 어려웠던 데이터 내 새로운 시각과 함의 제공
	특징	• 투명성, 혁신성, 맞춤성, 의사결정의 시의적절성 목표 제시
	연구 가치	• 다양한 사회 현상에 대한 탐색과 이해를 제공 • 성과 평가 지표로 활용 가능
복잡성 (Complexity)	정의	• 데이터 관리 및 작업 자체의 복잡함을 의미
	특징	• 데이터 작업이 복잡해지면서 신속한 실행이 요구 • 관리 대상이 증가하고 데이터 관리 및 처리의 복잡성 심화
	연구 가치	• 비정형 텍스트에 대한 분석 및 수치화 • 다양한 분석 프레임 도출 가능

출처: 정지선(2011, 2012); Gartner (2011).

앞서 언급한 다섯 가지 특성 외에 다른 속성들을 제시하는 경우도 있다. 데소우자와 제이콥(Desouza & Jacob, 2014)은 다양한 V가 빅데이터의 특징을 구성한다고 주장하기도 하며, viscosity(데이터의 흐름에 대한 저항), variability(정보 흐름의 변화율), veracity(정보의 편향성, 소음, 비정상성 등), volatility(데이터의 지속성) 등을 제시하였다. 이 가운데서 그는 variety와 veracity를 가장 중요한 도전으로서 제시하는데, 사실상 빅데이터는 이 모든 속성을 다 지니고 있고 어느 하나에 집중하기 어렵기 때문에 중요하고 복잡한 개념이라고 볼 수 있다.

맥닐리와 함(McNeely & Hahm, 2014)은 빅데이터의 생성, 수집, 조작, 분석 그리고 활용은 복잡한 문제이며 많은 도전적 요소를 포함하고 있다고 하였다. 그들은 도전적 요소로 데이터 소스의 다양성, 데이터의 추적과 확인(tracking and validating), 데이터의 편견과 이질성, 포맷과 구조의 다양성, 데이터의 통합성과 안정성, 데이터 발견과 통합의 가능성, 데이터 공유의 가능성, 특화된 분석도구의 발전 등을 제시하였다.

앞서 제시한 빅데이터의 특징을 종합하면, 예전에 갖고 있던 기술로는 다룰 수 없었으나 이제는 다룰 수 있게 되었다는 것이 중요한 점이고, 빅데이터는 단순한 사이즈뿐만 아니라 기술, 인프라, 역량 등이 종합적으로 포함된 개념이다.

4. 빅데이터의 유형

빅데이터는 〈표 1-5〉와 같이 데이터의 정형화 정도에 따라 정형(structured), 반정형(semi-structured) 그리고 비정형(unstructured) 데이터로 나뉜다.

정형 데이터는 데이터베이스에 저장된 구조적 데이터, 즉 설문지나 인터뷰 질문지처럼 구조화되어 있는 틀이나 정해진 규칙을 가진 채 체계적으로 수집되고 정리된 정량적 그리고 정성적 데이터를 의미한다. 예를 들면, 통계청에서 발표하는 통계 자료, 민간이나 공공영역에서 개방·공유되는 실태조사, 과학적인 데이터 등이 해당된다. 그 자체로 의미 해석이 가능하고, 바로 활용할 수 있는 정보를 포함하고 있다. 이러한 정형 데이터는 기존의 통계분석 기법 및 솔루션을 이용하여 비교적 쉽게 데이터를 보관하고 처리하며 분석할 수 있었다.

한편, 반정형 데이터는 정형구조 데이터의 한 형태이지만, 정형 데이터와 같은 공정된 필드에 저장되어 있지는 않지만, '아래 한글'이나 'MS Word' 등으로 작성된 데이터를 의미한다. 일반적으로 문자로 서술된 정보 등 메타데이터를 의미한다.

비정형 데이터는 개인, 집단, 사회 등과 관련된 주제를 SNS상에서 의견을 교류함으로써 불규칙적으로 생성되는 데이터의 합이다. 스마트폰, 태블릿 PC 및 내비게이션 등의 네트워크 연결기기 사용의 대중화가 실현되면서 생성된 텍스트, 동영상, 사진 등의 데이터를 비정형 데이터의 예라 할 수 있다. 최근 빅데이터 활용의 핵심은 비정형화된 데이터를 분석하는 것에 있다. 기존의 정형 데이터를 처리하는 방식이나 분석 방식으로는 고정된 필드에서 생성되지 않는 비정형 데이터를 다루기 힘든 상황이다. 나아가 위치 정보와 같이 즉흥적이고 실시간으로 데이터들이 생성됨에 따라 이러한 데이터를 기반으로 예측, 분석 그리고 활용하기 위해서 즉각적인 처리 속도가 요구되며, 이를 처리하기 위한 기법들의 복잡성도 심화되고 있다. 대량의 다양한 데이터 생산기술의 진보와 이에 필요한 데이터 저장, 관리, 분석기술의 발전 속에서 빅데이터 활용이 정교화된다.

〈표 1-5〉 빅데이터의 유형

유형	정의	수집 난이도
정형	고정된 필드에 저장된 데이터(예: 관계형 데이터베이스, 스프레트시트)	대부분 내부 시스템인 경우가 많아 수집이 쉽다.
반정형	정형구조 데이터의 한 형태로서 공정된 필드에 저장되어 있지는 않지만, 메타데이터나 스키마 등을 포함하는 데이터(예: XML이나 HTML 텍스트)	API 형태로 제공되어 데이터 처리기술이 요구된다.
비정형	데이터 구조가 일정하지 않으며 고정된 필드 등 규격화된 장소에 저장되어 있지 않은 데이터(예: 텍스트 문서, 이미지, 동영상, 음성 데이터)	파일을 데이터 형태로 파싱해야 하기 때문에 수집데이터 처리가 어렵다.

출처: 주해종, 김혜선, 김형로(2017).

또한 빅데이터는 생성 주체, 데이터 유형과 데이터 수집 방식에 따라 〈표 1-6〉과 같이 분류될 수 있다. 기술의 발전과 함께 이러한 다양한 형태의 데이터를 효과적으로 축적하고 공유할 수 있게 되면서 이를 분석하고 예측, 전망하여 새로운 가치를 창출하고자 하는 요구가 증가하고 있다. 이에 따라 데이터의 규모나 단위 측면에서보다 원하는 가치를 얻을 수 있는 데이터를 빅데이터로 해석하려는 경향 또한 증대되고 있다.

〈표 1-6〉 빅데이터의 분류

분류기준	데이터 유형	종류
생성 주체	기계 데이터	애플리케이션 서버 로그데이터, 센서 데이터, 위치 데이터 등
	사람 데이터	트위터, 블로그, 이메일, 게시판 등
	관계 데이터	트위터, 페이스북, 링크드인 등
데이터 유형	정형 데이터	고정된 필드에 저장된 데이터: 데이터베이스, 스프레드시트 등
	비정형 데이터	고정된 필드에 저장되어 있지 않은 데이터: 텍스트 문서, 이미지/동영상 등
	반정형 데이터	고정된 필드에 저장되어 있지는 않지만 메타데이터나 스키마를 포함하는 데이터: XML, HTML 등

데이터 수집 방식	내부 데이터	자체적으로 보유한 내부 파일 시스템이나 데이터베이스 관리 시스템 등에 접근하여 데이터를 수집
	외부 데이터	웹크롤링 엔진을 통해 인터넷 링크의 모든 페이지 복사본을 생성함으로써 데이터를 수집

출처: 이지영(2015).

5. 빅데이터 분석과 활용 가치

지금까지 빅데이터의 정의, 유형, 특성을 살펴보았다. 그러나 빅데이터는 인간의 경험과 상호작용을 통하여 나오는 것이기 때문에 단순히 기술적인 접근에서만 바라볼 게 아니라 인간과 데이터의 상호작용, 데이터 분석을 통해 사회적 풍요를 극대화하는 맥락에서 파악되어야 한다. 특히 사회과학적 텍스트로서 빅데이터를 활용한다는 것은 직관적으로 감지할 수 없는 정치·사회적 변화를 과학적으로 분석함으로써 사회변화에 대한 통찰력을 끌어낼 수 있는 '정보 최적화'에 초점을 두어야 한다. 그런 의미에서 빅데이터가 갖는 사회과학적 역할에 주목할 필요가 있다. 이에 빅데이터 분석과 활용 가치에 대하여 공공영역과 민간영역으로 나누어 논의하고자 한다.

1) 공공영역에서의 빅데이터 활용

사회과학은 개인의 행동과 이를 통해 사회에서 발생되는 정치·경제 현상을 관찰하고, 사회적 문제를 해결하기 위한 방안을 제시하는 것을 목적으로 한다. 그리고 사회적 문제를 해결하는 가장 효율적인 방법은 정부가 사회적 문제의 해결책을 정책화하는 것이라 할 수 있기에 공공영역에서의 빅데이터 활용은 매우 중요한 문제이다.

빅데이터의 영역은 여러 디지털 기기로부터 기록·저장된 데이터 속에서 가치 있는 정보를 찾아내어 알기 쉽게 표현하고 전달하며 정보를 원하는 사람과 기관에 판매하는 비즈니스 과정까지 전부 포괄한다. 이 때문에 초기 빅데이터 활용의 핵심은 데이터에서 가치를 추출하여 활용하는 데이터의 비즈니스화에 있었다. 그러나 빅데이터는 하드웨어부터 소프트웨어, 컴퓨터 공학에서 인간 공학, 심지어 뇌과학과 언어학까지 망라되는 기술에 모두 적용된다. 이에 전 세계 국가는 공공영역에서의 서비스에 빅데이터를 활용할 방법에 대해 앞다투어 투자하고 개발하고 있다. 이는 공공영역에서 빅데이터가 가져올 혁신과 패러다임의 변화에 주목하고 있다는 것이다. 공공영역에서 빅데이터의 활용 가치와 효율적인 활용 방법을 모색하고 있는 것은 이제 빅데이터가 단순히 경제영역에서 이윤 창출의 도구로 사용되는 것을 넘어 정치 · 사회 영역에서 그 활용 가치를 높게 평가받고 인정받은 것으로 이해할 수 있다.

(1) 선거와 빅데이터

정치권에서 빅데이터를 활용한 사례는 선거운동이 대표적이다. 2012년 미국에서 오바마 대통령이 빅데이터를 활용해 재선에 성공함에 따라 선거에서 빅데이터에 대한 효용성이 높아지게 되었다. 오바마 대통령은 당시 어떤 내용과 형식의 선거운동을 통해 유권자로부터 득표할 것인가를 빅데이터를 통해 결정하였다. 이를 통해 사회적 특징, 과거 투표 이력, 소셜미디어, 여론조사 기관 등 수십 가지 이상의 변수와 정보를 선거에 활용하였다. 이처럼 빅데이터를 활용하여 유권자를 직접 접촉하는 것이 좋은지, 접촉하지 않는 것이 더 좋은지 여부를 결정하였다. 또한 다양한 유형의 데이터를 활용하여 매일 밤 선거 진행 상황을 아마존의 클라우드 서비스를 이용해 모의실험을 하면서 모든 상황을 점검하였다.

빅데이터를 활용한 선거운동은 우리나라 선거에서도 적극적으로 활용되었다. 우리나라 제18대와 제19대 대통령 선거에서 문재인 캠프는 미국의 오바마 캠프에서 빅데이터를 활용했던 사례를 도입하였다. 제18대 대통령 선거에서는 낮은 수준에 그쳤지만, 제19대 대통령 선거에서는 보다 다양한 빅데이터를 활용해 선거운동을 실시한 것으로 알려져 있다. 정치 과정 중 선거에서 후보자들의 빅데이터 활용은 선거운동 방식의 선택과 효율성을 높여 주는 역할을 한다. 빅데이터 분석을 통해 유권자들의 정책 요구를 파악하고, 인구사회학적 특성에 따른 유권자 성향 파악을 통해 선거공약을 수립하거나 선거운동 방식을 결정하는 데 활용할 수 있다.

(2) 정부 정책과 빅데이터

공공기관에서 빅데이터를 통한 공공 서비스는 사회 전반에 적용되고 있다. 사회적 비용 감소와 공공 서비스 품질 향상이라는 정부 정책의 목표는 빅데이터를 통한 서비스로 해결이 가능할 것이라 예측하고 있다. 빅데이터를 활용해 실제로 이루어지고 있는 대표적인 공공 서비스로는 도로교통공단에서 개발한 교통사고 위험 예측 시스템을 꼽을 수 있다. 단순히 사고 통계를 제시하는 것이 아닌 교차로의 형태나 도로의 종류 등 환경 요인과 교통량 및 기상 상태 등을 실시간 관리 · 감독하는 서비스로 사고 발생 가능성과 예상 위험 요인을 산출한다.

다수 부처에 분산되어 있는 데이터를 연계 · 공유하고, 데이터 분석을 통해 기관의 정책적 의사결정을 지원하는 것도 빅데이터를 공공영역에서 활용하는 사례라고 할 수 있다. 미국 정부의 경우 일반 시민들의 다양한 경험을 참조할 수 있도록 공공정보에 대한 검색, 추적, 공유 및 생성 등과 관련해 폭넓은 참여를 유도하는 한편, 기관 간 정보공유를 원활히 하는 등 개방형 API를 통해 개발자들이 쉽게 참여하고 데이터 커뮤니티를 구성할 수 있도록 하였다.

(3) 빅데이터를 통한 국가안보

빅데이터 기술의 발전과 더불어 국가안보와 위험관리 또한 주요 화두로 떠오르게 되었다. 단순한 개인정보 유출만이 아닌 국가 핵심 기술의 보안 및 테러와 재난 등의 위험을 관리하기 위한 제도가 시행되고 있다. 미국과 싱가포르 정부는 재난 방재와 테러 감지, 전염병의 발생과 같은 위협을 예측, 분석하는 빅데이터 기반 위험관리 계획을 추진하고 있다. 국군의 경우 국방개혁 2.0을 통해 빅데이터와 드론, 3D 프린팅 기술을 접목하여, 군수 지원의 역량과 효율성을 높이고자 계획하고 있다.

결국 공공영역에서 빅데이터 분석을 하게 되는 가장 중요한 이유는 공공영역이 가진 거대 규모의 (빅)데이터들을 정확하게 분석해야 할 필요성에 기인한다. 대표적으로 인구조사분석을 들 수 있다. 1880년대만 해도 미국의 인구조사는 약 5천만 명을 대상으로 수기를 통해 데이터를 수집하는 과정이었으며, 제대로 센서스로서의 역할을 하는 데 약 7~8년이 소요되었다고 한다. 그러나 1890년대에 이르러 펀치카드를 활용한 방식이 도입되면서 그 처리 과정은 1년으로 줄어들었고, 2010년에는 이러한 과정이 GIS 등을 활용하는 완전히 새로운 과정으로 변모하였을 뿐만 아니라, 소셜미디어, 비디오, 지능형 인식시스템 등 정교화된 데이터처리 소프트웨어를 활용하기에 이르렀다 (Desouza & Jacob, 2014). 이는 인구조사라는 거대한 데이터를 처리하는 과정에서 기술과 분석 역량의 발전이 반드시 필요하였다는 것을 의미하며, 공공영역이 지닌 수많은 데이터, 그것도 국민 전체를 대상으로 하는 데이터의 규모를 생각해 본다면 빅데이터가 공공영역에서 관심을 끄는 것은 너무나도 당연한 일이다.

그러나 공공영역에서 빅데이터 분석에 대한 관심이 커지는 것은 단순히 데이터의 규모에서만 비롯되는 것은 아니다. 더 중요한 것은 단일의 거대 데이터가 아니라 공공영역 전체에 여기저기 산재해 있는 데이터들이 (특정한 목적에 부합하기 위하여) 하나로 다루어질 수 있어야 할 필요성이다.

공공영역에서의 빅데이터 분석은 거대 규모의 데이터가 존재함을 전제로 하는 것인데, 앞서 살펴본 바와 같이 빅데이터는 단일한 형태로 존재하는 경우보다는 다양한 부처의 이질적인 데이터들이 하나로 합쳐짐으로써 가능한 경우가 더 많다고 보아야 한다. 이것이 의미하는 바는, 공공영역의 다양한 데이터가 상호 개방과 공유의 대상이 되어야 한다는 것을 의미한다. 현재 대부분의 국가에서 데이터의 개방에 대해 취하고 있는 입장에는 다소간 차이가 있으나, 데이터의 개방 자체가 필요하고 하나의 추세라는 입장에는 차이가 없다. 따라서 장기적으로 데이터의 개방 추세가 공공영역의 학습과 혁신전략에 새로운 동력을 제공하리라는 것도 분명한 사실이다.

유(Yiu, 2012)는 빅데이터가 어떠한 방식으로 만들어지는가에 관계 없이 공공영역에서 빅데이터가 지니는 기회는 다섯 가지로 제시될 수 있다고 한다(한국지능정보사회진흥원, 2012). 공유, 학습, 맞춤화, 해결, 성장을 위한 혁신이 그것인데, 이는 '증거기반 정책 수립'과 깊은 연관성이 있다.

국내에서도 빅데이터를 활용한 공공영역의 많은 사례를 발굴할 수 있는데, 현재 많은 사람이 공감하는 것은 빅데이터의 활용을 통하여 국민의 삶의 질을 향상시키고, 동시에 선제적 국정운영에 기여할 수 있을 것이라는 부분이다. 빅데이터를 통해 국민의 삶의 질을 향상시키는 것은 다양한 데이터 분석을 통한 자연재해, 안보, 치안, 의료 분야 등의 스마트한 대민 서비스 개발이라는 측면을 의미하는 것이고, 선제적 국정운영이라는 것은 데이터에 기반한 과학적인 정책 방향을 제시함으로써 미래를 대비하는 선제적 국가정책 수립을 지원할 수 있을 것이라는 점이다(한국지능정보사회진흥원, 2012).

옥진아와 진창종(2015)은 정부 차원에서 빅데이터를 활용할 수 있는 영역을 〈표 1-7〉과 같이 구체적으로 제시하기도 하였다. 그들은 도시생활의 다양한 영역에서 빅데이터가 기존의 문제해결 방법에 대한 대안이 될 수 있다고 보았는데, 〈표 1-7〉에서 볼 수 있는 내용들 가운데서는 특히 안전 분야에서의 빅데이터 활용 가능성에 주목하고 있는 것으로 보인다.

〈표 1-7〉 문제해결에 대한 빅데이터 적용 방법

도시문제	기존 해결 방법	빅데이터 적용 방법
소음공해	인력과 장비를 활용한 소음공해 조치	모바일 기기와 애플리케이션을 활용한 데이터 수집 및 조치
화재 발생	예방보다 사후조치에 중점	빅데이터 분석을 통한 화재 위험지역 예측 및 조치
범죄 발생	경찰투입, 사후처리	범죄 발생 예상 장소에 경찰 배치
대규모 행사 안전	이용자 규모 파악 불가능, 정량적 효과분석 불가	SNS, 모바일 트래픽 분석을 통한 실시간 이용자 규모에 따른 대응 및 시각적 효과 분석
시설 안전	인력과 장비를 활용한 시설 안전점검	애플리케이션을 활용한 실시간 시설 안전 상황 확인
질병(독감) 발생	발생 후 언론보도	관련 검색어 분석을 통한 지역별 조기 경보체계 가동
홍수·침수 등 자연재해	접근 통제, 언론보도	SNS 활용 침수지도 작성 및 실시간 전파
에너지 (전력·수도) 문제	전력·수도 부족 언론보도, 캠페인, 요금 인상	고객의 실시간 전력 사용량 체크, 센서를 활용한 공급과정에서의 누수 및 누전 탐색, 공급 차원에서의 개선과 고객 중심의 합리적 에너지 소비 유도
조세 문제	기존 시스템에 의한 조세	빅데이터 분석기술을 활용하여 탈세, 금융사기 등의 손실 최소화
낙후지역 개발	계획 수립, 주민 의견은 간단한 설문조사로 해결	지역 주민의 다양한 생활 데이터 분석을 통한 맞춤형 도시개발
교통 혼잡	경찰관에 의한 인위적 소통, 교통정보서비스센터의 사후 교통정보 제공	실시간 교통정보 제공, 예측 교통정보 제공
문화시설 활성화	공공운영 문화시설의 수익성 문제 해결을 위한 대안 부족	입장객 행동 분석 등 데이터 분석을 통한 수입 창출 및 만족도 상승
시민과의 소통 부재	지자체에서 시민에 대한 단방향 통보, 다양한 민원에 따른 반복 행정	지자체와 시민의 양방향 의견 교환, 민원 지도 작성으로 불필요한 업무 경감

출처: 옥진아, 진창종(2015).

2) 민간영역에서의 빅데이터 활용

민간영역에서의 빅데이터는 기업의 주도하에 이루어지고 있다. 기업별로 서비스, 유통, 판매, 생산까지 모든 부분에서 빅데이터를 활용한다. 이를 통해 기업의 이익 창출과 생산성 증대에까지 많은 영향을 미치며, 시간이 지날수록 빅데이터를 통한 경제 시스템이 더욱 확대되고 있다.

(1) 제품 개발과 서비스

민간 기업에서의 빅데이터 선두주자로는 아마존(Amazon)을 꼽을 수 있다. 아마존은 빅데이터 분석을 통해 고객의 선호를 파악하는 통찰력 및 기업의 탄탄한 운영 능력으로 형성된 고객 충성도 덕분에 다양한 산업 분야의 제품을 판매할 수 있게 된 모범적 사례이다. 아마존은 고객의 소비 패턴을 데이터화함으로써 누가, 언제, 어떤 상품을 구매할 것인지 예측하여 구매하기 전 미리 배송 준비를 하는 프로그램을 통해 유통업계의 최고가 되었다. 이처럼 최근의 제조·유통 민간 기업들은 빅데이터를 통한 분석으로 다품종 소량생산을 마케팅 전략으로 삼고 있다. 주문에서 생산 그리고 매장의 입점까지 수요 예측을 통해 상품의 재고와 가격을 결정하고 운송하는 대부분의 비즈니스 과정에서 빅데이터를 활용하고 있다.

(2) 맞춤형 서비스

맞춤형 서비스는 빅데이터를 기반으로 하여 생산자 중심에서 소비자 중심으로 개개인의 입맛에 맞는 데이터 축적, 분석에 기반한 의사결정의 과학화 등의 조건에 힘입어 등장한 개념이라고 볼 수 있다. 기업들의 맞춤형 서비스를 통한 매출 확대의 사례는 앞서 언급된 아마존을 대표적으로 꼽을 수 있다. 또한 아마존과 유사한 방식으로 구글(Google)과 페이스북(Facebook)의 이용자 검색 조건, 인스타그램(Instagram)의 사진과 동영상 태그 등의 정보를 통해 사용자가 원하는 정보를 추론하여 메인에 제공하거나 지인을 찾아주는 프로그램까지 실행되고 있다.

SK텔레콤의 T-map 서비스의 경우 이용자의 차종, 유종, 하이패스의 유무, 차량번호, 이용자의 보험 등 차량 정보를 수집하고, 위성 시스템을 통해 전국 도로의 정보를 수집하고 분석하여 수집된 정보를 토대로 사용자에게 경로를 안내하는 서비스를 제공한다. 빅데이터를 통해 운전자가 원하는 최적의 길과 운전정보를 제공해 주며, 실시간 도로정보와 주행 습관, 연비정보를 통해 보험의 할인 제공 서비스와 인공지능 시스템을 사용하여 높은 정확도와 높은 질의 운전 시스템을 제공하고 있다.

민간영역에서 빅데이터를 활용하는 사례들은 대부분 생산·유통·판매의 효율성을 높이기 위한 것이다. 상업적 영역에서의 빅데이터 활용이 생산성과 효율성을 제고하는 것에 머무르지 않고, 개인에 대한 맞춤형 서비스로 발전하고 있는 것은 개인 생활에 영향을 미치기 때문이다. 이는 결국 개인의 사회적 행태를 변화시키게 되고, 이러한 개인의 사회적 행태가 다시 빅데이터화되어 사회 현상을 예측하는 도구로 활용될 것으로 기대된다.

고객관리(Customer Relationship Management: CRM) 측면에서 보자면, 빅데이터 시대에는 고객 통합 데이터베이스가 기본적으로 구축되어 있어야 하며, 기업이 보유하고 있는 고객, 상품, 거래 등에 관련된 데이터를 데이터 웨어하우스 관점에 기초하여 통합한다. 즉, CRM을 위해서는 고객과 관련된 전사적인 정보의 공유체제가 확립되어야 한다.

CRM의 기대효과는 고객관계 강화를 통한 수익성 증대로 타깃 마케팅이 가능하다는 점을 들 수 있다. 또한 잠재고객의 프로파일 정보를 이용한 영업 정보화와 고객의 수익 기여도에 따른 전략 수립 및 우량고객의 이탈 방지를 위한 경보시스템을 통하여 고객을 집중관리하며, 휴면고객 활성화를 유도하고 교차판매, 상향판매, 재판매 등을 통한 고객가치를 증대할 수 있는 점을 들 수 있다.

종합하면, 정보통신기술 등의 급속한 발전에 따라 모든 정보는 빅데이터화되고 있고, 결국 불확실하고 리스크가 존재하는 미래사회에는 통찰력과 대응력이 필요하며, 특히 스마트한 융복합의 미래사회에는 경쟁력과 창조력이 필요하다.

앞으로 더욱 진화되고 발전된 빅데이터 사회에서는 수집된 정보의 분석이 그 핵심 기술로 인식되고 있으며, 더욱 진화될 지능화 사회에서는 예측기술을 바탕으로 가치 창출을 통한 최적화된 사회를 지향할 것으로 보인다. 더욱 빠르게 변화할 미래사회는 불확실성과 리스크, 스마트, 융합과 같은 특징을 바탕으로 빅데이터의 통찰력과 대응력, 경쟁력, 창조력 등 그 역할과 가치를 더욱 높여 줄 것으로 전망된다(이미숙, 이창훈, 김지연, 2015).

미래사회 빅데이터의 역할을 정리하면 〈표 1-8〉과 같다.

〈표 1-8〉 미래사회 빅데이터의 역할

미래사회의 특징		빅데이터의 역할과 대응
불확실성	통찰력	• 사회 현상, 현실세계의 데이터를 기반으로 한 패턴 분석과 미래 전망 • 여러 가지 가능성에 대한 시나리오 시뮬레이션 • 다각적인 상황이 고려된 통찰력을 제시 • 다수의 시나리오의 상황 변화에 유연하게 대처

리스크	대응력	• 환경, 소셜, 모니터링 정보의 패턴 분석을 통한 위험 징후, 이상 신호 포착 • 이슈를 사전에 인지, 분석하고 빠른 의사결정과 실시간 대응 지원 • 기업과 국가 경영의 명성 제고 및 낭비 요소 절감
스마트	경쟁력	• 대규모 데이터 분석을 통한 상황 인지, 인공지능 서비스 등 가능 • 개인화 · 지능화 서비스 제공 확대 • 소셜분석, 평가 · 신용 · 평판 분석을 통해 최적의 선택 지원 • 트렌트 변화 분석을 통한 제품 경쟁력 확보
융합	창조력	• 타 분야와의 결합을 통한 새로운 가치 창출 • 인과관계, 상관관계가 컨버전스 분야의 데이터 분석으로 안전성 확보, 시행 착오 최소화 • 방대한 데이터 활용을 통한 새로운 융합시장 창출

출처: 강만모, 박상무, 김상락(2012).

6. 빅데이터 분석 기술과 기법

빅데이터 기술은 크게 분석 기법과 인프라 측면으로 나누어 볼 수 있는데, 대부분의 분석 기법은 통계학과 전산학, 특히 기계학습, 데이터 마이닝 분야에서 이미 사용되던 기법들이며, 이 분석 기법들의 알고리즘을 대규모 데이터 처리에 맞도록 개선하여 빅 데이터 처리에 적용하고 있다.

빅데이터의 활용이 가능하게 하려면 생성과 흐름이 빠르게 진행되는 많은 양의 데이 터를 분석하고 처리하기 위한 기술이 필요하다. 가령, 데이터 매시업[1]을 통해 각각의 빅데이터를 융합하고 분석함으로써 새로운 가치를 발견하고 이를 통한 의사결정을 가 능케 하며, 분석 결과를 기초로 수요자 맞춤형 서비스를 제공함으로써 새로운 가치를 창출할 수 있으므로 그 중요성이 더욱 부각되고 있다.

빅데이터 분석 기법은 기존의 데이터 처리 방식과 달리 의사결정의 신속한 결정이 상대적으로 중요하지는 않으나 처리의 복잡도가 높아졌으며, 처리할 데이터의 양이 방

---

1) 매시업(mashup)이란 서로 다른 사이트에서 제공되는 콘텐츠나 서비스를 조합하여 좀 더 가치 있는 서비스나 콘텐츠를 만들어 내는 것을 의미하며, Open API를 조합하여 완전히 새롭고 창의적인 서비스를 제공하는 개념 을 포함한다. 예를 들어, 구글 지도에 부동산 매물정보를 결합한 서비스인 구글의 하우징 맵스(housingmaps. com) 등이 있다.

대하고 비정형 데이터의 비중이 높아짐으로써 보다 적절한 분석이 요구된다고 할 수 있다. 빅데이터 시대에는 데이터가 IT에서 분리된 독립적인 주체로 발전하며 IT의 주도권이 인프라, 기술, 소프트웨어에서 데이터로 전이되었다. 최근 빅데이터가 큰 관심 분야가 됨에 따라 데이터 분석의 중요성에 대한 인식과 다양한 데이터 마이닝 기법이 새롭게 조명되고 있다.

〈표 1-9〉 빅데이터 활용에 따른 분석 방법의 변화

분류		현재(AS-IS)	융합지식 기반(TO-BE)
활용 변화	데이터 개방	웹 기반 인터페이스	원본 · 분석 · 가시화 3계층
	이슈 접근	후 집계 · 원인을 파악하는 사후대책반	실시간 이슈 탐지를 통한 선대응적 기획반
	활용 형태	부처별 수직적 활용	범부처 · 민간 수평적 분석
	주체	업무 운영담당자	분석 · 기획 담당자
분석 변화	분석 대상	정형화된 DB 데이터	정형 데이터 + SNS 등의 비정형 데이터
	규모	기가~테라바이트급	페타~제타바이트급
	분석 범위	단일 저장소	다중 저장소
	적용시간	일괄 처리	인타임 처리
	데이터	저장 후 분석	흐림(on-the-fly) 분석

출처: 국가정보화전략위원회(2011).

빅데이터 분석은 전자적 흔적을 모아서 이를 통해 유추할 수 있는 의미를 찾는 것이다. 데이터 분석만으로는 의미를 찾는 것이 용이하지 않고, 정보가 데이터화 과정을 거쳐 데이터가 되어야만 이를 분석하고 시각화할 수 있다. 이를 '데이터 마이닝(data mining)'[2]이라고 부른다. 데이터 마이닝은 빅데이터를 분석하여 가치나 새로운 통찰을 발견하는 과정이다.

---

2) 마이닝(mining)이란 광산에서 광물을 캐낸다는 의미로, 정보화 사회인 현재에는 적재된 다량의 데이터에서 숨겨진 패턴과 관계 등을 파악해 의사결정이나 미래를 전망할 수 있는 유용한 정보를 추출한다는 의미로 사용되고 있다. 빅데이터 처리를 용이하게 하기 위하여 다양한 스토리지, 컴퓨팅 기술 및 분석 기법이 개발되었다. 디지털 시대에는 쌓여 있는 데이터 속에서 유용하고 가치 있는 정보를 찾기 위한 노력이 끊임없이 진행 중이며, 실생활 속에서 축적되는 다양한 유형의 데이터가 증가할수록 데이터의 활용 가치는 무한히 상승하고 있다. 마이닝 기법은 기업의 의사결정, 마케팅, 고객관리뿐만 아니라 금융, 의학, 교육, 환경 등의 분야에서 혁신적으로 적용되고 있다.

데이터 마이닝(data mining)은 대용량의 데이터에서 감춰진 지식, 기대하지 못했던 경향, 새로운 규칙, 유용한 상관관계 등의 유용한 정보를 발견하는 과정을 포함한다. 즉, 데이터 마이닝을 통해 정보의 연관성(순차 패턴, 유사성 등)을 파악함으로써 가치 있는 정보를 만들어 의사결정에 적용하는 기술을 말한다. 가령, 기업이 보유하고 있는 일일 거래 자료, 고객 자료, 상품 자료, 마케팅 활동의 피드백 자료와 고객 반응 데이터 등 기타 외부 자료를 포함하여 사용 가능한 데이터를 기반으로 의미 있는 지식, 패턴, 새로운 법칙과 관계를 발견하고 이를 실제 경영의 의사결정 등을 위한 정보로 활용하는 것을 내포한다(정원준 외, 2019; Wiedemann, 2013).

데이터 마이닝은 대상에 따라 구분되고 있으며, 빅데이터 처리에는 여러 분석 기법이 활용되는데, 그중 소셜 네트워크 등과 같은 비정형 데이터 분석에서 효과적인 방법으로는 텍스트 마이닝, 오피니언 마이닝, 감성분석, 소셜 네트워크 분석, 클러스터 분석 등이 주목을 받고 있다. 각 분석 기법에 대하여 소개하면 다음과 같다.

1) 텍스트 마이닝

텍스트 마이닝(text mining)이란 비·반정형 텍스트 데이터에서 자연어처리(Natural Language Processing: NLP) 기술을 기반으로 유용한 정보를 추출·가공하는 것을 목적으로 한다. 분석 대상이 비구조적인 문서정보라는 점에서 데이터 마이닝과 차이가 있다. 텍스트 마이닝은 마이닝 기술을 통해 방대한 텍스트 뭉치에서 의미 있는 정보를 추출하고, 다른 정보와의 연계성을 파악하며, 텍스트가 가진 카테고리를 찾아내거나 단순한 정보 검색 그 이상의 결과를 얻어 낼 수 있다. 컴퓨터로 인간이 사용하는 언어(자연어)를 분석하고 그 안에 숨겨진 정보를 발굴해 내기 위해 대용량의 언어 자원과 통계적 그리고 규칙적 알고리즘이 사용되고 있다. 텍스트 마이닝은 비정형 데이터를 분석하는 기법이기 때문에 텍스트의 형태소나 군집, 분류, 요약 등을 분석하여 텍스트 내에 숨겨진 주제나 정보를 발견하는 것이다(정원준, 2018; Wiedemann, 2013). 텍스트 마이닝 과정은 〈표 1-10〉과 같으며, 세부적인 텍스트 마이닝 기법은 제2장에서 다룰 것이다.

〈표 1-10〉 텍스트 마이닝 과정

과정	설명
텍스트 문서	• 텍스트 기반의 문서(웹 문서, 오피스 문서, 메일 등)
텍스트 전처리	• 문서 내에 표현되어 있는 단어 · 구 · 절에 해당하는 내용을 언어 처리 과정으로 가공하여 데이터로 표현
의미정보 변환	• 전처리된 데이터 중 의미 있는 정보를 선별하여 저장(불용어 처리, 대소문자 처리, stemming 처리)
의미정보 추출	• 복잡한 의미정보의 표현을 단순화하고 도메인에 적합한 정보를 문서의 의미 데이터로 저장
패턴 및 경향분석	• feature 정보를 기반으로 문서를 자동 군집하거나 자동 분류하는 등의 정보 재생산
정보표현 및 평가	• 새롭게 생성된 정보를 사용자에게 시각화하여 효과적으로 표현 • 평가 과정을 통해 텍스트 마이닝의 처리 과정 중 문제가 되는 부분을 수정 및 보완하여 품질 및 성능을 높이는 데 활용

출처: 하연 편집부(2012).

2) 오피니언 마이닝

오피니언 마이닝(opinion mining)이란 어떤 사안이나 인물, 이슈, 이벤트에 대한 사람들의 의견이나 평가, 태도, 감정 등을 분석하는 것을 말한다. 특정 주제에 대해 사람들의 주관적인 의견들이 모여 있는 문장을 분석한다. 문장 분석에서는 사실과 의견을 구분해 의견을 뽑아 내어 긍정과 부정으로 나누고 그 강도를 측정한다. 텍스트 마이닝이 특정 단어와 문맥의 연관성을 분석하는 데 비해, 오피니언 마이닝은 문맥과 연계된 감정(sentiment)을 활용하여 특정 텍스트의 어조와 감정을 파악해 내는 특징이 있기에, 오피니언 마이닝을 감성 혹은 감정 분석(sentiment analysis)으로 표현하기도 한다.

오피니언 마이닝의 분석 대상은 주로 포털 게시판, 블로그, 쇼핑몰과 같은 대규모의 웹 문서이기 때문에 자동화된 분석 방법을 사용한다. 오피니언 마이닝도 분석 대상이 텍스트이므로 텍스트 마이닝에서 활용하는 자연어 처리(NLP) 방법, 컴퓨터 언어학(computational linguistics) 등을 활용한다. 최근 여론 분석 기술로 주목받고 있는 오피니언 마이닝은 소셜미디어와 웹사이트 등에 나타난 여론과 의견을 분석하여 유용한 정보로 재가공하는 기술이다. 오피니언 마이닝을 활용하면 네티즌이 그들에 대해 이야기하는 댓글이나 포스팅 등을 긍정, 부정, 중립으로 분류하여 더 객관적이고 정확하게 평판을 파악할 수 있다. 정확한 오피니언 마이닝을 위해서는 전문가에 의한 선호도를 나타내는 표현과 단어 자원의 축적이 필요하다.

오피니언 마이닝은 분석 대상인 주제어와 함께 나오는 긍정, 부정 등 감정적 언어의 빈도수를 추적하여 여론의 향방을 추적한다. 이때 대상에 대한 선호도는 긍정, 부정, 중립(neutral) 또는 다양한 범주의 감정 분류(예: 기쁨, 감동, 신뢰, 감사, 슬픔, 두려움, 싫어함, 실망) 및 일정 범위의 감정 점수(예: 10점 척도)를 통해 판별된다(이미숙, 이창훈, 김지연, 2014).

이에 따라 감정분석은 일반적으로 세 단계의 분석 절차를 거친다(신수정, 2014). 첫 번째는 '데이터 수집' 단계이고, 두 번째는 수집된 정보 중 사용자의 주관이 드러난 부분만 남기고 나머지는 걸러 주는 '주관성 탐지(subjectivity detection)' 단계, 세 번째는 추출한 감정 데이터를 긍정, 부정으로 분류하는 '극성 탐지(polarity detection)' 단계이다. 컴퓨터는 텍스트 안에 있는 긍정적 · 부정적 단어들을 탐지하여 이를 정량화한 후 통계적 기법을 적용한다. 예컨대, 문서에서 각 단어가 나타나는 빈도나 긍정, 부정과 같은 속성에 따라 점수나 가중치를 부여한 후 각 단어가 나타내는 점수의 총합이나 평균을 구해, 전체 텍스트가 과연 긍정적인지 혹은 부정적인지를 알아내는 것이다. 감정분석은 문서(document) 단위의 극성 분석, 문장(sentence) 단위의 극성 분석, 속성(aspect) 단위의 극성 분석으로 분류할 수 있다. 최근에는 여러 문장 사이의 관계와 문맥을 고려해 문장들의 의미관계를 분석하는 담론분석(discourse analysis)에 주로 활용되기도 한다.

3) 웹 마이닝

웹 마이닝(web mining)은 인터넷을 이용하는 과정에서 생성되는 웹 로그(web log) 정보나 검색어로부터 유용한 정보를 추출하는 웹을 대상으로 한 데이터 마이닝을 말한다. 웹 마이닝은 전통적인 데이터 마이닝의 분석 방법론을 사용하기도 하지만 웹 데이터의 속성이 반정형 혹은 비정형이고, 링크구조를 형성하고 있기 때문에 별도의 분석 기법이 필요하다(정용찬, 2012).

웹 마이닝은 분석 대상에 따라 웹 구조 마이닝(web structure mining, 웹 사이트 구조)과 웹 유시지 마이닝(web usage mining, 사용자 이용 형태), 웹 콘텐츠 마이닝(web contents mining, 웹 검색 · 수집 데이터)으로 구분한다(Linoff & Berry, 2001).

웹 마이닝 분석 과정은 데이터 마이닝 분석 과정과 유사하지만 가장 큰 차이는 데이터 수집이다. 데이터 마이닝에서 데이터는 이미 수집된 상태이거나 데이터 웨어하우스 같이 구조적으로 잘 정리된 장소에 저장되어 있다. 하지만 웹 마이닝에서 데이터 수집은 실질적으로 수행해야 하는 작업이다. 특히 웹 구조 마이닝과 웹 콘텐츠 마이닝에서 대량의 자료를 수집하는 크롤링(crawling) 작업은 더욱 그렇다.

4) 소셜 마이닝

소셜 마이닝(social mining)은 소셜 네트워크 분석(Social Network Analysis: SNA)이라고도 칭하며, 소셜 네트워크 분석은 수학적 그래프 이론에 뿌리를 두고 있다. 소셜 네트워크 분석은 소셜 네크워크 연결강도 및 연결구조 등을 바탕으로 하여 대상의 영향력을 측정하고, 소셜 네트워크상에서 중심적인 역할을 할 수 있는 대상을 찾는 데 주로 활용된다(정원준 외, 2019). 또한 SNS상의 SNA를 소셜미디어 분석(Social Media Analysis: SMA)이라 한다. 이는 SNS상에서 영향력 있는 노드, 즉 입소문의 중심이나 허브 역할을 하는 영향력자인 인플루언서(influencer)를 찾아내어 모니터링하고 영향력과 트렌드를 분석하며 추출하여 관리하는 것으로 마케팅 관점에서 중요하다(강만모, 박상무, 김상락, 2012). 예를 들어, SNS에 올라오는 글과 사용자를 분석해 소비자의 흐름이나 패턴 등을 분석하고, 판매나 홍보에 적용된 마케팅 변화 추이를 파악할 수 있다.

소셜 마이닝은 다음의 4단계를 통해 정보를 추출 및 분석할 수 있다. 첫째, 소셜 네트워크의 위상학적 구조(network topology structure) 분석으로 네트워크 전반적 특성을 파악한다. 둘째, 네트워크 구조의 시간에 따른 진화를 분석한다. 셋째, 네트워크상의 각 노드(사용자)가 생산, 확산시키는 콘텐츠(포스트, 댓글, 리트윗, 동영상, 링크 등) 흐름을 분석한다. 넷째, 각 개인 또는 그룹의 소셜 네트워크 내 영향력, 관심사, 성향 및 행동 패턴을 분석 추출한다. 소셜 네트워크 분석의 활용 효과는 이미 각 기업이 빅데이터에 주목하면서 SNS 데이터 분석 기술을 통해 방대한 비정형 데이터들을 분석하고 이를 비즈니스에 활용하고 있다(정원준 외, 2019; 하연 편집부, 2012).

소셜 마이닝에서 진일보하여 사람들의 행동 패턴을 예측하기 위해 사회적 행동과 관련된 정보는 모바일 기기(휴대폰, GPS 등)를 통해 얻고 분석하는 현실 마이닝(reality mining)도 존재한다. 휴대폰 등의 모바일 기기를 통해 현실에서 발생하는 정보를 기반으로 인간관계와 행동 양태 등을 추론하는 방식이다.

5) 군집분석

　군집분석(cluster analysis)은 동일한 군집 내의 개체가 비슷한 특성이 있는 개체를 합쳐가면서 다른 군집의 개체보다 서로 더 유사한 특성을 가지고 있는 군을 발굴하는 데 사용된다. 예를 들어, 트위터상에서 주로 사진·카메라에 관해 이야기하는 사용자군이 있을 수 있고, 자동차에 관해 관심 있는 사용자군이 있을 수 있다. 이러한 관심사나 취미에 따른 사용자군을 군집분석을 통해 분류할 수 있다.

　군집분석은 기계 학습, 패턴 인식, 이미지 분석, 정보 검색, 바이오산업, 데이터 압축 및 컴퓨터 그래픽을 포함한 많은 분야에서 사용되는 데이터 마이닝의 주요 작업 방식이며 데이터 통계 분석을 위한 기법이다. 특히 최근 국내에서는 많은 수의 매장을 가지고 있는 유통업체에서 군집분석 방법을 적극적으로 활용하는 추세이다. 구체적으로 살펴보면, 매장을 지리적 위치, 크기, 층수, 매출액, 인기품목 등을 기준으로 군집을 생성하고 군집별로 다른 마케팅 전략을 적용할 수 있다. 반대로 회원들을 성, 연령, 구매 패턴 등을 기준으로 군집화하여 회원 군집별로 특화된 캠페인을 실행하는 데 활용하기도 한다. 군집분석 방법 중 가장 많이 사용하는 것은 계층적 군집분석(hierarchical)과 비계층적 군집분석(non-hierarchical)이다.

　지금까지 언급한 빅데이터 분석 기술을 정리하면 〈표 1-11〉과 같다.

〈표 1-11〉 빅데이터 분석 기술의 종류

구분	내용
데이터 마이닝	• 필요한 데이터셋(data set)을 찾아, 데이터 내 특정 속성(예: 특정 이슈에 대한 언론기사 횟수) 등의 시계열 변화를 탐색하기 위한 분석 기법
텍스트 마이닝	• 비·반정형 텍스트 데이터들로 구성된 빅데이터에서 자연어 처리 기술에 기반한 의미 있는 정보를 추출하는 기술
오피니언 마이닝	• 다양한 온라인 뉴스, 소셜미디어 코멘트, 사용자가 만든 콘텐츠에서 나타난 의견을 추출, 분류, 이해하고 컴퓨팅 기술로 빅데이터에 포함된 사안이나 이슈, 이벤트에서 사람들의 의견이나 평가를 분석 • 문장의 의미를 파악해 글의 내용을 긍정/부정, 좋음/나쁨이라 분류하거나 만족/불만족 강도를 지수화하고, 지수를 이용하여 감성 트렌드를 시계열적으로 분석하고 감성 변화에 따라 신속한 대응 및 부정적인 의견의 확산을 방지하는 데 활용

웹 마이닝	• 웹 로그(web log) 정보나 검색어로부터 유용한 정보를 추출하는 웹을 대상으로 한 데이터 마이닝을 의미
소셜 네트워크 분석	• 소셜 네트워크 서비스에서 네트워크 연결구조와 연결강도를 분석하여 사용자의 영향력을 측정
클러스터 분석	• 비슷한 특성의 개체를 합쳐 최종적으로 유사한 특성을 가지고 있는 군을 발굴하는 데 사용되며, 관심사나 취미에 따라 분류할 수도 있고 훈련 데이터군을 이용하지 않기 때문에 비지도 학습 방법에 해당

출처: 정원준 외(2019); 주해종, 김혜선, 김형로(2017).

　제1장의 내용을 종합하면, 빅데이터 분석과 활용이 중요한 이유는 전 세계적으로 사회적 공익성 및 경영의 효율성을 추구하는 지속가능한 경영의 패러다임 등장과 함께 다양한 이해관계자 대상의 소통 관리 중요성이 부각되고 있기 때문이다. 이는 이윤추구를 목적으로 하는 민간기업뿐만 아니라, 정부 및 공공기관 같은 공공영역까지도 통용되는 접근이며, 다양한 이해관계자의 이해를 조정하고 관리하려는 주요 수단으로 빅데이터를 이용하고 있다. 현대사회에서 이루어지는 빅데이터에 대한 지속적인 관심과 실험적인 시도들은 다변화된 현대사회를 보다 정교하게 예측하고 효율적으로 작동하도록 정보를 제공하며, 개인화된 사회 구성원들에게 적합한 정보를 제공하고 관리하려는 목적에 기인한다. 실례로, 민간영역에서는 신용카드 이용내역에 관한 정보부터 소셜미디어의 웹 데이터 등을 토대로 고객선호도를 분석하고, 고객의 구매 패턴과 실구매 트렌드를 파악해 개인 고객 수요에 맞는 맞춤형 정보 제공 등 마케팅에 적극 활용하고 있다. 이에 반하여 공공영역에서는 공공데이터와 민간의 다양한 데이터를 융합해 국민의 안전과 복지 그리고 다양한 생활영역 등에 필요한 서비스를 제공하는 등 혁신적인 개선 노력을 하고 있음에도 불구하고, 분석의 정교함과 활용의 다양성 차원에서 그 실효성에 대한 평가를 내리기에는 좀 더 많은 시간이 필요해 보인다.

　다만, 분석 기술 역시 진일보하고 있기에 효과적인 빅데이터 분석과 활용에 대한 기대가 상승하고 있는 것도 사실이다. 미래지향적 빅데이터 활용이 실현되기 위해서는 조직의 의사결정과 실행 과정에서 그간 축적되고 분석된 데이터를 증거와 논리로 활용하는 데이터 기반(data-driven) 논의가 반드시 포함되어야 한다. 나아가, 생성되고 축적되는 방대한 데이터 자체를 관리하고 분석하기 위해 필요한 인력, 조직 그리고 기술을 포괄하는 인프라 구축 또한 필요하다는 점을 유념해야 한다.

제2장

텍스트 분석

1. 텍스트 분석의 이해

종이와 잉크를 사용하던 전통적 의미의 신문 언론이 점차 온라인 플랫폼으로 이동하면서, 모든 조직의 커뮤니케이션 실무자들에게는 그들이 소속되어 있는 조직과 연관된 언론 뉴스 기사를 특정 시기마다 추출하고 내용을 분석할 필요가 생겼다. 이는 조직 관련 모든 이슈에 대하여 언론이 설정하여 제공하는 다양한 아젠다(agenda, 혹은 의제나 주제)와 프레임(frame, 혹은 쟁점)에 대한 심도 있는 분석과 그 배경에 대한 이해가 당면 과제이기 때문이다.

우리는 사회에서 새롭게 발생하거나 혹은 지속적으로 존재하고 있는 하나의 이슈나 현상에 대하여 언론이 어떠한 사회적 담론을 제시하면서, 그 담론을 어떠한 시각으로 채색(彩色)하는지 파악하여 이에 따른 대응 논리를 즉각적으로 제공할 필요가 있다. 나아가, 그 기사에 대한 독자의 반응이라 할 수 있는 댓글 내용을 분석하는 등 온라인 여론을 실시간으로 모니터링하고, 이를 통해 다양한 쟁점을 관리하여 위험과 위기 상황으로 이어질 수 있는 사안들에 대한 사전 경고체계를 구축할 수 있는 초석으로 언론기사에 대한 텍스트 분석을 활용해야 한다.

실례로, 최근 전 세계에서 가장 큰 관심을 받는 이슈는 코로나바이러스감염증-19(COVID-19)라 할 수 있다. 2019년 12월 중국 우한에서 발생한 이 이슈에서도 보듯이,

신종 바이러스가 전 세계에 주는 위험성은 날로 심각해지고 있다. 현대사회는 매일 날씨 예보를 제공하듯, 미디어를 통해 신종 바이러스 감염에 의한 확진자와 사망자 수 및 역학조사를 통한 전염력이 높은 지역 등의 정보를 실시간으로 전달하는 시대가 되었다. 이는 현대사회에서 나타나는 신종 바이러스의 위험이 공중의 안전 및 생명과 결부되어 있기 때문이며, 나아가 국제관계, 의료분쟁, 내수시장 및 글로벌 경제에까지 광범위한 영향을 주고 있다는 방증이기도 하다.

이를 아젠다와 프레이밍(framing)이라는 용어와 연관짓자면, 아젠다는 하나의 위험 요소가 사회에 만연했을 때, 그 위험 요소와 연관된 세부적이고 부수적인 의제 혹은 토픽으로 나타날 수 있다. 또한 세부적인 키워드들이 하나의 군집을 이루어 하나의 시각이나 관점 혹은 담론을 제시할 수 있는데, 이를 프레이밍이라 한다. 종합하자면, 하나의 이슈가 발생했을 때 그 이슈와 연관된 아젠다와 프레이밍 현상은 언론을 통하여 정의(definition)되기도 하고, 연관 세부 의제와 시각이 재정립되어 일반 독자들에게 전달되기도 한다. 이에 그 이슈와 관련 있는 조직들은 언론의 아젠다와 프레이밍을 수시로 분석하고 시간의 흐름에 따른 추이를 정리하여, 필요시 대응 논리 등을 개발하는 대언론 대응방안을 마련하는 시스템을 구축할 필요가 있다.

빅데이터의 분석 기법은 다양하지만, 그중 널리 사용하는 방법 중 하나가 '텍스트 마이닝' 기법이다. 텍스트 마이닝은 비 · 반정형 텍스트 데이터에서 자연어처리 기술에 기반하여 방대한 텍스트 뭉치에서 유용한 정보를 추출 · 가공하고 데이터 내에서 관계 또는 패턴을 추출하여 가치 및 의미 있는 정보를 찾아내는 것을 주요 목적으로 한다(Wiedemann, 2013).

이에 언론에서는 코로나바이러스에 대해 어떤 아젠다가 존재하고 프레임들이 어떻게 구성되어 있는가를 이해하는 데 텍스트 마이닝 기법을 사용할 수 있다. 나아가 이러한 분석을 통하여, 시간의 흐름에 따른 바이러스 감염증이라는 주요 이슈의 전개를 이해하고 보다 나은 통찰력을 얻을 수 있다. 종합적으로, 이러한 텍스트 분석 기법은 특정 이슈나 조직과 연관하여 발생했거나 발생할 수 있는 이슈의 비물질적 측면에 대한 이해의 폭을 넓히는 데 기여할 수 있다.

먼저, '아젠다'라는 용어에 대한 설명을 하고자 한다. '아젠다'를 한국어로 단순하게 직역하면 '의제 혹은 (회의)주제'라 해석이 되지만, 우리 사회에서 흔히 사용하는 '아젠다'라는 용어는 신문과 방송 등 레거시(legacy) 미디어의 역할과 가치에 대한 논의에서 항상 다루는 '아젠다 설정(agenda setting, 의제 설정)'에서 유래된 의미라 봐도 무방하다.

'의제 설정 이론(agenda setting theory)'은 1972년 미국의 커뮤니케이션 학자들인 맥콤과 쇼(McCombs & Shaw, 1972)에 의해 제기된 이론이다. 이 이론에 의하면, 뉴스 등의 형식을 이용하여 미디어가 특정 이슈(예: 정부정책, 신상품 정보, 영화와 음악과 같은 문화 콘텐츠 등)를 반복적으로 보도(reporting)하면, 그 보도를 지속적으로 접하는 일반 대중(mass audience)은 그 이슈에 대한 중요성을 부지불식간에 높게 인지할 가능성이 높다는 것이다. 환언하면, 그 이슈가 사회적으로 그리 중요하지 않다 하더라도 언론을 통하여 반복적으로 조명을 받는다면, 언론 기사를 접하는 대부분의 일반인 입장에서는 그 이슈를 중요하게 판단하거나 평가할 가능성이 많다는 것이다. 이러한 반복적 정보의 제공으로 인하여 미디어가 대중에게 '무엇을 생각할 것인가' 그리고 '무엇을 중요하게 인지할 것인가'에 대한 답(그게 정답은 아닐지라도)에 영향을 미친다는 것이다. 따라서 수용자의 특정 이슈에 대한 인지(knowledge) 정도와 중요도(importance) 평가의 지표로 언론의 아젠다를 파악하는 것이 필요하며, 언론의 기사 혹은 내용 분석을 위하여 텍스트 분석 방법을 활용할 수 있다.

한편, 프레임은 앞서 언급한 언론의 '의제 설정' 기능, 즉 '특정 주제나 이슈 혹은 이와 연관된 단어'의 반복적 언급을 통한 그 중요성을 강조하려는 언론의 영향력에서 더 확장하여, 그 이슈에 대한 '시각(視角)과 방향'을 언론이 제공한다는 것이다. 즉, 하나의 이슈에 대한 국민의 여론이 생성되는 데 중요한 역할을 담당하는 것은 언론이며, 나아가 그 형성된 여론의 방향과 변화를 주는 영향을 미치기도 한다. 언론은 그 사안에 대한 정보를 직접 제공할 뿐만 아니라 이와 연관된 사회세력의 의도와 목표, 실행에 대한 평가, 전망 등에 대해 보도함으로써 커뮤니케이션 메시지의 영향력을 확대하는 경향이 있다는 것이다. 종합하면, 언론 콘텐츠는 사회 대중의 공통된 의견인 특정 이슈의 중요도(아젠다)를 제공하며, 여론 혹은 사회적 인식을 형성하거나 설명(프레임)하는 기능을 한다. 즉, 미디어의 영향이 단순하게 '무엇을 생각할 것인가(what to think)'에 초점을 맞추었던 의제 설정 기능에서 '무엇에 대해 생각할 것인가(what to think about)' 그리고 '어떻게 생각할 것인가(how to think)'로 확장된 개념이 프레임이다.

최근 국내에서는 다양한 사회과학 영역의 연구에 빅데이터가 활용되고 있는데, 주로 텍스트 데이터를 활용한 연구들이 수행되었다. 이러한 선행 연구들은 하나의 사회적 이슈에 대한 대중의 의견이나 수요를 신속하게 파악하거나 기존 연구들과는 차별화된 소통적 대안을 제시하는 데 텍스트 데이터를 활용한 분석이 효율적임을 보여 주고 있다.

2. 텍스트 분석 절차

빅데이터 분석 방법이란 상대적으로 가치가 낮은 대량의 데이터로부터 통찰력 있는 고급 정보를 얻는 과정으로, 여기에는 데이터 분석 자체뿐 아니라 데이터를 수집하고 클리닝하는 단계 모두가 포함된다. 따라서 이 절에서는 빅데이터의 분석 절차와 방법을 데이터 수집, 데이터 클리닝, 데이터 분석 및 시각화의 세 단계로 구분하여 살펴본다.

1) 데이터 수집

빅데이터를 수집할 때에는 대규모의 데이터에 접근해야 하기 때문에 컴퓨터를 활용한 자동화된 방법을 활용하게 된다. 빅데이터의 수집 방법은 크게 ① 공개 API(Open Application Programming Interface: Open API)를 이용하는 방법과 ② 웹 크롤링(Web-Crawling) 또는 ③ 웹 스크래핑(Web-Scraping) 방법으로 구분할 수 있다(정원준 외, 2019).

우선, '공개 API'란 데이터를 어디서나 쉽게 활용할 수 있도록 운영체제나 프로그래밍 언어가 제공하는 기능을 제어할 수 있도록 만든 인터페이스로, 운영체제와 응용 프로그램 간 통신에 사용되는 언어나 메시지 형태로 구성되어 있다. 공개 API를 이용하여 데이터를 수집할 때에는 주로 검색포털이나 공공기관의 데이터베이스와 연계되며, 이 경우 트래픽, 시스템 과부하, 데이터 소유권 등의 문제로 인해 해당 기관과 사전 협의가 필요하다. 따라서 개인은 데이터를 제공하는 기관에 인증키를 요청하고, 해당 기관의 관리자가 요청 정보를 확인한 후 API 인증키와 적용 소스를 보내 주면, 이를 해당 기관의 서비스 제공 방식에 따라 접근하면 된다. 예컨대, 정형 데이터 중 지난 10여 년 간 시 · 도별 교원당 학생 수 정보를 수집하고자 하는 경우, 통계청에서 공개한 API 규약을 따르면 되며, 네이버 뉴스 검색 결과와 같은 비정형 데이터의 경우에도 해당 검색 포털에서 공개한 검색 API를 활용하면 수집이 가능하다.

데이터를 수집할 때 웹 크롤러를 이용하여 인터넷에 공개된 정보를 자동으로 수집하는 방법을 웹 크롤링이라고 한다. 웹 크롤러는 특정 사이트의 웹 문서를 자동으로 수집하는 기술로, 수많은 웹 문서를 자동으로 돌아다닌다는 점에서 웹 로봇(Robot), 봇(Bot), 또는 스파이더(Spider)로 불리기도 한다. 웹 크롤러는 주로 비정형 데이터를 수집할 때 사용되며, 야후(Yahoo)나 페이스북 등의 민간 기업이 개발한 후 오픈소스로 공개한 사례가 대부분이다. 웹 크롤링은 웹 크롤러가 수집할 웹 문서 주소(URL) 목록인 시드(seed)를 기준으로 웹 문서를 수집하고, 수집된 웹 문서에 포함된 URL을 다음 시드로 활용해 그 다음 웹 문서를 수집하는 방식을 따른다(유예림, 백순근, 2016).

한편, 웹 스크래핑은 일반적으로 웹 크롤링과 유사한 의미로 사용되는데, 엄밀하게는 두 개념이 구분된다. 즉, '웹 스크래핑'은 웹 브라우저 화면 내에서 사용자가 저장한 필요 정보만을 추출해 내는 기술로(서명구, 박규석, 2004), 웹 크롤링이 기본적으로 모든 데이터를 수집한다면, 웹 스크래핑은 사용자가 원하는 특정 정보만 추출한다는 점에서 차이가 있다. 웹 크롤링과 웹 스크래핑을 오픈소스(open source) 형태로 무료 지원하는 도구로는 R 프로그램의 Httr 패키지, 프로그래밍 언어인 파이썬(Python)의 'Beautiful Soup' 라이브러리와 'Scrapy'(https://scrapy.org) 라이브러리가 대표적이다.

2) 데이터 클리닝

수집한 데이터를 분석하기 용이한 형태로 클리닝하는 것은 모든 데이터에서 요구되는 작업이지만, 비교적 처리가 용이한 정형 데이터보다 비정형 데이터에서 더욱 필수적이고 작업의 난이도도 높다(정원준, 2018). 특히 자동화된 방식으로 수집된 텍스트 빅데이터의 경우 그 규모가 매우 크기 때문에 자동화된 데이터 클리닝(data cleaning) 작업이 반드시 필요하다. 작업은 기존의 텍스트 분석법에서 발전된 텍스트 마이닝 기법을 통해 실시되며, 최근 인문·사회과학 분야에서는 '자동화된 텍스트 분석(automated text analysis)'으로 명명되고 있다. 이 기법은 자연어 처리(NLP)를 활용해 비정형 데이터를 정형화하는 것으로, 데이터 클리닝 단계에서는 텍스트 데이터에 대한 전처리(preprocessing)와 형태소 분석(morphological analysis)을 수행한다(정원준, 2018).

우선, 전처리 단계에서는 수집된 텍스트 데이터 중 동의·유의어이지만 다르게 표현된 단어들을 통일하는 정규화(normalization) 작업과 분석 시 불필요한 단어와 표현을 삭제하는 작업을 수행한다(정원준, 2018). 정규화 작업에서는 띄어쓰기가 다양하게 표현된 용어(예: '코로나 바이러스' '코로나바이러스')나 축약어(예: '코로나' '코로나19'), 여러 가지 언어로 표기된 용어(예: 'COVID-19') 등을 동일한 용어로 변환하는 과정이 이루어진다. 유의어(예: '신체'와 '인체')를 하나의 단어로 통일하고, 의미가 다소 다를지라도 분석 목적을 고려할 때 동일한 단어로 처리해야 하는 단어 역시 통일할 필요가 있다. 마침표, 쉼표, 괄호 등의 문장 부호와 각종 기호로 표현된 특수 문자(예: '▷'), 의존명사 및 기타 분석 시 의미를 부여할 필요가 없는 불용어(stopword)들을 제거해야 한다.

형태소 분석은 문장을 의미의 최소 단위인 형태소로 바꾸는 작업이다. 형태소는 그 의미와 기능에 따라 어휘 형태소(실질 형태소)와 문법 형태소(형식 형태소)로 분류된다. 특정 텍스트로부터 주요 내용을 파악하고자 할 때에는 대부분 어휘 형태소가 활용되며, 품사 부착(part-of-speech tagging)을 통해 일반명사, 고유명사, 형용사, 부사, 동사 등 특정 품사를 선별하고 선택적으로 활용할 수 있다. 참고로, 국내에 오픈소스의 형태로 공개된 한국어 형태소 분석기로는 KOMORAN 외에도 서울대학교 IDS(Intelligent Data Systems)에서 개발한 '꼬꼬마 형태소 분석기', KAIST의 SWRC(Semantic Web Research Center)에서 개발한 '한나눔 형태소 분석기', 은전한닢 프로젝트에 따라 일본어 형태소 분석기 엔진에 세종 말뭉치를 학습시킨 'mecab-ko' 형태소 분석기가 있다(강형석, 양장훈, 2018). 형태소 분석기는 분석 텍스트의 내용에 따라 그 성능이 좌우될 수 있으므로, 최종적으로 사용할 형태소 분석기를 선택할 때에는 여러 가지 형태소 분석기를 활용해 분석한 후 그 결과를 비교·대조할 필요가 있다.

3) 데이터 분석 및 시각화

빅데이터 분석에서는 다음에 세부적으로 논의할 분석 기법뿐 아니라 그에 대한 표현 기술 또는 시각화(visualization) 방법도 매우 중요한 요소이다. 데이터를 어떻게 표현하느냐에 따라 새로운 트렌드나 패턴을 찾아낼 수도, 찾아내지 못할 수도 있기 때문이다.

분석 결과에 대한 적절한 시각화는 타인과 의사소통할 때 효과적이다. 따라서 데이터 시각화는 정보를 분명하고 효과적으로 전달하는 것을 목적으로 한다. 데이터 시각화는 간단한 그래프에서부터 3차원 표현까지 가능하며, 분석자의 창의성에 따라 다양하게 제시될 수 있다. 예컨대, 시계열 데이터, 통계적 분포, 계층구조, 네트워크, 지도, 각종 애니메이션 등이 시각화에 주로 활용된다.

빅데이터 분석과 시각화에 대해서는 제5장에서 자세히 논의하도록 한다.

3. 텍스트 분석 기법

제2절에서 언급한 바와 같이, 텍스트 마이닝은 텍스트 형태로 이루어진 비정형 데이터들을 자연어 처리 방식을 이용하여 정보를 추출하거나 연계성을 파악하는 기법이다. 이 기법은 웹 문서에서 특정 주제어(keyword)와 매칭되는 단어를 찾아 수를 부여하는 인덱싱(indexing) 검색 기법에서 발전되어 왔으며, 점차 특정 주제어나 문맥(context)을 기반으로 데이터의 숨은 의미를 탐색하는 데 활용되고 있다.

텍스트 데이터는 책, 문서, 편지, 신문 기사, 이메일, 공고문, 블로그, 웹페이지, SNS, 연설문 등으로부터 얻을 수 있고, 텍스트 분석은 이들을 분석 대상으로 삼는다. 기본적으로 자연어 처리 기술을 기반으로 텍스트에 나타나는 단어를 이용하여 분석을 수행하는데, 텍스트 요약, 문서 검색, 정보 검색과 같은 문서 사용의 효율성을 위한 정보 추출이 텍스트 마이닝을 통해 수행된다. 이후 텍스트 분류, 문서 군집화, 언어 인식, 핵심 문구 식별 등 문서의 유사성을 측정하는 방식으로 확대되기도 한다.

기존 연구들이 연구자의 역량에 의존하여 일부 텍스트에 대해 제한적으로 접근해 왔던 것에 반하여 텍스트 마이닝은 대량의 텍스트를 활용할 수 있어 이전에는 볼 수 없었던 숨은 지식을 찾아내는 것에 대한 연구 방법으로서 핵심적인 가치가 있다. 특히 정확하게 파악하기 어려운 사회 현상 및 이슈와 관련된 다양한 논의 및 그 변화를 파악하는 데 유용하게 사용된다.

텍스트 분석의 대표적 기법은 다음과 같다.

1) 버즈분석

버즈분석(buzz analysis)은 주로 경영학 분야에서 사용되는 용어로(송태민, 송주영, 2016), 일종의 문서량 또는 검색량 분석이라고 할 수 있다. 버즈분석은 관심 주제어를 포함한 문서의 발현 빈도 또는 검색 빈도 총량을 확인할 수 있기 때문에 이를 통해 해당 주제에 대한 일반인의 관심도를 분석하는 데 주로 활용된다(이미숙, 이창훈, 김지연,

2014). 그리고 특정한 기간 동안 해당 문서의 발현 빈도를 시계열적으로 추적하면 해당 주제에 대한 관심도 변화를 살펴보는 추이분석(trend analysis)이 가능하고, 특정 사건 전후로 발현된 문서 빈도를 비교하면, 사건에 대한 반응도를 확인하는 이슈 반응 분석(issue response analysis)을 수행할 수 있다.

앞서 언급한 코로나, 그전에 사회적 이슈가 되었던 메르스(MERS), 사스(SAS) 등의 주요 단어가 포함된 문서의 생성과 폭증, 최고점 급락 그리고 소멸 등의 주기를 시계열적으로 탐색하기 위한 기법이 버즈분석이다.

2) 주제어 빈도 분석

주제어 빈도(Term Frequency: TF) 분석은 특정 문서 집단 내에서 자주 언급되는 단어나 주제어를 추출하고 이들이 언급되는 빈도에 따라 중요도를 분석하는 방법이다. 앞서 언급한 버즈분석의 분석 단위를 특정 문서(예: 언론 뉴스 기사 한 건)에서 텍스트 데이터의 주제어로 바꾸면 주제어 빈도 분석을 수행할 수 있다. 가령, 텍스트 마이닝과 크롤링에 의해 수집된 언론 기사 내용 데이터에 포함된 특정 단어들의 빈도에 따라 주요 단어, 즉 아젠다를 추출할 수 있다. 즉, 주제어 빈도 분석은 특정 문서 내에서 자주 언급되는 주제어를 추출하고 이들이 언급되는 빈도에 따라 중요도를 분석하는 방법이며, 특정 단어가 수집된 총 문서에서 얼마나 자주 등장하는지를 나타내는 '단어 빈도'로 단순하게 결정할 수 있다(정원준, 2018; 정원준 외, 2019).

특정 단어를 i, 총 k개의 단어로 구성된 특정 문서를 j 그리고 출현 횟수를 n이라고 할 때, TF를 수식으로 표현하면 다음과 같다.

$$TF_{i,j} = \frac{n_{i,j}}{\Sigma_k n_{i,j}}$$

3) 주제어(키워드) 중요도 분석

직관적으로는 TF 값이 큰 단어일수록 중요도가 높다고 판단할 수 있다. 그러나 TF 값이 큰 단어는 모든 문서에서 자주 등장하는, 즉 '문서 빈도(Document Frequency: DF)'

값이 큰 단어일 수 있다. 모든 문서에서 자주 출현하는 상투어를 걸러 내기 위해 '단어
빈도-역문서 빈도(Term Frequency-Inverse Document Frequency: TF-IDF)'가 도입되었
는데, 단순한 빈도 처리가 아닌 단어의 출현 확률을 기준으로 출현 빈도를 재가공한 것
이다. TF-IDF는 DF 값의 역수인 IDF(Inverse Document Frequency, 역문서 빈도)에 단순
단어 빈도(TF)값을 곱한 것으로, 이처럼 모든 문서에서 자주 출현하는 상투어를 걸러
내기 위함이다. 즉, TF-IDF는 특정 문서에서의 단어 중요도를 나타내는 TF에 전체 문
서와 관계된 단어의 중요도인 IDF를 곱한 값으로, 특정 문서 내에서 단어 빈도가 높을
수록 그리고 전체 문서들 중 그 단어를 포함한 문서가 적을수록 그 값이 커짐을 알 수
있다. 이러한 TF-IDF를 통해 언론 기사나 댓글 텍스트 데이터 전체에서 공통적으로 혹
은 무의미하게 반복적으로 출현하는 특정 단어를 제거할 수 있다(정원준, 2018; 정원준
외, 2019).

TF-IDF를 수식으로 나타내면 다음과 같다.

$$TF\text{-}IDF = TF \times \log(N/DF)$$

TF: 문서 내 특정 단어의 빈도 수
N: 분석 대상 문서 통합
DF: 특정 단어를 포함하는 문서 빈도 수

이를 종합해 보면, TF와 TF-IDF 분석을 통하여 분석 대상인 특정 문서에서 자주 언
급하는 키워드나 주제어, 즉 아젠다를 간단하게 추출할 수 있으며, 분석 목표나 필요에
의하여 언론이 설정한 아젠다가 시간의 흐름에 따라 어떻게 변화되었는지 파악하여,
변곡 시점마다 대응 메시지를 제공할 필요가 있다.

텍스트 분석을 통한 TF 및 TF-IDF 추출은 아젠다 설정과 변화 추이에 대한 함의를
제공함에 유용하지만, 각 아젠다별 연관성을 보여 주지 못하는, 즉 주요 키워드의 빈도
와 중요도 순위를 나열할 수 있지만, 단어 간 의미 연결성에 대한 추정이 어렵다는 단점
을 가지고 있다. 이러한 단점을 상쇄할 수 있는 보완적인 텍스트 분석인 '의미연결망 분
석(Semantic Network Analysis: SNA)' 혹은 '연관어 분석(association keyword analysis)'이
추가적으로 필요하며, 이는 앞서 언급한 의제 설정 기능의 범위를 확대한 프레임 도출
에 활용된다.

4) 의미연결망 분석

의미연결망 분석은 TF와 TF-IDF 분석을 발전시킨 것으로, 텍스트 형태로 이루어진 비정형 데이터들을 자연어 처리 방식으로 정보를 추출하거나 단어 간 연계성을 파악하는 기법이다. 이는 언론 기사와 같은 문서 내에서 특정 주제어와 매칭(matching)되는 단어를 찾아 수를 부여하는 인덱싱 검색 기법에서 발전되어 왔으며, 점차 특정 주제어나 문맥을 기반으로 데이터의 숨은 의미를 탐색하는 데 활용되고 있다. 예컨대, 하나의 언론 기사에서 동시 출현한 용어의 쌍을 추출하고 전체 문서집합에서 주제어의 쌍별 발생 빈도와 연결관계를 분석하면 언론 기사상의 주요 관심 토픽과 그 연계성의 변화를 추적할 수 있다. 이처럼 관심 주제어를 특정 토픽별로 분류한 후 의미연결망 분석을 실시하면 주요 쟁점 간의 관련성을 구조적으로 파악하기에 용이하다. 의미연결망 분석의 필요성이 두드러지는 분야는 언론 기사나 기사에 달린 댓글 그리고 SNS 텍스트 분석으로, 이를 활용하면 텍스트의 문맥에 따라 쟁점을 파악하고 텍스트 간 연계, 즉 프레임을 분석할 수 있다는 장점이 있다.

종합하면, 텍스트 분석을 통한 TF 및 TF-IDF 추출은 아젠다 설정과 변화 추이에 대한 함의를 제공함에 유용하지만, 각 아젠다별 연관성을 보여 주지 못한다. 이에 TF 혹은 TF-IDF 개념의 주요 단어 간 의미 연결성을 분석해야만 언론 기사 내용에서 어떠한 단어의 조합 또는 연결로 하나의 이슈를 해석하고 어떠한 시각을 독자들에게 제공하는지 파악할 수 있다. 이러한 고도화된 언론 내용분석을 통하여, 조직이나 기관의 커뮤니케이션 실무자는 언론의 프레임에 대한 대응적(reactive)인 메시지 전략을 도출할 수 있기에, 언론의 프레임 분석은 매우 중요하다 할 수 있다.

5) 토픽모델링 분석

주요 단어 간 연결성 혹은 네트워크 구조를 분석하여 언론 뉴스 기사와 같은 텍스트 군집 내 의미적 프레임을 파악하기에 용이한 의미망 분석에는 몇몇 한계점도 존재한다. 그중 하나는 많은 단어 간의 복잡한 네트워크가 생성되는 경우, 단어 간 또는 단어 군집 간 관계를 직관적으로 규명하거나 시각적으로 단순화하여 표현하기에 다소 무리가 있을 수 있다. 가령, 모집한 언론 뉴스 기사의 총합이 소량인 일주일 단위의 기사 모음을 의미연결망 분석으로 분석하는 경우, 총 기사량이 많지 않기에 그 결과를 시각적으로 표현하는 데 큰 무리가 없다고 할 수 있다. 하지만 1년 이상의 기사 모음 혹은 몇만 개의 개별적 텍스트 문서를 하나의 데이터셋에 포함하여 한번에 분석할 경우에는 의미연결망 분석의 결과를 시각적으로 간단하게 표현하기 쉽지 않고, 그 해석 또한 복잡해질 가능성이 높다고 하겠다. 이에 최근에는 의미연결망 분석을 더욱 정교하게 하지만 직관적으로 표현하는 방법 중 하나로 다양한 토픽모델링 분석 기법을 사용하고 있다.

토픽모델링(topic modeling) 분석은 텍스트 데이터에서 사용된 주제어들의 동시 사용 패턴을 바탕으로 해당 텍스트들을 대표하는 특정 주제나 이슈, 그룹들을 자동으로 추출하는 분석 기법이다. 이때 토픽은 서로 같이 등장할 확률이 높고 유사한 의미를 가지는 단어들의 집합이라고 할 수 있는데, 토픽모델링은 텍스트 데이터 내 단어들의 빈도를 통계적으로 분석하여 전체 데이터를 관통하는 잠재적 주제, 즉 토픽들을 자동으로 추출하는 분류한다는 점에서 쟁점, 즉 프레임 분석 시 유용하다.

즉, 토픽모델링은 정보 추출 및 문서로부터의 학습 규칙 추출, 개체명 추출과 같이 정형화된 정보를 추출하여 텍스트로부터 모형(model)을 만들어 기존 키워드 분석으로 찾아낼 수 없었던 의미를 찾고자 하는 시도로부터 시작된 분석 기법이다. 이렇게 추출된 모형은 주어진 텍스트에 나타나는 단어만을 이용하기 때문에 그 자료들을 해석하고 이용하기에 적합도가 높고 효율적일 수 있다. 다만, 다른 텍스트나 유사한 상황의 다른 자료들에서도 항상 최적의 결과가 도출되는 것은 아니다. 따라서 문서에 존재하는 복잡성을 고려할 필요가 있다. 특히 정확한 구체적 단어와의 불일치로 인해 분석한 텍스트 정보를 효율적으로 이용하기 어려운 경우에는, 문서와 단어만을 이용하여 모형을 만드는 것이 아니라 문서와 문서에 나타나는 단어 사이에 토픽 계층이 존재한다고 가정하고 이 잠재정보(latent information)를 추출하여 모형을 만드는 토픽모델링을 이용해 토픽을 분석한다(정원준 외, 2019; Blei, 2011; Blei, Ng, & Jordan, 2003; Steyvers & Griffiths, 2007).

토픽모델링에서 개별 문서가 다수의 주제(topic)를 다룰 수 있다고 가정하고 수집된 분석 데이터는 이러한 토픽들의 확률적 혼합체로 간주되며, 각 토픽은 추출된 주제어들을 통해 설명이 가능하다. 잠재 디리클레 할당(Latent Dirichlet Allocation: LDA) 알고리즘은 토픽모델링 기법 중 가장 대표적인 것으로, 데이터로부터 잠재 변인을 유추하고 복잡한 데이터의 차원을 축소해 데이터를 효과적으로 이해하고자 한다는 점에서 탐색적 요인 분석과 비슷하다. 또한 기존의 군집분석 기법과 비교해 볼 때, 다대다 대응이 가능하다는 차이점을 갖고 있다. 즉, 1개의 문서당 1개의 주제만 대응되는 것이 아니라, 1개의 문서가 여러 가지 주제를 포함할 수 있다는 측면에서 실제 텍스트의 본질을 잘 반영한다는 장점을 갖고 있다.

LDA는 문서들이 알려지지 않은 여러 개의 토픽으로 구성되어 있고, 각 토픽은 다양한 단어로 표현된다고 전제한다. 또한 각 문서마다 토픽들의 구성 비율이 다르며, 이 비율을 결정하는 확률분포인 디리클레(Dirichlet) 분포가 존재한다고 가정한다. 이러한 기본 전제하에 LDA 기법에서는 각 문서가 다음의 과정을 통해 생성된다고 가정한다.

토픽모델링은 단어와 텍스트를 나타내는 벡터 사이의 의미적 구조를 행렬 분해(matrix factorization)를 이용한 방법으로 분석하는 잠재 의미 분석(Latent Semantic Analysis: LSA; Landauer & Dumais, 1997)으로부터 시작하여, 이에 확률 개념을 도입한 PLSA(Probablistic Latent Semantic Analysis; Hofmann, 1999)로 발전한 후, 최근에는 블레이 등(Blei & Lafferty, 2009; Blei, Ng, & Jordan, 2003)이 제안한 LDA 알고리즘이 토픽모델링의 대표적인 형태로 많은 영역에서 활용되고 있다.

LDA는 문서와 문서 혹은 단어와 단어 사이의 유사성을 조건부 확률로 계산하여 이를 이용해 주제를 추론하는 방법이다. LDA는 관찰된 변인과 잠재된 임의 변인(hidden random variables) 모두에 대한 결합 확률 분포(joint probability distribution)를 정의하고, 이를 관찰된 변인이 주어졌을 때 잠재 변인의 조건부 확률 분포(conditional probability distribution)를 생성하는 데 이용하는 베이지안(bayesian) 접근 방식을 따른다. LDA는 문서와 문서에 내포된 단어를 이용하는 자료의 위계적 구조를 분석에 반영하는 특징이 있다. 즉, 코퍼스(corpus)라는 여러 개의 문서 집합 안에서 바로 아래 수준이 문서, 문서 안의 단어들은 가장 하위 수준이라고 볼 수 있다.

[그림 2-1]의 오른쪽 히스토그램에서 보이는 것처럼 여러 토픽에 대한 하나의 분포를 무작위로(randomly) 선택한다. 그리고 해당 분포로부터 (색칠된 원들로 표시된) 할당될 수 있는 토픽을 선택한 후, 그에 대응되는 어휘 분포로부터 하나의 단어를 선택한다. 즉, LDA는 문서 내 토픽 구성 비율을 결정짓는 베이지안 확률 모형의 사후 분포(posterior distribution)를 추정하며, 그 과정에서 전체 텍스트 데이터를 주도하는 토픽들과 그 토픽들을 구성하는 주요 단어집합들을 찾아낸다. 블레이(Blei, 2011), 블레이와 그

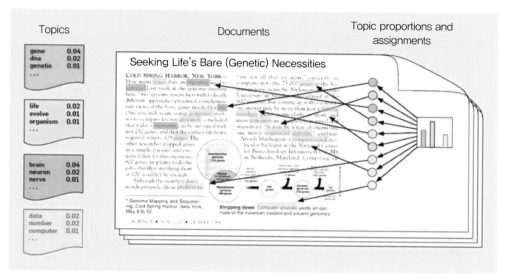

[그림 2-1] LDA 기법의 기본 가정

출처: Blei (2011).

의 동료들(Blei & Lafferty, 2009; Blei, Ng, & Jordan, 2003)은 이러한 과정을 [그림 2-2]와 같이 그래프 모형(graphical model)으로 나타냈다.

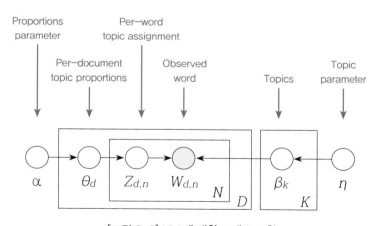

[그림 2-2] LDA에 대한 그래프 모형

출처:Blei (2011); Blei & Lafferty (2009); Blei, Ng, & Jordan (2003).

[그림 2-2]에서 각 원은 확률 변수이며, 화살표의 방향은 확률 모형 내에서 상위 변수가 하위 변수를 결정함을 의미한다. 회색 원으로 표시된 Wd,n은 관찰된 데이터로 d는 문서, n은 단어를 지칭한다. 그리고 LDA에서는 문서들이 K개의 토픽들의 집합으로

부터 생성된다고 가정한다. 만약 문서에 K개의 토픽과 V개의 중복되지 않은 단어가 있다고 가정하면, 토픽의 사전 분포 모수 α는 양의 값을 갖는 K-벡터이고 토픽의 단어 분포 확률을 나타내는 모수인 βk 역시 K-벡터이다. βk 값은 문서 전체에 대한 디리클레 분포를 통해 할당되는데, 상수 η은 βk의 사전 분포를 결정하는 모수이다. 또한 θd는 각 문서 d의 토픽 구성 비율을 표현하는 d-벡터 모수이고, $Z_{d,n}$는 문서 d에 등장하는 각 단어 n에 토픽을 할당하는 모수로 둘 다 잠재 변수이다. LDA에서는 $Z_{d,n}|\theta$가 다항분포(multinomial)를 따른다는 정보를 갖고 있기 때문에, 공액사전분포(conjugate prior)로 디리클레 분포를 사용하게 되면 사후 확률의 분포는 다항분포가 된다. 즉, 문서 d에 있는 각 단어 n을 생성하기 위해 먼저 θd에서 토픽 인덱스(index) $Z_{d,n}$을 $Z_{d,n} \sim \mathrm{Mult}(\theta d)$와 같이 생성한다.

상위 모수(hyper parameter)인 α와 η은 데이터에 의해 추정되는 것이 아니라 연구자의 사전 지식에 기반하여 설정되기 때문에, 토픽모델링의 분류 성능을 높이기 위해서는 해당 모수를 신중하게 설정해야 한다. 이와 관련하여 월라치 등(Wallach, Mimno, & McCallum, 2009)은 깁스 표집(Gibbs sampling) 방법을 이용해 '비대칭(asymmetric)' 상위 모수를 LDA 모형에 최적화시키는 방법을 제안하였다. 이때 비대칭이란 토픽마다 해당 모수의 값을 다르게 부여하는 것을 허용한다는 의미이다. 그들의 연구 결과, LDA에서는 α를 비대칭 모수, η은 대칭 모수로 설정하였을 때 복잡도(perplexity)를 기준으로 토픽의 분류 성능이 가장 좋다는 것이 확인되었다.

종합하면, LDA 기법은 다른 토픽모델링 기법에 비해 결과 해석이 용이하고 과적합(overfitting) 문제를 해결하기 때문에 방대한 비정형 데이터로부터 여러 가지 토픽(프레임)을 도출하는 데 유리하다. LDA를 활용한 토픽 구분이 잘 되는 이유는 다음과 같다. 첫째, 각 문서에서 단어를 가능한 한 적은 수의 토픽에 할당하고자 하기 때문이다. 둘째, 각 토픽에 대해서는 가능한 한 최소의 단어에 대해 높은 확률을 부여하는 것을 조화시키고자 하기 때문이다. 이 두 가지 조건은 서로 상반되는데, 예를 들어 문서에 출현한 모든 단어를 가능한 한 적은 수의 토픽에 할당하고자 하면, 토픽에 할당되는 단어의 수가 늘어나기 때문에 토픽에 대해 가능한 한 최소의 단어에 높은 확률을 부여할 수가 없게 된다. 마찬가지로, 가능한 한 최소의 단어에 대해 높은 확률을 부여하는 방식으로 단어를 토픽에 할당하면 모든 단어를 토픽에 할당하기 위해서는 토픽 수가 늘어나야 한다. 따라서 이 두 가지가 조화를 이룬다는 것은 문서에 나타난 모든 단어를 최소한의 토픽에 할당하면서도, 할당된 단어들 중 가능한 한 적은 수의 단어들이 해당 토픽에 속할 확률이 높아져야 한다는 의미이므로 분류가 정밀하게 이루어진다 할 수 있다.

다만, LDA의 단점으로는 처리해야 하는 문서가 많은 상태에서 토픽의 수를 제한한 경우와 하나의 문서에 다양한 주제의 내용을 혼용하여 사용하는 경우에 몇몇 개의 토픽이 서로 겹치는 단점이 있어, 토픽 수를 정밀하게 지정해야 하는 과정이 필요하다.

다음 장에서는 텍스트 분석을 위한 소프트웨어 중 이 책에서 관심을 가지는 NetMiner 빅데이터 분석 프로그램에 대하여 소개하도록 한다.

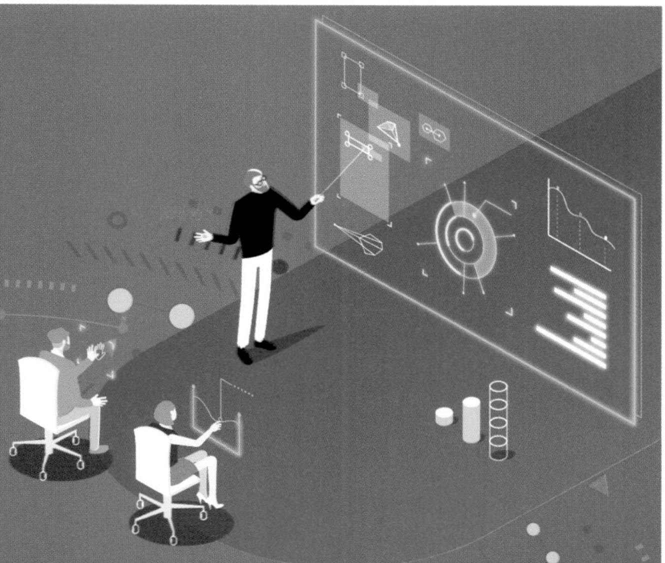

제2부

NetMiner의 이해

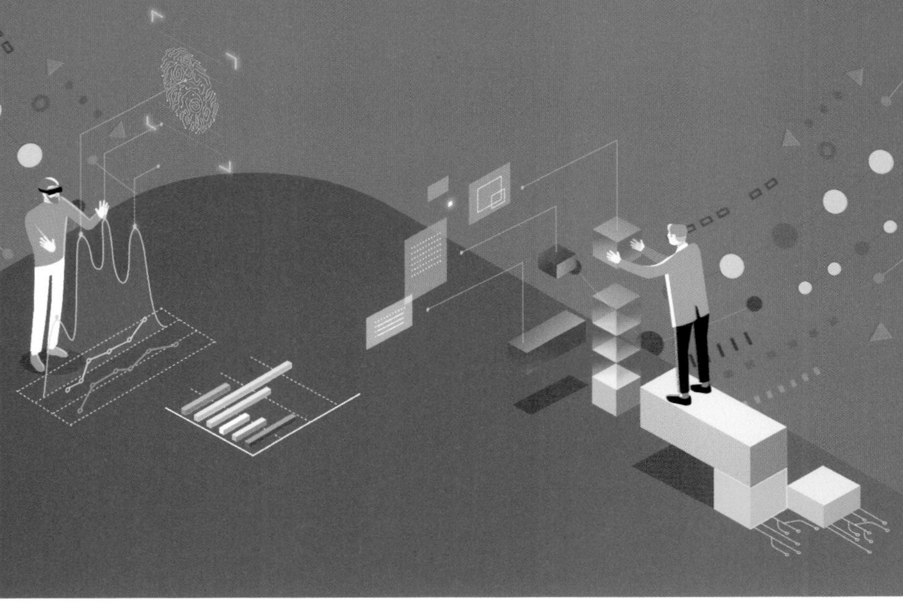

제3장

NetMiner의 이해

1. NetMiner 소개

NetMiner는 국내 '㈜사이람'에서 순수 국내 기술로 개발한 데이터 분석 소프트웨어로, 데이터 변환, 소셜 네트워크 분석(SNA), 통계분석, 네트워크 시각화 기능 등을 통합하고 최신의 알고리즘을 포괄하고 있는 상용 분석 소프트웨어이다. 2001년에 출시된 이후 그래프 마이닝 기법, 통계분석 기법, 기계학습 기법 등을 지속적으로 추가하면서 분석 방법론적인 측면에서 포괄 범위를 넓혀 왔으며, 탁월한 성능과 독창적인 기능, 통합적 데이터 모델, GUI(Graphic User Interface) 기반의 모드와 스크립트(script) 모드를 제공하여 사용 용이성과 확장성을 지닌 인터페이스 등 이용자 친화적인 사용 환경을 제공한다.

특히 NetMiner는 약 80개의 네트워크 분석 방법론과 약 30개의 시각화 알고리즘을 포함하고 있을 뿐 아니라 데이터마이닝 분석방법을 포함한 최대 100만 노드의 대용량 네트워크 데이터를 분석할 수 있어 다양한 빅데이터 분석에 특화되어 있다는 평가를 받고 있다.

NetMiner의 주요 특징은 다음과 같다.

• 네트워크 분석, 시각화, 탐색적 분석의 유기적 통합

NetMiner는 데이터를 분석적으로 다루는 다양한 방법을 제공함으로써 사용자가 손쉬운 방법으로 분석을 가능하게 하며, 분석 결과를 2D와 3D로 시각화하여 볼 수도 있게 한다. 또한 분석 결과를 재분석하거나 탐색할 수 있다.

• 다변량 통계 및 그래프 마이닝, 기계학습 지원

NetMiner를 통해 사용자는 소셜 네트워크 분석뿐만 아니라, 일반적인 통계 패키지에서 제공하는 다변량 통계 분석과 그래프 마이닝, 기계학습 등의 분석 방법을 사용할 수 있다.

• Python 기반의 스크립트 및 플러그인

NetMiner에서는 Python 언어를 기반으로 한 스크립트 생성 및 사용을 지원하기 때문에 프로그래밍이 가능하다면 보다 강력한 방식으로 NetMiner를 활용할 수 있다.

• 세션 방식의 분석 프로세스 저장 및 재사용

NetMiner의 모든 데이터 처리, 분석, 시각화 프로세스는 세션(session) 방식을 통해 실행되어 대상 데이터와 데이터 처리 옵션, 수행 결과 등을 변경하면서 분석을 할 수 있고 이러한 분석 이력을 쉽게 확인할 수 있다.

• 시각화 탐색 과정의 녹화 및 재생

NetMiner는 네트워크 데이터를 시각화한 결과를 이미지 파일로 저장할 수 있을 뿐 아니라 시각화 결과에 대한 편집 및 이동 등의 작업 과정을 녹화하여 재생할 수 있다.

• 분석 결과의 순환적 사용

NetMiner는 클릭 한 번으로 간단히 분석 결과를 기존의 데이터에 추가하거나 또는 새로운 입력 데이터로 이용할 수 있다.

• DB, 엑셀 등 다유형 데이터 지원

NetMiner는 기본 형식의 Text, Excel 등 데이터뿐만 아니라 Oracle, MS-SQL 등 데이

터베이스에 저장된 데이터도 접근이 가능하다.

　• NetMiner 사용 환경

NetMiner를 원활하게 사용하기 위해서는 다음과 같은 시스템 환경이 갖춰져야 한다.

－OS: Microsoft Windows 10/2000/XP/Vista/7/8(x86 & x64) 이상

－Memory(RAM): 최대1,000,000개 노드분석 시 6GB 이상 권장

－HDD: 최소 400MB

－Resolution: 1,024*768 이상

　이 장에서는 NetMiner를 처음 사용하는 독자를 위한 매뉴얼로서 NetMiner의 주요 기능 및 기초 사용 방법을 소개하고자 한다. 이 장의 전반적인 내용은 ㈜사이람이 작성하여 제공하는 「NetMiner 사용자 매뉴얼 한글판」에서 발췌된 내용이 많으며, 이 책의 목적에 맞게 수정되었다. 최신 버전인 NetMiner 4.4를 기준으로 작성되었으며, NetMiner 공식 웹사이트(http://netminer.com)를 방문하여 최신의 업데이트 내용을 확인하기 바란다.

2. NetMiner의 설치와 실행

1) NetMiner 다운로드하기

NetMiner 공식 웹사이트를 방문하여, ❶의 'Login' 탭에서 회원 가입을 하고 'Login'
을 한 후, ❷의 'Buy&Download' 탭을 클릭한다.

[그림 3-1] NetMiner 공식 웹페이지 화면

'Buy&Download' 페이지로 이동하여, ❶의 'Evaluation Version(평가판)'을 다운로드
한다. NetMiner는 기본적으로 유료이며, 사용자의 목적에 따라 종류가 다양하다. 다만,
2주간의 평가판을 제공하고 있기에, 독자들은 평가판을 다운로드 후 실습할 수 있다.

또한 SNS 분석을 위하여 웹페이지에서 제공하는 ❷의 'SNS Data Collector'라는 확장 프로그램을 동시에 다운로드하여 활용하면 된다. SNS Data Collector에 대한 설명은 '제6장 SNS Data collector'를 참고하기 바란다.

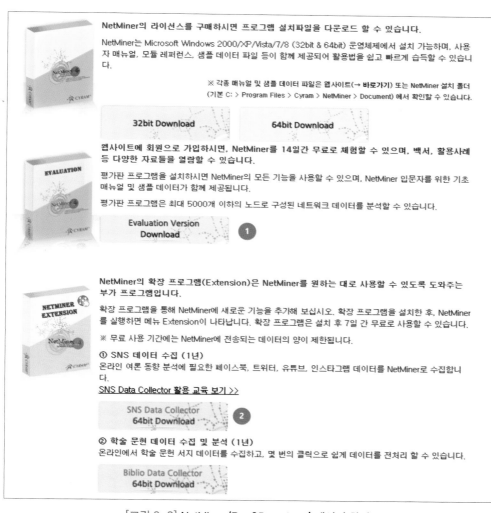

[그림 3-2] NetMiner 'Buy&Download' 페이지 화면

2) NetMiner 설치하기

NetMiner를 설치하는 방법은 다음과 같다.

(1) 1단계

[그림 3-2]의 ❶에서 'Evaluation Version(평가판)'을 다운로드 완료한 후 실행하거나, NetMiner 설치 폴더에서 'Setup.exe' 파일을 실행하면 [그림 3-3]과 같은 설치 마법사 가 나타난다.

[그림 3-3] NetMiner 'Buy&Download' 완료 후 실행 화면

(2) 2단계

[그림 3-3]에서 'Next'를 클릭하면 [그림 3-4]의 'License Agreement' 창이 나타나는데, 이때 'I Agree'를 클릭하여 프로그램 설치를 시작한다.

[그림 3-4] NetMiner 'License Agreement' 창 화면

(3) 3단계

라이선스 계약서에 동의한 후 NetMiner 프로그램과 하드웨어 키 드라이버를 설치할 위치를 선택한다. 기본으로 설정되는 폴더는 'C:₩Program Files₩Cyram₩NetMiner4₩'이다. 참고로 NetMiner 설치 폴더에는 프로그램 사용자 매뉴얼 및 샘플 데이터, 샘플 스크립트 등이 함께 자동으로 설치된다.

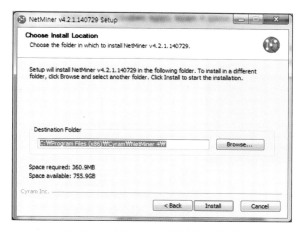

[그림 3-5] NetMiner 설정 폴더 화면

(4) 4단계

이제 NetMiner 설치 과정을 확인할 수 있다. 'Show details' 버튼을 누르면 설치 과정의 상세한 내용을 볼 수 있다.

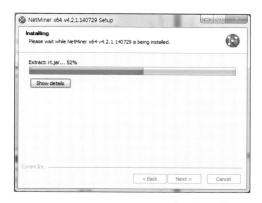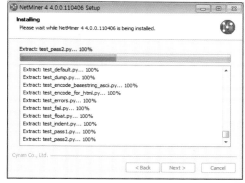

[그림 3-6] NetMiner 설치 과정 화면

(5) 5단계

설치가 완료된 후, 'Run NetMiner'를 체크하고 'Finish' 버튼을 누르면 NetMiner가 실행된다.

[그림 3-7] NetMiner 설치 완료 후 화면

(6) 6단계

NetMiner를 처음 실행하고, ❶ Help → Registration, ❷ Register this device를 실행하면 [그림 3-8]과 같은 등록 창이 나타난다.

NetMiner를 유료로 구매하면 'License Key'를 ㈜사이람으로부터 메일로 전달받게 되며, 전달받은 라이선스 키를 입력 칸에 입력한 후 등록(Register)하고 나면 full version의 NetMiner를 사용할 수 있다.

평가판을 다운로드한 독자들의 경우에는 이 과정을 생략해도 된다.

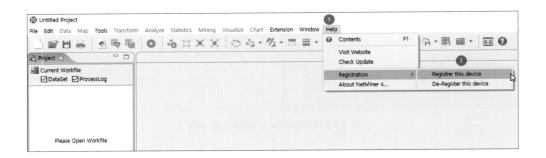

[그림 3-8] NetMiner 등록 화면

3) NetMiner 업데이트하기

NetMiner를 원활하게 사용하기 위해서는 항상 최신 버전을 유지하는 것이 좋다. 프로그램 내의 도움말(Help) 탭에서 자동 업데이트가 가능하며, NetMiner 홈페이지에서 업데이트 파일을 다운로드 받아서 수동으로 할 수도 있다.

(1) 1단계

NetMiner의 ❶ Help 탭에서 ❷ Check Update를 실행하면 자동으로 NetMiner가 최신 버전으로 업데이트된다. NetMiner를 업데이트하기 위해서는 NetMiner가 설치된 컴퓨터가 인터넷에 연결되어 있어야 한다.

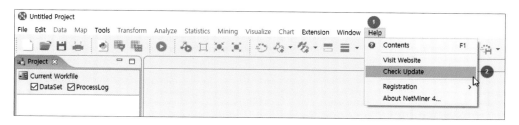

[그림 3-9] NetMiner 업데이트 안내 화면 1

(2) 2단계

현재 설치되어 있는 NetMiner가 최신 버전일 경우, [그림 3-10]과 같은 대화창이 뜬다.

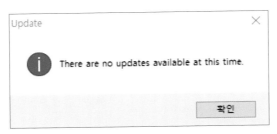

[그림 3-10] NetMiner 업데이트 안내 화면 2

현재 설치되어 있는 NetMiner가 최신 버전이 아닐 경우에는 업데이트 알림창이 나타난다. 이때 업데이트를 진행하려면 'Yes'를 누른다.

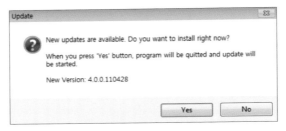

[그림 3-11] NetMiner 업데이트 안내 화면 3

(3) 3단계

인터넷을 통해 자동으로 업데이트 파일이 다운로드된다.

(4) 4단계

다운로드가 완료되면 업데이트 설치 마법사가 나타난다. 이때 'Next'를 누른다.

[그림 3-12] NetMiner 업데이트 안내 화면 4

(5) 5단계

프로그램 설치와 동일하게 진행된다.

(6) 6단계

NetMiner의 업데이트가 완료되면 'Run NetMiner'를 체크하여 최신 버전의 NetMiner 를 사용할 수 있다.

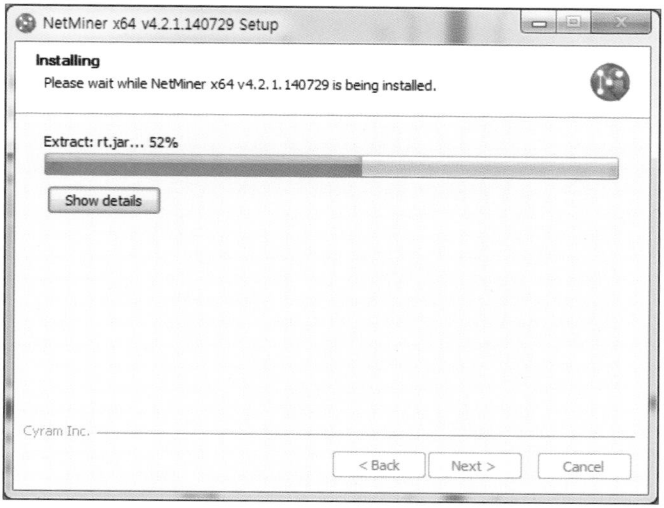

[그림 3-13] NetMiner 업데이트 실행 화면

(7) 7단계

NetMiner 설치 및 업데이트가 완료되면 컴퓨터 배경화면에 [그림 3-14]와 같은 단축 아이콘이 생성된다.

[그림 3-14] NetMiner 단축 아이콘

3. NetMiner의 기본 구성

컴퓨터 바탕화면에서 NetMiner 단축 아이콘을 클릭하는 등의 방법으로 NetMiner를 실행하면 NetMiner의 메인 화면 그리고 화면 내 구성 및 작업 환경은 [그림 3-15]와 같이 나타난다.

이 메인 화면은 데이터 입력이 없는 상태이다.

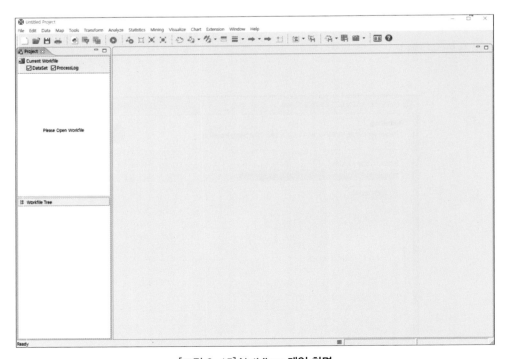

[그림 3-15] NetMiner 메인 화면

NetMiner의 메인 화면은 [그림 3-16]과 같이 구성되어 있다.

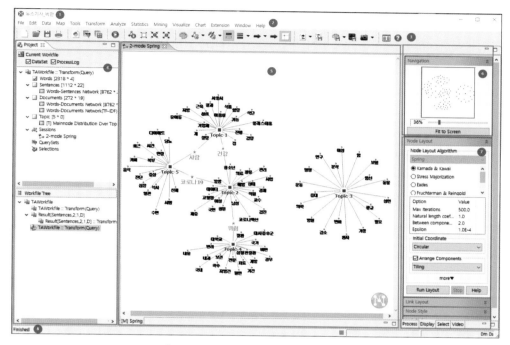

[그림 3-16] NetMiner 메인 화면 구성

❶ 제목 표시줄(Title Bar)

❷ 주메뉴 표시줄(Main Menu)

❸ 도구 모음(Tool Bar)

❹ 데이터 관리 영역−현재 작업파일(Current Workfile)−작업파일 목록(Workfile Tree)

❺ 데이터 편집 패널(Data Editing Panel)

❻ 데이터 컨트롤 패널(Data Control Panel)

❼ 프로세스 관리 영역−프로세스 결과 패널(Output Panel)−프로세스 컨트롤 패널
   (Process Control Panel)

❽ 상태 표시줄(Status bar)

1) 제목 표시줄

NetMiner의 제목 표시줄(Title Bar)은 NetMiner 로고와 nmf 파일[1] 이름(이 예시에서는 '뉴스기사_비만')을 표시하고 있다. 사용자는 이를 통해 현재 작업 중인 프로젝트 파일을 확인할 수 있다.

2) 주메뉴 표시줄

NetMiner의 주메뉴(Main Menu)는 파일(File), 편집(Edit), 데이터(Data), 맵(Map), 도구(Tools), 변환(Transform), 분석(Analyze), 통계(Statistics), 시각화(Visualize), 차트(Chart), 확장 기능(Extension), 창(Window), 도움말(Help)로 구성되어 있다. 분석/시각화를 위한 모듈은 [그림 3-17]에서 보는 것과 같이 붉은색 박스 안에 담겨 있다.

[그림 3-17] NetMiner 주메뉴 표시줄

❶ 파일(File): 열기(Open), 저장하기(Save), 가져오기(Import), 내보내기(Export) 등 파일 입출력 관련 메뉴들이 있다.

❷ 편집(Edit): 복사하기/붙여넣기(Copy/Paste) 등의 편집 기능과 프로그램의 전체 옵션 설정을 위한 환경설정(Preference) 기능이 포함되어 있다.

❸ 데이터(Data): 현재 작업파일 각각의 세부 데이터들을 관리하기 위한 것이다.

❹ 맵(Map): 네트워크 맵에 관한 여러 가지 컨트롤 기능이 담겨 있다.

❺ 도구(Tools): 분석을 위한 다양한 도구 및 기능을 포함하고 있다.

❻ 변환(Transform)에서 차트(Chart)까지의 분석/시각화 모듈을 포함한다.

---

1) nmf 파일이란 NetMiner File의 줄임말로 NetMiner로 생성되고 저장된 고유 파일을 의미한다.

❼ 확장 기능(Extension): 확장 기능은 'SNS Data collector' 기능을 사용할 수 있는 메
뉴이다.

❽ 창(Window): 하위 창들을 보이게 하거나 숨기게 하는 기능을 선택할 수 있다.

마지막으로, 도움말(Help): 도움말을 열거나 프로그램 업데이트 등을 확인할 수 있
는 기능들이 포함되어 있다.

3) 도구모음

NetMiner에서는 자주 사용되는 기능들을 편리하게 사용할 수 있도록 하기 위하여
도구모음(Tool Bar)을 구성하여 제공하고 있다. 도구모음에 있는 기능은 주메뉴나 각
분석 세션의 컨트롤 패널(Control Panel)을 통해서도 실행할 수 있다. 도구모음의 아이
템들은 항상 활성화되어 있는 것은 아니고, 현재 활성화되어 있는 다른 기능에 따라 선
택적으로 활성화된다. 각 도구모음에 대한 설명은 다음과 같다.

[그림 3-18] NetMiner 도구모음

(1) 파일 관련 도구

❶ 프로젝트 새로 만들기(New Project): 새로운 프로젝트 생성하기

❷ 프로젝트 열기(Open Project): 기존 프로젝트 파일(NMF) 가져오기

❸ 프로젝트 저장(Save Project): 현재 작업 중인 프로젝트 저장하기

❹ 프린트(Print): 메인 리포트 프린트하기

(2) 데이터 처리 관련 도구

❶ 스크립트 워크벤치(Script Workbench): 반복 작업 및 자동 작업 등이 가능한 스크
립트 워크벤치 활성화

❷ 쿼리(Query): 특정 노드와 링크의 선택 조건을 편집할 수 있는 쿼리 세션 활성화

❸ 매트릭스 계산(Matrix Calculator): 매트릭스 계산 세션(명령어 입력 방식) 활성화

(3) 분석/시각화 실행 관련 도구

❶ 프로세스 실행(Run Process): 현재 화면에 활성화되어 있는 분석 모듈 재실행하기

❷ 레이아웃 실행(Run Layout): 현재 화면에 활성화되어 있는 맵에서 레이아웃 재실
행하기

❸ 창에 맞춤(Fit to Screen): 현재 윈도우의 크기에 맞게 네트워크 맵 크기 자동 조정
하기

❹ 노드 확대(Zoom Node +): 현재 네트워크 맵의 노드, 레이블의 크기 확대

❺ 노드 축소(Zoom Node −): 현재 네트워크 맵의 노드, 레이블의 크기 축소

(4) 노드 및 링크 스타일링 관련 도구

❶ 노드 및 링크 속성 스타일링(Node Attribute Styling): 노드 및 링크 속성에 따른 스
타일링 대화창 활성화

❷ 노드 레이블(Node Label): 메인 노드의 속성 중에서 노드 레이블로 표시할 것 선택
하기

❸ 링크 레이블(Link Label): 링크의 가중치나 속성 중에서 레이블로 표시할 것 선택
하기

❹ 링크 표시(Link Line): 링크를 표시하거나 숨기기

❺ 링크 굵기(Link Width): 링크의 굵기 선택하기

❻ 링크 화살표 설정(Link Head): 링크의 화살표 모양 설정하기

❼ 링크 방향성(Directional Link Style): 동일한 2개의 노드 사이에 양방향 링크가 존재
하는 경우, 각각 따로 표시하기

❽ 축 보기(Show Axis): 네트워크 맵에서 축 보여 주기

(5) 경계값 처리 관련 도구

❶ 링크 경계값 설정(Link Threshold): 슬라이드 바를 이용하여 네트워크 맵에서 링크
의 가중치에 따라 링크 숨기거나 보여 주기

❷ 쿼리셋에 링크 경계값 저장하기(Save Threshold to Query Set): 링크 경계값을 조정
하여 현재 네트워크 맵에 보이는 링크의 추출 조건을 쿼리셋으로 저장하기

(6) 시각화 스타일링 및 결과 저장 관련 도구

❶ 스타일 저장(Save Styles): 현재 네트워크 맵에 적용되어 있는 스타일을 저장하기

❷ 현재 좌표 저장(Save Coordinate): 현재 네트워크 맵의 좌표를 메인 노드의 속성으로 저장하기

❸ 네트워크 맵 저장(Save to File/Clipboard): 현재 네트워크 맵을 이미지로 저장하거나 클립보드로 복사하기

4) 데이터 관리 영역

NetMiner의 데이터 관리 작업은 [그림 3-19]에 표시된 데이터 관리 영역(Data Management Area)에서 이루어진다. 데이터 관리 영역은 ❶ 현재 작업파일(Current Workfile)과 ❷ 작업파일 목록(Workfile Tree)으로 구분할 수 있다.

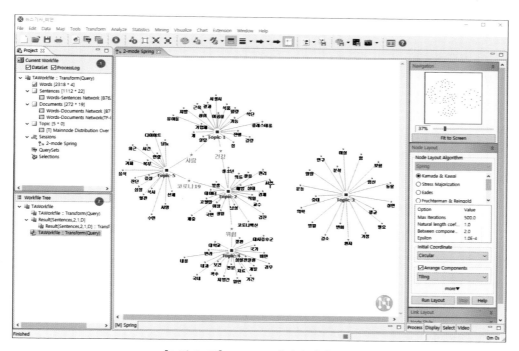

[그림 3-19] NetMiner 데이터 관리 영역

(1) 현재 작업파일

현재 작업파일(Current Workfile)은 현재 활성화되어 있는 작업파일의 데이터셋(data set)과 프로세스 로그(Process Log)를 확인하고 관리하기 위한 영역이다.

먼저, 맨 윗부분의 ❶ 체크박스를 통해서 데이터셋 혹은 프로세스 로그만 선별적으로 표시할 수 있다. 또한 사용자는 현재 분석/시각화를 위해 사용하고 있는 ❷ 데이터셋이 무엇인지 그리고 이 데이터셋을 이용하여 진행되고 있는 ❸ 프로세스 로그에는 어떤 것들이 있는지 확인할 수 있다.

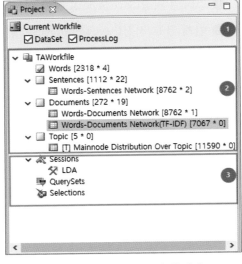

[그림 3-20] '현재 작업파일' 화면

데이터셋의 개별 데이터 아이템(data item)을 클릭하면 오른쪽 영역(데이터 편집 패널)에서 해당 데이터의 내용을 확인할 수 있다. 데이터 아이템이 노드셋(메인 노드셋과 서브 노드셋)인 경우에는 옆에 노드와 속성의 개수가 표시된다. 예를 들면, [그림 3-20]에서 'Words [2318*4]'는 노드(단어)의 개수가 2,318개이고, 속성이 4개가 있음을 나타낸다.

프로세스 로그의 해당 세션을 클릭하면 분석/시각화 결과와 이를 위한 컨트롤 패널이 나타난다. 또한 쿼리셋(Query Sets)과 선택 집합(Selections)에 있는 데이터는 프로세스 패널에 있는 필터(Filter)에서 불러들여(Load) 사용할 수 있다.

이 예시의 세션(Sessions)에 있는 'LDA'에는 토픽모델링 분석 시 수행한 각종 옵션과 분석 결과들이 담겨 있다. 해당 분석이 현재의 데이터셋으로부터 이루어진 것이므로 데이터셋과 함께 관리할 수 있도록 한 것이다.

(2) 작업파일 목록

[그림 3-21]과 같이 하나의 프로젝트가 여러 개의 작업파일을 포함할 수 있도록 설계된 것은 노드셋이 다른 작업파일이라도 같은 맥락의 데이터들이라면 사용자가 하나의 프로젝트로 관리하여 분석의 편의성을 높일 수 있도록 하기 위해서이다.

작업파일 목록(Workfile Tree)에서는 현재 프로젝트의 작업파일들이 트리 구조로 나열된다. 현재 작업파일은 노란색 아이콘으로 표시되어 다른 작업파일들과 구분할 수 있다. 작업파일을 활성화하기 위해서는 더블 클릭하면 된다.

NetMiner는 내부 프로세스 작동 과정에서 데이터셋이 변경되었을 경우 자동으로 새로운 작업파일을 생성하기 때문에 사용자는 작업파일 목록을 통해서 분석 진행 과정을 쉽게 파악할 수 있을 뿐만 아니라 체계적으로 작업파일을 관리할 수 있어 분석의 효율을 높일 수 있다.

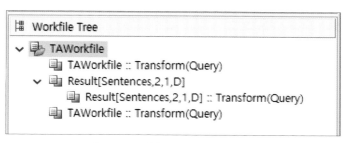

[그림 3-21] '작업파일 목록' 화면

5) 데이터 편집 영역

데이터 편집 영역(Data Editing Area)은 ❷ 데이터 편집 패널(Data Editing Panel)과 ❸ 데이터 컨트롤 패널(Data Control Panel)로 구분된다. 현재 작업파일의 데이터셋 부분에서 각각의 데이터를 더블 클릭하면 데이터 편집 패널이 생성되면서 활성화된다. 여러 개의 패널을 활성화하고, ❶ 상단의 탭을 이용하여 전환할 수 있다.

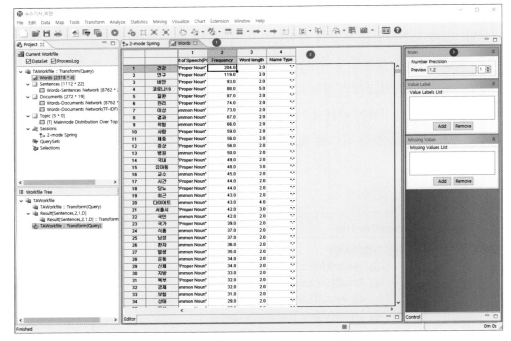

[그림 3-22] NetMiner 데이터 편집 영역

(1) 데이터 편집 패널

데이터 편집 패널은 현재 작업파일의 데이터셋 영역에서 각각의 데이터를 더블 클릭하면 활성화된다. 메인 노드셋과 서브 노드셋을 편집할 때, 속성 데이터를 추가하거나 편집할 수 있다. 1-모드 네트워크와 2-모드 네트워크를 편집할 때는 엣지 리스트 보기(Edge List View)와 매트릭스 보기(Matrix View) 중에 선택하여 편집한다. 매트릭스 보기에서는 엑셀과 같은 스프레드시트 프로그램에서 제공하는 기본적인 편집 기능을 제공하여 네트워크 데이터를 쉽게 편집할 수 있다. 한편, 엣지 리스트 보기에서는 링크 속성 및 다차원 링크 등을 표현할 수 있다.

〈엣지 리스트 보기〉

	1 Source	2 Target	3 Weight
1	소통정책2	소통정책	16.0
2	소통정책2	디지털소통기획	4.0
3	소통정책2	여론과	6.0
4	소통정책2	소통지원	11.0
5	소통정책1	소통정책	20.0
6	소통정책1	소통협력	13.0
7	소통정책1	분석과	8.0
8	소통정책1	디지털소통기획	6.0
9	소통협력1	소통협력	29.0
10	소통협력1	소통정책	21.0
11	소통협력1	콘텐츠기획	5.0
12	소통협력1	뉴미디어소통	3.0
13	소통협력1	정책포털	1.0
14	소통정책1	여론과	8.0
15	분석과2	분석과	20.0
16	분석과2	소통정책	12.0
17	분석과2	소통협력	3.0
18	분석과2	여론과	2.0
19	분석과2	콘텐츠기획	2.0
20	여론과1	여론과	10.0
21	여론과1	콘텐츠기획	7.0
22	여론과1	분석과	3.0
23	여론과1	디지털소통기획	2.0
24	여론과1	디지털소통제작	1.0
25	소통정책2	콘텐츠기획	5.0
26	소통정책2	디지털소통제작	10.0
27	소통정책2	분석과	6.0
28	뉴미디어소통2	소통정책	10.0

Edge List | Matrix

〈매트릭스 리스트 보기〉

		1 소통정책2	2 소통정책	3 디지털소통기획	4 여론과	5 소통지원	6 소통정책1
1	소통정책2		16.0	4.0	6.0	11.0	
2	소통정책						
3	디지털소통기획						
4	여론과						
5	소통지원						
6	소통정책1		20.0	6.0	8.0	5.0	
7	소통협력						
8	분석과						
9	소통협력1		21.0		2.0	9.0	
10	콘텐츠기획						
11	뉴미디어소통						
12	정책포털						
13	분석과2		12.0		2.0	6.0	
14	여론과1		4.0	2.0	10.0		
15	디지털소통제작						
16	뉴미디어소통2		10.0	8.0			
17	뉴미디어소통1		11.0	11.0		5.0	
18	디지털소통기획2		3.0	5.0			
19	분석과3		5.0			3.0	
20	여론과2		3.0	4.0	5.0		
21	디지털소통기획1		1.0	13.0			
22	기타2		3.0			1.0	
23	콘텐츠기획3		5.0	1.0	4.0		
24	기타1		4.0		5.0		
25	디지털소통제작2		9.0	3.0	2.0		
26	소통지원2		10.0		2.0	15.0	
27	분석과1		16.0		4.0	11.0	
28	콘텐츠기획1		8.0		6.0		

Edge List | Matrix

[그림 3-23] 엣지와 매트릭스 편집 보기

(2) 데이터 컨트롤 패널

데이터 컨트롤 패널은 데이터 편집 작업을 위한 컨트롤 아이템들(Control Items)을 담고 있다. 메인(Main), 값 레이블(Value Label), 결측치(Missing Value)의 세 가지 컨트롤 아이템으로 구성되어 있다. 참고로 노드셋 데이터에 대한 컨트롤 아이템과 네트워크 데이터에 대한 컨트롤 아이템은 다르다. 노드셋 데이터에 대한 메인 컨트롤 아이템에는 소수점 자릿수 설정 기능만 담겨 있다. 메인 컨트롤 아이템의 나머지 기능들은 모두 네트워크 데이터의 편집을 위한 것이다. 또한 1-모드 네트워크의 경우에는 그래프 편집기(Graph Editor)를 열었을 때 활성화되는 디스플레이 패널(Display Panel)을 이용하여 간단히 맵을 편집할 수 있다.

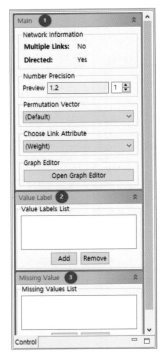

[그림 3-24] NetMiner 데이터 컨트롤 패널

❶ 메인(Main)

- 네트워크 정보(Network Information): 현재 데이터에 다차원 링크가 있는지 여부 및 방향이 있는 데이터인지 여부가 표시된다.

- 소수점 자릿수 설정(Number Precision): 소수점 자릿수 설정을 위한 것이다. 소수점 6자리까지 표시할 수 있다.

- 순열 벡터(Permutation Vector): 매트릭스 보기에서 노드의 순서를 어떤 기준으로 정렬할지를 메인 노드 속성 중에서 선택할 수 있다.

- 링크 속성 선택(Choose Link Attribute): 링크 속성이 있는 네트워크 데이터의 경우에 매트릭스 보기의 각 셀에 표시될 값을 선택할 수 있다.

- 그래프 편집기(Graph Editor): 디스플레이 패널을 통해서 간단히 맵을 편집할 수 있다.

❷ 값 레이블(Value Label): 숫자 형식의 데이터에 레이블을 부여한다. 예를 들어, 1, 2, 3의 값으로 이루어진 데이터에 "사원" "대리" "과장"이라고 표시하고자 할 때 사용된다.

❸ 결측치(Missing Value): 특정 데이터를 결측치로 지정할 수 있다. 결측으로 지정된 데이터는 해당 셀의 색깔이 붉은색으로 변하며, 각종 분석지표 계산에서 제외된다.

6) 프로세스 관리 영역

프로세스 관리 영역(Process Management Area)은 변환(Transform), 분석(Analyze), 통계(Statistics), 시각화(Visualize), 차트(Chart)의 메뉴를 실행할 때 활성화되는 영역이다. 현재 작업파일을 열어서 활성화할 수도 있다.

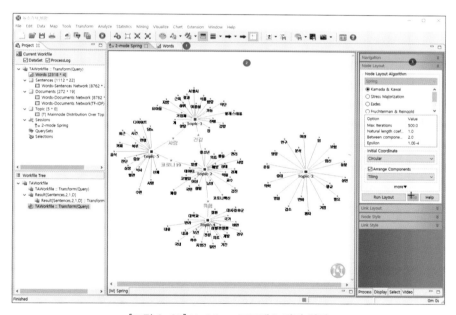

[그림 3-25] NetMiner 프로세스 관리 영역

프로세스 관리 영역에서 분석/시각화 작업 및 데이터 편집 작업을 수행할 수 있으며, 동시에 여러 개의 패널을 생성할 수 있고 생성된 패널의 이동은 [그림 3-25]의 ❶ 상단 탭을 통해서 가능하다.

프로세스 관리 영역은 ❷ 프로세스 결과 패널(Process Output Panel)과 ❸ 프로세스 컨트롤 패널(Process Control Panel)로 구분할 수 있다. 결과 패널은 분석/시각화 산출물들을 표시하는 영역이고, 컨트롤 패널은 분석/시각화를 위한 각종 옵션을 설정하는 영역이다.

(1) 프로세스 결과 패널

프로세스 결과 패널은 각종 분석/시각화 산출물을 표시하는 영역이다. 표시하는 산출물은 〈표 3-1〉과 같이 구분할 수 있다. 해당 산출물들은 프로세스 결과 패널 아래쪽에 위치한 내부 탭을 통해 이동할 수 있다.

〈표 3-1〉 **프로세스 결과 패널**

종류		내부 탭 표시	설명
메인 리포트(Main Report)		[R]Main	분석 전체 결과를 요약해서 보여 준다. 분석 모듈별로 하나의 메인 리포트가 산출된다.
수치 테이블(Numerical Table)		[T]분석 결과 이름	해당 분석 모듈에 따라 테이블이 산출된다.
시각화 산출물	네트워크 맵 (Network Map)	[M]분석 결과 이름	시각화 산출물이다. 탐색 패널(Inspect Panel)을 통해 탐색적 분석을 할 수 있다.
	차트(Chart)	[C]분석 결과 이름	차트 산출물이다.

〈메인 리포트〉   〈수치 테이블〉

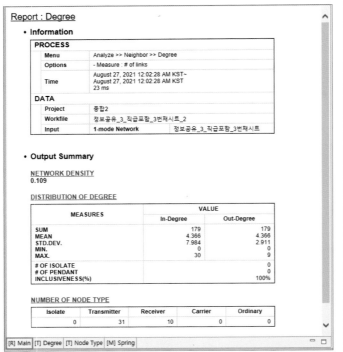

〈시각화 산출물〉

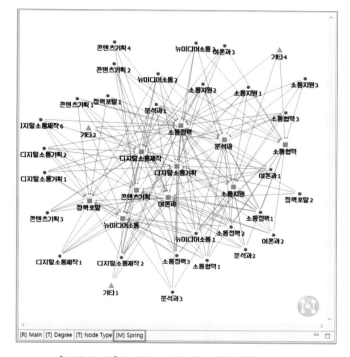

[그림 3-26] NetMiner 프로세스 결과 산출

(2) 프로세스 컨트롤 패널

　프로세스 컨트롤 패널은 분석/시각화 산출물에 대한 컨트롤 및 산출물 제어를 위한 영역이다. 프로세스(Process), 디스플레이(Display), 선택(Select), 검시(Inspect) 패널로 구성되어 있으며, 컨트롤 패널 아래쪽에 위치한 내부 탭을 통해 이동할 수 있다. 프로세스 탭은 분석 수행 전에 분석 옵션을 설정하기 위한 것이며, 디스플레이, 선택, 탐색 탭은 분석 수행 후 시각화 분석결과에 대해 추가적인 작업을 하고자 할 때 활성화된다. 각각의 개별 탭들은 세부 컨트롤 아이템들로 구성되어 있으며, 컨트롤 아이템은 축소 혹은 확장될 수 있다.

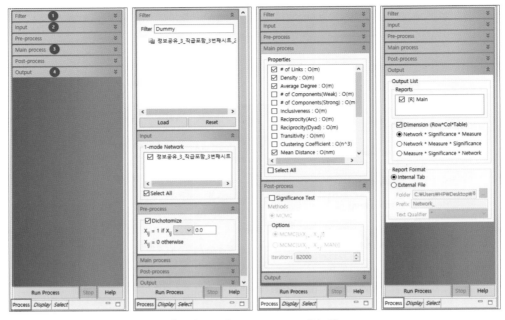

[그림 3-27] NetMiner 프로세스 탭

⊓ 프로세스 탭

❶ 필터(Filter): 현재의 데이터셋에서 특정 노드와 링크를 추출하여, 세션에서 분석에 사용하기 위한 것이다. 필터에서 저장되어 있는 쿼리셋(Query Sets)과 선택 집합(Selections)을 불러와 적용할 수 있다. 예를 들어, 쿼리셋에 성별로 나눈 데이터가 존재할 경우 이를 불러들여 성별에 따른 분석/시각화를 할 수 있다.

❷ 입력(Input): 분석 수행을 위해 사용될 데이터를 선택할 수 있다. 분석 모듈에 따라서 1개의 데이터를 선택하거나 여러 개의 데이터를 선택할 수 있으며, 또는 메인 노드셋의 속성 데이터를 선택하는 경우도 있다.

❸ 사전 프로세스(Pre-process), 메인 프로세스(Main Process), 사후 프로세스(Post-process): 분석 수행과 관련된 옵션을 순차적으로 설정할 수 있다.

❹ 결과(Output): 분석 결과로 산출된 결과물이 어떤 것인지를 미리 확인하고, 선택할 수 있다. 만약 대용량 데이터를 분석/시각화할 경우, 시각화 결과를 산출하는데 많은 시간이 걸릴 것으로 예상된다면, 결과 컨트롤 아이템을 이용하여 시간이 오래 걸리는 산출물을 제외하고 분석/시각화를 수행할 수 있다.

NetMiner의 모든 분석/시각화 모듈은 이와 같은 프로세스를 거쳐 수행된다. 분석 모듈에 따라서 사전/사후 프로세스가 없는 경우도 있다. 각각의 분석 모듈이 필요로 하는 컨트롤 아이템들만 나타난다.

② 디스플레이 탭

디스플레이 탭은 결과 패널의 시각화 산출물 중에서 네트워크 맵을 컨트롤할 수 있는 기능들을 포함하고 있다. 디스플레이 탭은 내비게이션(Navigation), 네트워크 (Network), 레이아웃(Layout), 노드 스타일(Node Style), 링크 스타일(Link Style)의 다섯 가지 컨트롤 아이템으로 이루어져 있다. 차트(Chart) 메뉴를 통한 시각화 산출물은 디스플레이 탭으로 컨트롤하지 않는다.

[그림 3-28] NetMiner 디스플레이 탭

❶ 탐색(Navigation): 네트워크 맵의 전체 윤곽을 확인하고 확대/축소(Zoom in/out)를 할 수 있다. 또한 사용자의 포커스를 이동하며 탐색할 수 있는 기능을 담고 있다.

❷ 네트워크(Network): 시각화할 1-모드 네트워크를 선택하기 위한 것이다.

❸ 노드 레이아웃(Node Layout): 네트워크 맵의 각종 노드 레이아웃 알고리즘과 해당 알고리즘의 옵션을 결정할 수 있다. '레이아웃 실행(Run Layout)' 버튼을 누르면 노드의 위치가 조정된다.

❹ 링크 레이아웃(Link Layout): 링크 레이아웃 알고리즘과 해당 알고리즘의 옵션을 결정할 수 있다. '레이아웃 실행(Run Layout)' 버튼을 누르면 링크의 위치가 조정된다.

❺ 노드 스타일(Node Style): 노드의 모양, 색깔, 크기 및 각 노드의 레이블을 설정하는 기능이다. 노드 속성 스타일링(Node Attribute Styling)을 이용하면 노드의 속성에 따라 스타일링을 할 수 있다.

❻ 링크 스타일(Link Style): 링크의 모양, 색깔, 굵기 및 링크의 레이블을 설정하는 기능이다. 링크 속성 스타일링(Link Attribute Styling)을 이용하면 링크의 속성에 따라 스타일링을 할 수 있다.

③ **선택 탭**

선택 탭은 네트워크 맵에서 특정 조건을 가진 노드를 선택하거나, 특정 가중치를 기준으로 링크를 네트워크 맵에 표시할 수 있는 조건 설정(Condition), 노드 선택(Selection), 노드 탐색(Search Node) 그리고 링크 경계값 설정(Link Threshold)의 컨트롤 아이템들을 담고 있다.

[그림 3-29] NetMiner 선택 탭

❶ 조건 설정(Condition): 특정 조건을 가진 노드를 정교하게 선택할 수 있다. 메인 노드셋의 속성에 대해서 다양한 조건을 편리하게 설정할 수 있다. [그림 3-29]에서 노드 레이블이 '소통정책'인 노드만을 선택하고 싶을 경우 ❶~❹를 순차적으로 설정하여 '@LABEL==소통정책'으로 선택하면, [그림 3-30]의 우측 네트워크 맵상에서 보듯이 '소통정책' 노드만 선택되고 노란색으로 표기되어 해당 노드를 쉽게 찾을 수 있다.

❷ 노드 선택(Selection): 노드 리스트를 보면서 노드를 직접 선택할 수 있다. 노드 수가 매우 많아서 마우스로 직접 선택하기 어려운 경우에 유용하다. 선택된 노드를 저장하거나, 저장되어 있던 노드들을 불러와 현재 네트워크 맵에 적용할 수 있다. 또한 선택한 노드들로 새로운 작업파일을 생성할 수 있다.

❸ 노드 탐색(Search Node): 노드가 많을 경우, 'Node Label'에 탐색 혹은 찾고자 하는 노드를 직접 입력하여 그 노드를 쉽게 찾을 수 있다.

❹ 링크 경계값 설정(Link Threshold): 사용자가 지정한 가중치 값, 또는 숫자 형태의 속성값에 따라 네트워크 맵에 링크를 표시하기 위한 것이다. 네트워크 맵에 링크를 표시하는 조건을 쿼리셋으로 저장할 수 있다.

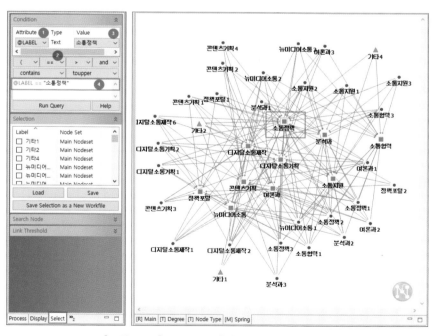

[그림 3-30] NetMiner 선택 탭의 조건 설정 예시

7) 상태 표시줄

NetMiner의 맨 아래에 있는 상태 표시줄(Status Bar)은 현재 진행 중인 모듈의 상태, 처리 중인 모듈의 이름 및 해당 모듈의 진행 정도를 보여 준다. 상태에 따라 준비(Ready), 시작(Started), 종료(Finished), 취소(Cancelled)로 표시된다.

처리 작업이 진행 중인 경우에는 진행 표시줄과 정지 버튼이 [그림 3-31]과 같이 활성화된다. 진행 표시줄은 처리 작업이 현재 얼마나 진행되었는지를 보여 준다.

[그림 3-31] NetMiner 상태 표시줄

8) 사용자 설정

Edit 탭의 Preference를 통해 NetMiner에 기본적으로 적용되는 옵션 사항들을 사용자 편의에 따라 설정할 수 있다.

(1) 노드 및 링크 스타일 설정

노드와 링크 탭에서는 네트워크 맵에 표시될 노드와 링크의 초기 스타일을 설정할 수 있다.

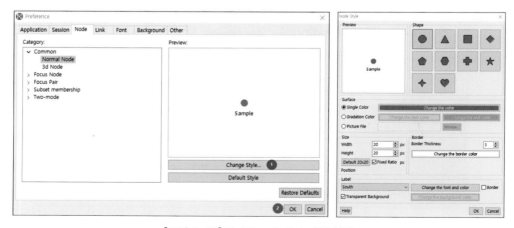

[그림 3-32] NetMiner 노드 스타일 설정

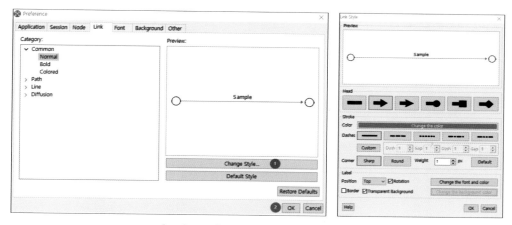

[그림 3-33] NetMiner 링크 스타일 설정

(2) 글꼴 설정

글꼴(Font) 탭에서는 네트워크 맵에 표시될 노드 레이블의 폰트와 매트릭스 다이어
그램에 표시될 레이블의 폰트를 설정할 수 있다.

[그림 3-34] NetMiner 글꼴 설정

(3) 배경화면 설정

배경화면(Background) 탭을 통해서 네트워크 맵의 배경화면을 설정할 수 있다.

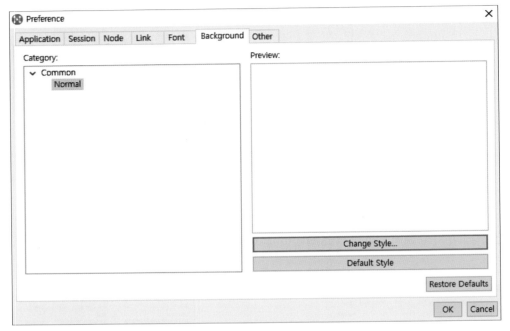

[그림 3-35] NetMiner 배경화면 설정

NetMiner 프로젝트 생성

1. 프로젝트 시작 및 관리

NetMiner를 활용하여 데이터를 분석하기 위해서는 [그림 3-15]에서 제시한 빈 화면에서 프로젝트(Project)를 생성하여야 한다. 프로젝트를 생성하는 방법은 크게 두 가지가 있다. 하나는 기존 프로젝트를 열거나 외부 프로그램 파일을 가져오는 방법이고, 다른 하나는 새롭게 프로젝트를 생성하는 방법이 있다.

1) 프로젝트 열기/가져오기

우선 NetMiner에서 데이터 열기(Open)와 가져오기(Import)의 차이를 살펴보면, 열기(Open)는 기존에 존재하는 NetMiner의 프로젝트(Project) 파일에 대해 적용되는 기능인 반면 가져오기는 원본 데이터 파일(Raw Data File), 작업파일(Workfile), 외부 프로그램 전용파일 등에 대해 적용되는 기능이다.

프로젝트 파일 열기는 File 탭의 Open(단축키: Ctrl + O)이나 도구모음을 이용하여 수행할 수 있다. 그리고 nmf 파일을 직접 더블 클릭해서 프로젝트 파일을 열 수도 있다. 또한 NetMiner에서는 최근에 열었던 프로젝트 파일을 최대 5개까지 '최근 프로젝트(File 탭의 Recent Project)' 메뉴를 통해서 제공하고 있기 때문에 해당 메뉴를 클릭하여 바로 프로젝트 파일을 열 수 있다.

데이터 파일 가져오기는 File 탭의 Import를 통해서 가능하다. NetMiner에서는 〈표 4-1〉과 같은 종류의 파일을 가져올 수 있다.

〈표 4-1〉 NetMiner로 가져올 수 있는 외부 파일 종류

파일 종류	확장자
텍스트 파일	CSV, TXT
엑셀 파일	XLS
NetMiner Workfile 압축 파일	NCW
UCINET 파일	DL
Pajek 파일	NET, VEC
StOCNET 파일	DAT, TXT
GML 파일	GML

2) 새로운 프로젝트 만들기

NetMiner에서 새로운 프로젝트는 두 가지 방법으로 생성할 수 있다. 하나는 빈 프로젝트(Blank Project), 다른 하나는 싱글톤 프로젝트(Singletone Project)로 생성하는 것이다.

File 탭의 New를 클릭해 Project 메뉴를 선택하면 [그림 4-1]과 같이 새로운 프로젝트 유형을 사용자가 선택할 수 있는 대화창이 열린다.

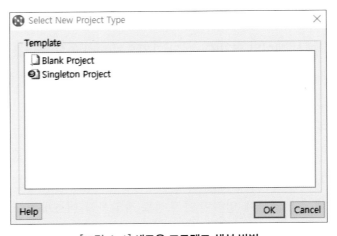

[그림 4-1] 새로운 프로젝트 생성 방법

빈 프로젝트를 선택하면 작업파일이 없는 프로젝트가 생성된다. 빈 프로젝트는 주로 사용자가 가져오기 기능을 사용하여 작업파일과 데이터 아이템을 직접 구성하고자 할 때 사용된다. 싱글톤 프로젝트를 선택하면 이름이 없는 작업파일, 메인 노드셋, 1-모드 네트워크가 생성된다. 데이터 아이템들이 미리 추가되므로 데이터를 직접 입력하려는 경우에 유용하다.

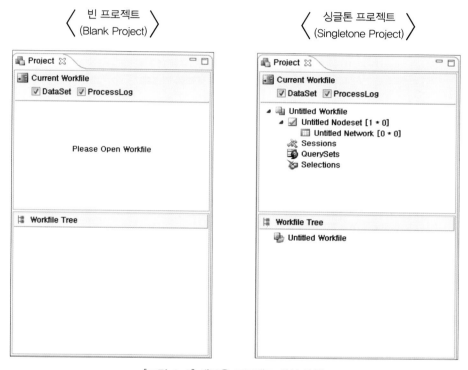

[그림 4-2] 새로운 프로젝트 생성 유형

3) 프로젝트 저장하기/닫기

NetMiner에서 생성되었거나 추가 작업이 이루어진 프로젝트는 사용자가 직접 저장해야 한다. 프로젝트는 File 탭의 Save로 저장할 수 있으며, 다른 이름으로 저장하려면 File 탭의 Save as를 사용한다. 프로젝트는 '파일명.nmf'로 저장된다.

한편, NetMiner에서는 예상치 못한 에러로 프로그램이 종료된 경우에 작업 중인 프로젝트 파일을 임시로 저장한다. 프로그램을 다시 실행하면 [그림 4-3]과 같이 임시로 저장된 프로젝트 리스트가 나타난다.

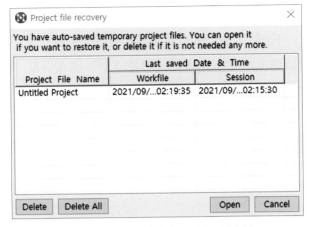

[그림 4-3] 임시 저장된 프로젝트 리스트

프로젝트 닫기는 File 탭의 Close를 이용한다. 프로젝트를 닫을 때는 [그림 4-4]와 같이 작업 내용의 저장 여부를 묻는다.

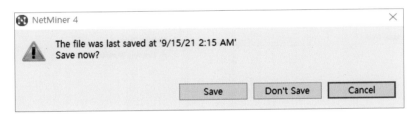

[그림 4-4] 프로젝트 저장

2. 작업파일 관리

1) 작업파일 만들기

작업파일(Workfile)은 데이터셋(Dataset)과 프로세스 로그(ProcessLog: Session, QuerySets, Selections)를 담고 있는 분석/시각화의 기본 단위이다. 데이터를 직접 입력 또는 가져오기를 하거나 데이터를 이용하여 실제 분석을 수행하기 위해서는 먼저 작업 파일을 생성해야 한다.

File 탭의 New에서 Workfile을 선택한 후, 작업파일의 이름을 지정해 주면 작업파일이 생성된다.

만들어진 작업파일은 [그림 4-5]와 같이 현재 작업파일(Current Workfile)과 작업파일 목록(Workfile Tree)에서 확인할 수 있다. 이제 사용자가 메인 노드셋, 1-모드 네트워크, 2-모드 네트워크 등의 데이터 아이템을 직접 만들거나 혹은 가져오기를 할 수 있다.

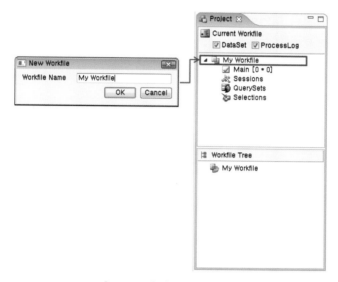

[그림 4-5] **작업파일 만들기**

2) 작업파일 가져오기/내보내기

작업파일을 가져오기(Import)하거나 내보내기(Export)하는 것은 프로젝트 파일의 열기와 저장하기 방법과 유사하지만 다음과 같은 차이점이 있다. 우선 프로젝트 내에 여러 개의 작업파일이 있을 경우 일부 작업파일을 선택해서 내보낼 수 있다. 또한 가져오려는 프로젝트 파일(nmf 파일) 또는 ncw 파일(NetMiner 작업파일)에서 작업파일을 선택적으로 가져올 수 있다.

3. 데이터 가져오기

NetMiner에서는 메인 메뉴와 마우스 오른쪽 버튼을 통해서 데이터를 가져올 수 있다. 메인 메뉴인 File 탭의 Import를 통해서 [그림 4-6]과 같이 여러 형식의 외부 데이터들을 가져올 수 있다. 또는 Data 탭의 Import Data Item을 통해서 NetMiner의 데이터 아이템 종류에 따라 데이터를 가져올 수 있다. 데이터 아이템 가져오기(Import Data Item) 메뉴를 통해서 데이터를 가져올 경우 텍스트 파일과 엑셀 파일 형식 등을 가져올 수 있다.

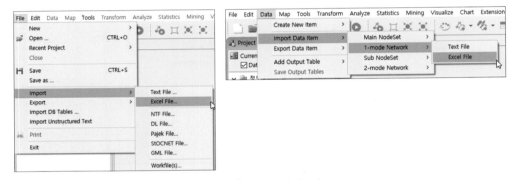

[그림 4-6] 데이터 가져오기 1

다음으로, 마우스 오른쪽 버튼을 사용하여 데이터를 가져오려면 현재 작업파일(Current Workfile)에서 마우스 오른쪽 버튼을 클릭하여 가져오려는 외부 데이터 파일 형식을 선택해서 가져올 수 있다. 이때 데이터는 현재 작업파일에서 선택한 데이터 아이템과 같은 종류의 데이터를 가져온다.

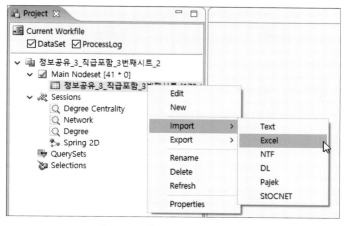

[그림 4-7] 데이터 가져오기 2

　가령, 텍스트 혹은 엑셀 파일을 가져오기 위해 메뉴에서 File 탭의 Import에서 Excel File을 선택하면 [그림 4-8]과 같은 대화창을 확인할 수 있다.

[그림 4-8] 텍스트 · 엑셀 파일 데이터 가져오기

❶ 파일 가져오기(Input File): 가져올 파일을 선택한다. 엑셀 파일의 경우 콤보박스에서 가져올 시트를 선택할 수 있다.

❷ 파일 미리보기(File Preview): NetMiner에 저장될 데이터의 형태를 미리 볼 수 있다. 가져오기 대화창의 옵션을 수정하면, 수정된 내용이 미리보기에 반영된다.

❸ 데이터 구분(Separator): 텍스트 파일의 경우, 데이터 구분자가 활성화된다. 어떤 구분자로 데이터의 열을 구분할 것인지를 결정할 수 있다. 구분자를 선택한 결과는 파일 미리보기에 반영된다.

❹ 텍스트 한정(Text Qualifier): 텍스트 파일의 경우 텍스트를 한정하는 기호를 선택한다. 예를 들어, 큰따옴표(")를 선택하면 텍스트 형식의 데이터를 큰따옴표 안에 표시할 수 있다.

❺ 머리글(Headers): 가져올 데이터의 열/행의 머리글이 있을 경우 선택한다.

❻ 데이터 유형(Data Type): 가져올 데이터가 메인 노드셋, 서브 노드셋, 1-모드 네트워크, 2-모드 네트워크 중 무엇인지 결정한다. 각 데이터 형식에서 'More' 버튼을 클릭하면 세부 사항을 설정할 수 있다.

❼ 타깃 작업파일(Target Workfile): 가져올 데이터를 현재 작업파일에 추가할지, 새로운 작업파일을 생성하여 추가할지를 설정할 수 있다.

❽ 데이터 통합 옵션(Data Integrity Option): 현재 작업파일에 데이터를 추가할 때 활성화된다. 기존 노드셋에는 없는 노드들을 노드셋에 추가할지 또는 현재 작업파일에 있는 노드의 수를 유지하고 속성 데이터만 추가할지를 선택할 수 있다.

❾ 'OK'를 클릭하여 실행한다.

4. 데이터 내보내기

NetMiner에서는 메인 메뉴와 마우스 오른쪽 버튼을 통해서 데이터를 내보낼 수 있다. 메인 메뉴인 File 탭의 Export를 통해서 [그림 4-9]와 같이 외부 데이터를 파일 형식에 따라서 내보낼 수 있다. 또한 Data 탭의 Export Data Item을 통해서 NetMiner의 데이터 아이템 종류에 따라 데이터를 내보낼 수 있다. 데이터 아이템 내보내기(Export Data Item) 메뉴를 통해서 데이터를 내보낼 경우 텍스트 파일과 엑셀 파일 형식으로만 내보낼 수 있다.

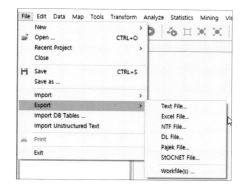

[그림 4-9] 데이터 내보내기 1

　다음으로, 마우스 오른쪽 버튼을 사용하여 데이터를 내보내려면 현재 작업파일 (Current Workfile)에서 마우스 오른쪽 버튼을 클릭하여 내보내려는 외부 데이터 파일 형식을 선택해서 내보낼 수 있다. 이때 데이터는 현재 작업파일에서 선택한 데이터 아이템 종류에 따라 내보낼 수 있다.

1) 텍스트 파일로 내보내기

　텍스트 파일로 내보내기 할 때에는 파일 하나에 1개의 데이터만을 포함할 수 있다. 즉, 메인 노드셋이 하나의 파일로 저장되고, 여러 개의 서브 노드셋이 있다면 각각의 서브 노드셋이 개별 파일로 저장된다. 또한 1-모드 네트워크와 2-모드 네트워크가 여러 개 있다면 역시 하나의 네트워크가 각각 하나의 파일로 저장이 된다.

　텍스트 파일로 내보내기 위해서 File 탭의 Export에서 Text File을 선택한다. [그림 4-10]과 같이 내보내기할 데이터를 선택할 수 있는 대화창이 뜨면, 내보내려는 데이터를 선택하면 된다.

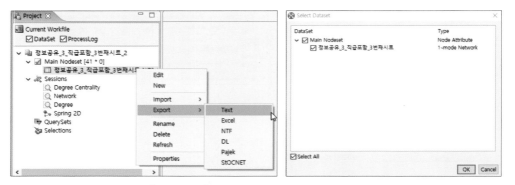

[그림 4-10] 데이터 내보내기 2: 텍스트 파일

2) 엑셀 파일로 내보내기

엑셀 파일로 내보내기 할 때에는 하나의 파일에 여러 개의 데이터를 시트별로 구분하여 표현할 수 있다. 따라서 내보낼 데이터들을 하나의 엑셀 파일로 내보낼 수 있다.

엑셀 파일로 내보내기 위해서는 File 탭의 Export에서 Excel File을 선택한다. 내보내기할 데이터를 선택할 수 있는 대화창이 뜨면, 내보내려는 데이터를 선택하면 된다. 선택된 데이터는 하나의 엑셀 파일의 각 시트에 담기게 된다.

5. 데이터 쿼리 활용하기

데이터 쿼리(Data Query)는 특정한 조건을 가진 노드와 링크를 추출하는 기능이다. 데이터 쿼리를 통해 다양한 조건으로 노드와 링크의 집합을 생성·저장·편집할 수 있다. 일반적으로 네트워크 분석을 할 때 하나의 데이터셋으로부터 여러 가지 조건을 가진 서브 데이터셋들을 추출하고 서브 데이터셋들 간의 다양한 비교 분석을 통해 의미 있는 결과를 도출하는 과정을 거친다. 이때 분석자의 의도에 맞게 서브 데이터셋을 추출하는 것이 바로 데이터 쿼리와 관련된 기능이다.

데이터 쿼리를 위해 사용자가 지정한 특정 조건을 쿼리셋(Query Sets)이라고 하며, 쿼리셋은 쿼리의 결과로 추출된 노드와 링크의 집합이 아니라 그러한 결과를 산출하기 위한 조건 자체이다. 쿼리셋은 앞서 말한 다양한 조건의 노드와 링크의 집합을 생성, 저장, 편집하는 세 가지의 과정을 통해서 데이터 분석에 사용된다.

　쿼리셋의 생성과 편집은 메인 메뉴의 Transform 탭의 Query를 통해서 열리는 쿼리 세션에서 할 수 있다. 생성된 쿼리셋을 저장하면 현재 작업파일의 쿼리셋 항목에서 확인할 수 있다. 저장된 쿼리셋은 각종 분석 모듈의 프로세스 패널에 있는 필터(Filter) 컨트롤 아이템에서 불러오기 하여 사용하면 된다.

1) 쿼리 작업 환경

　앞서 설명한 것과 같이 쿼리셋을 생성하고 편집하기 위해서 메인 메뉴의 Transform 탭에서 Query를 선택하면 [그림 4–11]과 같은 쿼리 세션이 열린다.

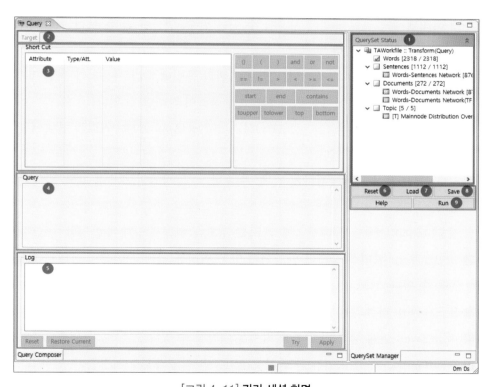

[그림 4–11] **쿼리 세션 화면**

❶ 쿼리셋의 상태(Query Set Status): 현재 작업파일의 데이터 구조를 한눈에 파악할 수 있도록 구성되어 있다. 각각의 데이터 아이템별로 노드와 링크의 개수 그리고 쿼리에 의해 추출된 노드와 링크의 개수를 표시해 준다. 메인 노드셋과 서

브 노드셋은 노드의 개수를 표시하며, 1-모드 네트워크, 2-모드 네트워크는 링크의 개수를 표시한다. 각각의 데이터 아이템을 더블 클릭하면 쿼리 구성(Query Composer) 영역에서 해당 데이터 아이템에 대한 쿼리를 작성하거나 확인할 수 있다.

❷ 타깃(Target): 쿼리의 편집을 위해 활성화되어 있는 데이터 아이템이 무엇인지 이름을 표시해 준다. 쿼리셋 상태에서 데이터 아이템을 더블 클릭하면 활성화된다.

❸ 숏컷(Shortcut): 쿼리는 ❹ '쿼리(Query)'에서 키보드로 직접 입력할 수 있지만, 변수명, 연산자, 값을 직접 입력하는 과정에서 오류가 생길 수 있으며 연산자나 해당 변수의 값으로 선택 가능한 것이 무엇인지 파악하는 데 어려움이 있다. NetMiner에서는 사용자의 어려움을 고려해 숏컷을 통해서 사용자가 선택한 데이터 아이템에서 쿼리를 위해 사용할 수 있는 변수, 연산자, 값을 보여 주고 마우스로 직접 선택할 수 있다.

❹ 쿼리창(Query): 쿼리가 작성되는 곳으로 쿼리 문법에 따라 사용자가 직접 작성하거나 숏컷 영역에서 아이템을 마우스로 클릭하여 작성할 수 있다.

❺ 로그(Log): 작성된 쿼리를 시도(Try)하거나 적용(Apply)하여 쿼리셋 상태에 반영된 상태를 확인할 수 있다.

시도(Try): 쿼리셋을 실행하기 전에, 추출될 노드/링크의 개수를 미리 파악할 수 있다.

적용(Apply): 실행을 통해서 추출된 노드/링크를 쿼리셋 상태에 반영할 수 있다.

❻ 리셋(Reset): 쿼리셋 상태에 반영되어 있는 쿼리를 없애고 원래의 상태로 되돌려 놓을 수 있다.

❼ 로드(Load): 저장되어 있는 쿼리셋을 쿼리 세션으로 불러올 수 있다.

❽ 저장(Save): 현재 생성(편집)한 쿼리셋을 저장할 수 있다.

❾ 실행(Run): 현재 생성(편집)한 쿼리셋을 새로운 작업파일로 저장할 수 있다.

한편, ❸의 쿼리 숏컷을 통해서 사용자가 사용할 수 있는 변수 및 연산자를 정리하면 〈표 4-2〉와 같다.

〈표 4-2〉 쿼리 숏컷 연산자

연산자	설명	예시	
and	A와 B 값이 포함된 변수(값)를 추출	"학년"=="4" and "Team"=="A"	학년이 '4(학년)'이면서 팀이 'A'인 경우만을 추출
or	A 또는 B인 변수(값)를 추출	"학년"=="4" or "Team"=="A"	학년이 '4(학년)'이거나 팀이 'A'인 경우만을 추출
not	특정 변수를 제외한 변수를 추출	not "Team"=="A"	팀이 'A'가 아닌 경우만을 추출
==	특정 변수에 특정 값을 가진 것만 추출	"학년"=="4"	학년이 '4(학년)'인 경우만을 추출
!=	특정 변수에 특정 값을 제외한 변수를 추출	"Team" != "A"	팀이 A인 경우를 제외한 팀을 추출
>	특정 변수에 특정 값 이상인 변수를 추출	"Age" > 20.0	나이가 20세가 넘는 경우만을 추출, 즉 21세부터
<	특정 변수에 특정 값 이하인 변수를 추출	"Age" < 20.0	나이가 20세 미만인 경우만을 추출
>=	특정 변수에 특정 값과 같거나 이상인 변수를 추출	"Age" > = 20.0	나이가 20세이거나 그 이상인 경우만을 추출
<=	특정 변수에 특정 값과 같거나 이하인 변수를 추출	"Age" < = 20.0	나이가 20세이거나 그 미만인 경우만을 추출
start	특정 텍스트로 시작하는 값을 가진 변수를 추출	"학년" start "2"	학년이 '2(학년)'으로 시작하는 경우만을 추출
end	특정 텍스트로 끝나는 값을 가진 변수를 추출	"학년" end "3"	학년이 '3(학년)'으로 끝나는 경우만을 추출
contains	특정 텍스트를 포함하는 변수를 추출	"학년" contains "2"	학년이 '2(학년)'을 포함하는 경우를 추출
toupper	괄호 안의 텍스트를 대문자로 변환	"Gender"==toupper ("female")	toupper("female")를 Female과 동일하게 취급 ("Gender"= = Female)
tolower	괄호 안의 텍스트를 소문자로 변환	"Gender"==tolower ("Male")	tolower("Male")를 male과 동일하게 취급 ("Gender"==Male)
top	해당 속성 값이 가장 높은 n명을 추출	"Duration" top 7	근무연수가 가장 오래된 7명 추출
bottom	해당 속성 값이 가장 낮은 n명을 추출	"Duration" bottom 7	근무연수가 가장 짧은 7명 추출

2) 쿼리 문 작성

(1) 노드셋 추출하기

노드셋 추출(Nodeset Extract)은 특정한 조건을 가진 노드셋을 추출하기 위한 것으로, 메인 노드셋(Main Nodeset)이나 서브 노드셋(Sub Nodeset)의 해당 속성 데이터에 대하여 쿼리 문(Query Sentence)을 작성하여 적용하면 된다. 메인 노드셋과 서브 노드셋의 속성 데이터 형태는 동일하므로, 여기서는 예시로 메인 노드셋에 대하여 살펴보겠다.

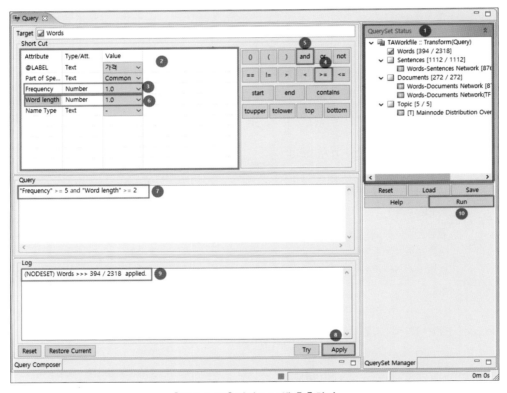

[그림 4-12] **쿼리 노드셋 추출하기**

앞선 예시로 추출된 단어(Words)/노드 2,318개 중에 [빈도(Frequency)가 '5'번 이상이며 글자 길이(Word length)가 '2' 이상]인 노드셋을 추출하기 위해서는 Transform 탭의 Query를 선택하여 쿼리 세션을 연다. 쿼리셋 상태(QuerySets Status)에서 메인 노드셋에 해당하는 ❶ 'Word'를 더블 클릭하여 메인 노드셋을 쿼리 문 작성을 위한 ❷ 타깃 데이터 아이템(Target Data Item)으로 설정한다.

다음으로, ❸ [빈도(Frequency)가 '5'번 이상]만을 추출하려면 다음과 같이 속성 (Attribute)의 빈도(Frequency)를 더블 클릭하여 쿼리창에 입력하고, 연산자 ❹ '>=' 을 클릭하여 쿼리창에 입력한다. 또한 추가적으로 [글자 길이(Word length)가 '2' 이상] 을 동시에 충족시키는 노드셋을 추출하기 위하여, ❺ 'and'를 클릭한다. ❻ [글자 길이 (Word length)가 '2' 이상]을 설정한다. 이후 쿼리창에 ❼ ["Frequency" >= 5 and "Word length" >= 2]와 같이 입력된 것을 확인할 수 있다.

작성된 쿼리 문을 실행할 때에는 해당 조건에 맞는 노드셋이 몇 개 추출되는지를 테스트해 볼 수 있다. 테스트를 위해 로그(Log) 영역 아랫부분의 '시도(Try)'와 ❽ '적용 (Apply)' 버튼을 클릭하면 ❾ 로그창에서는 2,318개인 원래의 단어/노드 수가 쿼리 명령문에 의하여 394개의 단어/노드만으로 추출되었음을 확인할 수 있다. ❿ 'Run'을 실행하면, 새로운 노드 데이터셋이 추출된다.

(2) 링크셋 추출하기

특정한 조건을 가진 링크셋을 추출할 때에는 1-모드 네트워크, 2-모드 네트워크에 대하여 쿼리 문을 작성한다. 링크셋을 추출하기 위한 쿼리 문은 링크의 가중치(weight) 나 링크의 속성에 대해서 작성이 가능할 뿐만 아니라 링크의 두 노드 속성에 대해서도 작성이 가능하다. 링크셋 추출은 1-모드 네트워크와 2-모드 네트워크에서 동일하게 적용되므로 예시로 1-모드 네트워크를 대상으로 링크셋을 추출해 보겠다.

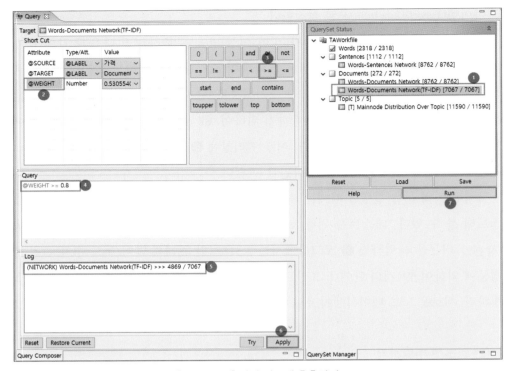

[그림 4-13] 쿼리 링크셋 추출하기

앞의 예시에 따라 가중치가 '0.8'이거나 그 이상인 링크셋 추출을 위하여 Transform 탭의 Query를 선택하여 쿼리 세션을 연다. 1-모드 네트워크 중에서 링크 속성을 가지고 있는 ❶ 'Words-Documents Network(TF-IDF) [7067/7067]'을 더블 클릭하여 쿼리 문 작성을 위한 타깃 데이터 아이템으로 설정한다. '7067'이 의미하는 것은 전체 네트워크 중 '0' 이상의 가중치를 가진 링크 총합이 7,067개임을 의미한다.

다음으로, 속성에서 ❷ 가중치(@WEIGHT)를 선택하고 연산자는 ❸' >='을 선택한다. 그리고 가중치 값의 value 박스에서 '0.8'을 선택하거나 0.8을 ❹의 쿼리창에서 typing 한다. 쿼리창에 ❹ '@WEIGHT >= 0.8'과 같이 입력된 것을 확인할 수 있다. ❺ 테스트를 위해 로그(Log) 영역 아랫부분의 '시도(Try)'를 클릭하고, 작성된 쿼리 문에 따라 링크 셋을 추출하면 총 7,067개의 링크 중에서 4,869개의 링크가 추출된 것을 확인할 수 있다. ❻ '적용(Apply)'과 ❼ 'Run'을 실행하면, 새로운 링크셋이 추출된다.

1. NetMiner의 네트워크 맵 개요

NetMiner의 네트워크 맵(Network Map)은 네트워크 데이터를 표현할 뿐만 아니라, 사용자의 탐색적 분석 과정을 지원하기 위한 다양한 기능을 포함하고 있다. 따라서 사용자는 NetMiner에 포함된 다양한 시각화 알고리즘을 사용하여 네트워크 맵을 그리고, 특정 노드와 링크를 선택하여 즉각적으로 추가 분석 및 시각화를 수행할 수 있으며, 직관적인 이해를 위해 노드와 링크를 자유롭게 스타일링할 수 있다.

네트워크 시각화를 위한 주요 기능은 다음과 같다.

• 네트워크 맵 그리기

주어진 데이터를 이용하여 결과 패널(Output Panel)에 네트워크 맵을 그리는 것을 말한다. 다양한 레이아웃은 각각의 세부 옵션들을 가지고 있어, 분석 목적과 사용자의 의도에 맞게 네트워크 맵을 그릴 수 있다.

• 노드와 링크 스타일링

모양, 색깔, 크기 등 노드와 링크의 다양한 스타일을 설정할 수 있다.

• 노드와 링크의 선택

네트워크 맵에서 노드와 링크를 선택할 수 있다. 마우스를 이용하여 선택할 수 있으며, 직접 선택 조건을 입력하여 선택할 수도 있다. 선택한 노드와 링크로 추가 분석 및 시각화를 수행할 수 있다.

• 네트워크 맵에 분석결과 반영

메인 메뉴의 분석(Analyze)에 포함된 각종 분석 모듈은 대부분 그 분석 결과의 하나로 네트워크 맵을 산출한다. 즉, 분석 모듈의 각종 분석 결과가 네트워크 맵에 반영되어 있어 분석 결과를 탐색적으로 이해할 수 있다.

• 네트워크 맵 제어하기

네트워크 맵을 그린 후에 네트워크 맵을 확대/축소(Zoom In/Out), 회전(Rotation), 좌우/상하 대칭(Flipping), 이동(Panning)할 수 있다.

2. 네트워크 맵의 레이아웃 알고리즘 종류

NetMiner의 가장 큰 장점은 네트워크 분석 기능뿐만 아니라 다양한 네트워크 시각화 기능을 갖추고 있다는 점이다. 속성 데이터에 대한 통계 분석의 결과가 주로 차트(Chart)나 플롯(Plot)을 통해 시각화된다면, 네트워크 데이터와 그 분석 결과는 주로 그래프 그리기(Graph Drawing)를 통해 시각화된다. 시각화 기능들은 사전에 설정된 방식으로 제공되기도 하고, 사용자가 데이터와 시각화 모듈 및 옵션 등을 선택하여 자신이 원하는 네트워크 맵을 그릴 수도 있다.

네트워크 맵 레이아웃은 각 노드 간의 관계를 고려하여 좌표를 계산하여 네트워크 맵에 배치하는 것을 말한다. NetMiner는 사용자의 의도에 맞게 선택할 수 있는 다양한 레이아웃 알고리즘을 제공하고 있다.

NetMiner에서 제공하는 레이아웃 알고리즘들은 2D 네트워크 맵에 적용되는 것과 3D 네트워크 맵에 적용되는 것으로 구분할 수 있다. 이 책에서는 가장 많이 사용되는 2D 네트워크 맵 중 2D 스프링(Spring)형만 언급하며, 그 외 자세한 설명과 예시는 NetMiner 공식 웹사이트(http://netminer.com)를 방문하여 제공하는 매뉴얼을 참조하면 된다.

1) 2D 네트워크 맵

(1) 2D 스프링형

스프링(Spring)형 레이아웃 알고리즘은 노드 간에 가상의 스프링을 장착시켜 끌어당기는 힘과 밀어내는 힘을 통해 노드를 배치한다. 이 레이아웃으로 네트워크 맵을 그리면 노드들이 화면상에 고르게 분포되면서 인접한(adjacent) 노드들은 일정한 간격으로 가까이 위치하며, 노드 간의 중복이나 링크 간의 교차가 줄어 보기 좋은 그래프가 그려진다.

스프링형 레이아웃 알고리즘의 종류는 〈표 5-1〉과 같다.

〈표 5-1〉 2D 스프링형 레이아웃 알고리즘의 종류

맵 종류	설명
Kamada & Kawai	각 노드 쌍이 이상적인 거리를 갖도록 최적화한다. 이상적인 거리는 노드 간의 경로 거리에 의해 노드 사이의 거리가 결정되는 것으로서 모든 노드 쌍은 그들 간의 최단 경로 거리에 비례하는 만큼 떨어지도록 배치된다. 이 방법은 사전에 모든 노드 쌍에 대해서 최단 경로 거리를 구해야 하기 때문에 다소 시간이 많이 걸리지만 그려진 맵의 품질은 좋다.
Stress Majorization	Kamada & Kawai와 유사한 결과를 만들면서도, 더 빠르게 레이아웃을 수행한다. 현재의 레이아웃을 보완하고 싶을 때 유용하다.
Eades	각 노드의 초기 좌푯값을 무작위로 부여한 다음, 인접한 노드 쌍은 일정 거리까지 서로 당기고, 인접하지 않은 노드 쌍은 서로 멀리 떨어지도록 밀치는 힘을 작용시켜 노드를 배치한다.
Fruchterman & Reingold	Eades 방법과 유사하지만 몇 가지 차이점이 있어 좌푯값의 수렴 속도가 빠르다.
GEM	Fruchterman & Reingold와 마찬가지로 Eades와 유사하나, 몇 가지 차이점이 있어 알고리즘의 수렴 속도가 빠르다.
HDE	Kamada & Kawai나 GEM과 비교할 때 네트워크 맵이 정교하지는 않지만 빠른 시간 내에 대용량 네트워크를 그릴 수 있다.

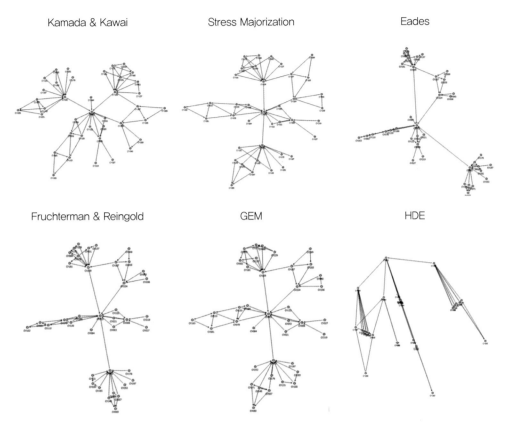

[그림 5-1] 2D 스프링형 레이아웃 알고리즘의 시각화 예시

출처: NetMiner 웹사이트(http://netminer.com).

2) 2-모드 네트워크 맵

스프링형 레이아웃이 2-모드 네트워크에 적용된다. 2-모드 네트워크 맵을 그리기 위해서는 메인 노드셋과 서브 노드셋을 입력(Input)해야 한다. 2-모드 네트워크 맵 시각화 예시는 [그림 5-2]와 같다.

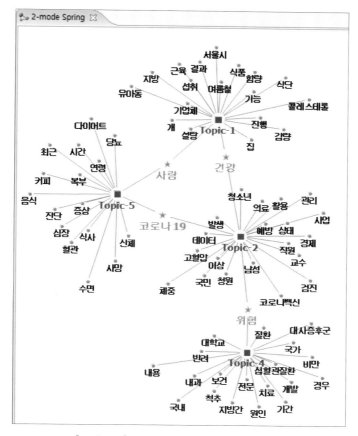

[그림 5-2] 2-모드 네트워크 맵 시각화 예시

3. 네트워크 맵 그리기

NetMiner에서 네트워크 맵을 그리는 방법은 두 가지이다. 하나는 시각화(Visualize) 모듈을 이용해서 직접 그리는 방법이고, 다른 하나는 분석(Analyze) 모듈의 분석 결과 중 하나로 네트워크 맵을 그리는 방법이다.

1) 시각화 모듈로 그리기

첫째, 메인 메뉴의 시각화를 선택한다. 여러 가지 네트워크 맵 레이아웃이 [그림 5-3]과 같이 정렬되어 있다. 사용자는 목적에 맞는 레이아웃을 선택하여 시각화를 위한 세션을 생성하면 된다. Visualize 탭의 Spring에서 2D 모듈을 선택하면 시각화를 위한 세션이 생성된다.

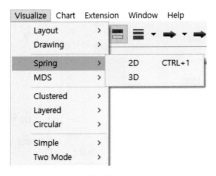

[그림 5-3] 시각화 모듈로 그리기

둘째, [그림 5-4]와 같이 네트워크 맵을 위한 세션이 생성된다. 결과 패널(Output Panel)에는 무작위로 샘플 데이터의 39개 노드가 배치되어 있고, 오른쪽 컨트롤 패널(Control Panel)에는 디스플레이 패널(Display Panel)이 활성화되어 있다.

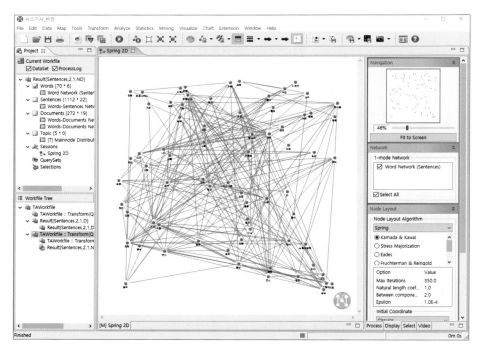

[그림 5-4] 네트워크 맵 세션 화면

　　셋째, 시각화할 1-모드 네트워크를 선택한다. 선택한 레이아웃 알고리즘의 세부 옵션을 설정하고, 레이아웃 컨트롤 아이템의 맨 아랫부분에 위치한 '레이아웃 실행(Run Layout)' 버튼을 클릭한다. 레이아웃을 실행하지 않은 상태의 결과 화면은 단지 무작위로 노드가 배치되어 있는 것이므로 반드시 레이아웃을 실행해야 한다. 여기서는 1-모드 네트워크는 'Word Network(Sentences)'를 선택하고, 레이아웃 알고리즘은 스프링형의 'Kamada & Kawai'를 선택한다. 앞에서 제시한 네트워크 맵 시각화 결과를 얻을 수 있다.

4. 디스플레이 패널 활용하기

　　디스플레이 패널(Display Panel)은 결과 패널에 네트워크 맵이 있을 때에는 항상 활성화된다. 디스플레이 패널은 내비게이션, 시각화할 1-모드 네트워크 선택, 레이아웃 알고리즘의 선택 및 세부 옵션 설정, 노드/링크 관련 각종 스타일링 등에 관한 기능을 담고 있다. 여기서는 네트워크 맵을 그리기 위해 1-모드 네트워크와 레이아웃 알고리즘을 선택하는 것에 대해 살펴보겠다.

1) 1-모드 네트워크 선택하여 그리기

　　Visualize 탭의 Spring에서 2D 모듈을 선택하여 세션을 생성한다. 'Word Network (Sentences)'를 선택하면 왼쪽 결과 패널에서 노드들 간에 링크가 생긴다. 여기서 다른 1-모드 네트워크를 추가 선택하면 추가 링크가 결과 패널에 표시되는 것을 확인할 수 있다. 이처럼 NetMiner에서는 1-모드 네트워크를 여러 개 선택하여 네트워크 맵을 그릴 수 있다. '레이아웃 실행(Run Layout)' 버튼을 클릭하여 레이아웃에 따라 네트워크 맵을 그려 주기 전에는, [그림 5-5]와 같이 무작위로 배치된 노드 간의 링크가 생성된다.

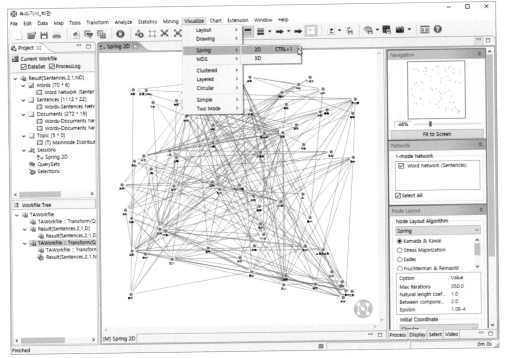

[그림 5-5] 1-모드 네트워크 선택하여 그리기

2) 레이아웃 컨트롤 아이템 활용하여 그리기

레이아웃 컨트롤 아이템(Layout Control Item)은 모든 네트워크 맵에 대하여 활용할 수 있는 기능들로 구성되어 있다. 각 노드의 좌표를 정해 주는 알고리즘을 선택하고, 각 알고리즘의 세부 옵션들을 설정할 수 있다. 옵션 설정 사항은 각 알고리즘에 따라 달라진다.

레이아웃 알고리즘을 선택할 때는 [그림 5-6]과 같이 ❶ 콤보박스에서 알고리즘의 카테고리를 선택하고, 그 아래 ❷ 박스 부분에서 알고리즘을 선택한다. 이때 선택한 알고리즘에 따라 ❸ 세부 옵션 설정 사항이 변한다. 이 예시에서는 'Spring'형의 'Kamada & Kawai'를 선택한다.

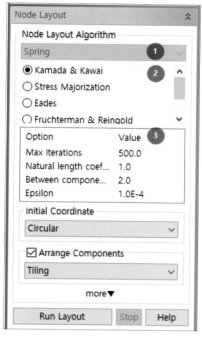

[그림 5-6] 레이아웃 컨트롤 아이템 활용하여 그리기

5. 노드와 링크 스타일링

NetMiner에서는 노드의 속성 및 링크의 가중치(Weight) 등에 따라 스타일을 적용할수 있는 스타일링 기능을 바탕으로 특정 노드와 링크를 선택하여 크기, 모양, 색깔 등을 다양한 시각화 옵션을 제공함으로써 사용자의 의도를 충실히 반영하여 시각화 맵을구성할 수 있다.

이 같은 기능은 [그림 5-7]과 같은 도구모음 버튼을 이용해서 수행할 수도 있다.

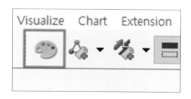

[그림 5-7] 도구모음 버튼

1) 선택한 노드와 링크 스타일링

(1) 선택한 노드 스타일링

디스플레이 패널의 노드 스타일에는 [그림 5-8]의 좌측 그림과 같은 노드 스타일링과 관련된 기능이 포함되어 있다.

〈노드 속성 & 노드 스타일링〉　　　　　〈링크 속성 & 링크 스타일링〉

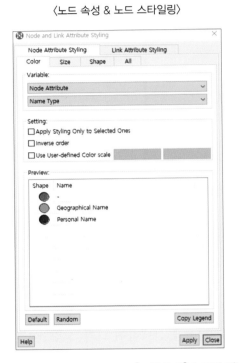 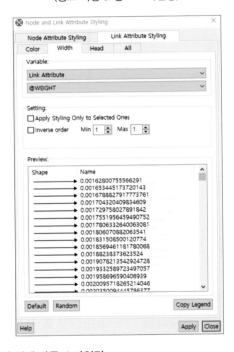

[그림 5-8] **노드와 링크 속성에 따른 스타일링**

❶ 노드 리스트(Node List)에서 스타일을 변경하고자 하는 노드를 선택하여 더블 클릭하면 노드 스타일 변경을 위한 대화창이 뜬다. 대화창에서 스타일을 변경하는 방법은 다음 예시에서 자세히 다루겠다. 노드 리스트에서 노드를 선택할 때 Ctrl, Shift 버튼을 함께 사용하면 동시에 여러 노드를 선택할 수 있다. 노드 리스트를 이용하지 않고 네트워크 맵에서 직접 노드를 선택할 수도 있지만, 노드 수가 매우 많으면 네트워크 맵에서 직접 노드를 식별하기 힘들기 때문에 이 경우에 노드 리스트를 활용하면 편리하다.

❷ '노드 레이블 보기(Show Node Labels)' 체크박스는 노드 레이블의 표시 여부를 선
택하는 것이다.

❸ '노드 속성 스타일링(Node Attribute Styling)' 버튼을 통해서 노드 속성에 따라 노드
스타일을 자동으로 설정할 수 있다.

[그림 5-9] **노드 스타일링 설정하기 1**

디스플레이 패널을 이용해서 선택한 노드를 스타일링하는 것보다 더 일반적으로 사
용되는 방법은 [그림 5-10]과 같이 마우스 오른쪽 버튼 메뉴를 이용하여 노드를 스타
일링하는 것이다. 네트워크 맵에서 노드를 선택한 후, 마우스 오른쪽 버튼을 클릭하면
[그림 5-10]과 같이 '노드 스타일 설정하기(Node Style)'와 '다수의 노드 스타일 설정하
기(Multiple Nodes Style)' 메뉴가 있다. '노드 스타일 설정하기'는 특정 노드 1개의 스타
일만을 변경하기 위한 것이고, '다수의 노드 스타일 설정하기'는 선택된 모든 노드의 스
타일을 한꺼번에 변경하기 위한 것이다.

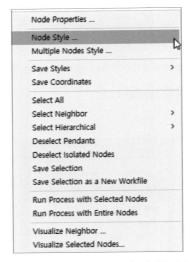

[그림 5-10] **노드 스타일링 설정하기 2**

두 가지 메뉴 중 하나를 선택하면 [그림 5-11]과 같은 대화창을 확인할 수 있다.

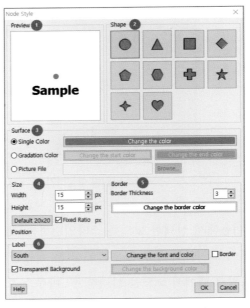

[그림 5-11] **노드 스타일링 설정하기 3**

❶ 미리보기(Preview): 대화창에서 선택한 스타일을 미리 확인할 수 있다.

❷ 모양(Shape): 노드의 모양을 선택할 수 있다.

❸ 채우기(Surface): 노드의 색깔을 선택할 수 있다.

❹ 크기(Size): 노드의 크기를 조절할 수 있다.

❺ 테두리(Border): 노드 둘레의 두께 및 색깔을 조절할 수 있다.

❻ 레이블(Label): 노드 레이블의 위치를 지정할 수 있고, 레이블의 경계선 여부 및 배경을 투명하게 할지, 색깔을 부여할지를 선택할 수 있다. 레이블의 폰트도 직접 설정할 수 있다.

이와 같이 사용자가 다양한 조건에 맞도록 노드 스타일을 설정한 후 'OK' 버튼을 클릭하면 앞에 설정한 내용이 네트워크 맵에 적용되어 있는 것을 확인할 수 있다.

(2) 선택한 링크 스타일링

디스플레이 패널에는 노드 스타일링과 관련된 기능뿐만 아니라 링크 스타일(Link Style)에 관련된 기능도 있다.

[그림 5-12] 링크 스타일 설정하기 1

❶ 링크 리스트(Link List)에서 스타일을 변경하고자 하는 링크를 선택하여 더블 클릭하면 링크 스타일 변경을 위한 대화창이 뜬다. 대화창에서 스타일을 변경하는 방법은 다음 예시에서 자세히 다루겠다. 링크 리스트에서 링크를 선택할 때 Ctrl, Shift 버튼을 함께 사용하면 동시에 여러 링크를 선택할 수 있다. 링크 리스트를 이용하지 않고 네트워크 맵에서 마우스 오른쪽 버튼 메뉴를 이용하거나 Menu 탭의 Map에서 Show를 이용해서 링크를 선택할 수도 있다. 또한 링크 리스트에서 체크박스 선택을 해제하면 네트워크 맵에 링크를 표시하지 않는다.

❷ '링크 레이블 보기(Show Link Labels)' 체크박스는 링크 레이블의 표시 여부를 선택하는 것이다.

❸ '링크 속성 스타일링(Link Attribute Styling)' 버튼을 통해서 링크 속성에 따라 링크 스타일을 자동으로 설정할 수 있다. 링크 속성에 따른 스타일링은 하나의 1-모드 네트워크에 대해서만 적용할 수 있다.

디스플레이 패널을 이용해서 선택한 링크를 스타일링하는 것보다 더 일반적으로 사용되는 방법은 [그림 5-13]에서 보듯이 마우스 오른쪽 버튼 메뉴를 이용하여 링크를 스타일링하는 것이다. 네트워크 맵에서 링크를 선택한 후, 마우스 오른쪽 버튼을 클릭하면 [그림 5-13]과 같이 '링크 스타일 설정하기(Link Style)'와 '다수의 링크 스타일 설정하기(Multiple Links Style)' 메뉴가 나타난다. '링크 스타일 설정하기'는 특정 링크 1개의 스타일만을 변경하기 위한 것이고, '다수의 링크 스타일 설정하기'는 선택된 모든 링크의 스타일을 한꺼번에 변경하기 위한 것이다.

[그림 5-13] 링크 스타일 설정하기 2

두 가지 중 하나의 메뉴를 선택하면 [그림 5-14]와 같은 대화창을 확인할 수 있다.

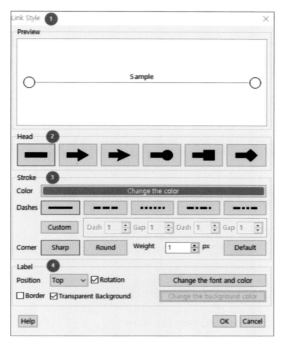

[그림 5-14] 링크 스타일링 설정하기 3

❶ 미리보기(Preview): 대화창에서 선택한 스타일을 미리 확인할 수 있다.

❷ 화살표(Head): 화살표 모양을 설정할 수 있다.

❸ 선(Stroke): 선의 색, 스타일 또는 두께를 변경할 수 있다.

❹ 레이블(Label): 링크 레이블의 위치를 지정할 수 있고, 레이블의 경계선 여부 및 배경을 투명하게 할지, 색깔을 부여할지 등을 선택할 수 있다. 레이블 폰트도 직접 설정할 수 있다.

이와 같이 사용자가 다양한 조건에 맞도록 노드 스타일을 설정한 후 'OK' 버튼을 클릭하면, 네트워크 맵에 앞서 설정한 내용이 적용되어 있는 것을 확인할 수 있다.

2) 노드와 링크 속성에 따른 스타일링

(1) 노드 속성에 따른 스타일링

각 노드의 속성에 따라 노드 스타일링을 설정할 수 있다. 노드 속성에 따라 스타일링을 하기 위해서는 메인 노드셋이 속성을 가지고 있어야 한다. 예시로 1-모드 네트워크인 'Trust'의 네트워크 맵이 그려진 상태에서 디스플레이 패널의 노드 스타일(Node Style)에서 '노드 속성 스타일링(Node Attribute Styling)' 버튼을 클릭한다. [그림 5-15]와 같은 도구모음 버튼을 클릭하여 스타일링과 관련된 대화창을 열 수도 있다.

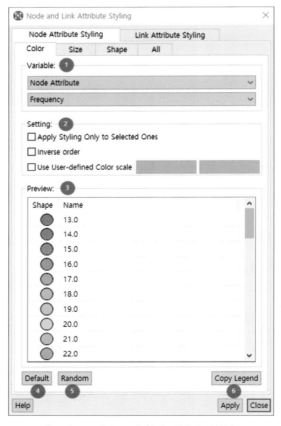

[그림 5-15] **노드 속성에 따른 스타일링**

노드 속성에 따른 스타일링을 하기 위한 대화창은 4개의 탭(Color, Size, Shape, All)으로 구성되어 있다. 색깔(Color)은 노드의 색깔을, 크기(Size)는 노드 속성의 크기를, 모양(Shape)은 노드 속성에 따라 모양을 부여하기 위한 것이고, 전체(All)는 전체적인 노드 스타일링 변경을 하기 위한 것이다. 각 탭의 세부 기능에 대한 설명은 다음과 같다.

❶ 변수(Variable): 첫 번째 콤보 박스에서 그림과 같은 변수를 선택하면 두 번째 콤보 박스에서 해당 변수에 대한 추가 변수를 선택할 수 있다.

- 노드 속성(Node Attribute): 각 노드의 속성별로 스타일을 다르게 변경하고자 할 때 선택한다. 두 번째 콤보박스에서 메인 노드의 속성 중 하나를 선택할 수 있다.

- 2-모드 네트워크(2-Mode Network): 2-모드 네트워크가 있을 경우에 선택할 수 있다. 두 번째 콤보박스에서 2-모드 네트워크 각각의 서브 노드를 선택하여 가중치(Weight)에 따라 스타일을 변경할 수 있다.

- 모든 노드(All Nodes): 모든 노드의 스타일을 한꺼번에 변경하고자 할 때 선택한다. 두 번째 콤보박스에서 추가로 선택할 수 있는 변수는 없다.

- 개별 노드(Each Node): 각각의 노드 스타일을 다르게 변경하고자 할 때 선택한다. 두 번째 콤보박스에서 추가로 선택할 수 있는 변수는 없다.

❷ 세팅(Setting): 스타일 설정과 관련된 옵션들을 선택할 수 있다.

- 역순(Inverse Order): 스타일을 부여할 노드의 순서를 변경할 때 사용된다. 예를 들어, 값이 큰 노드의 사이즈를 크게 표현하는 것이 기본 설정이지만 이 옵션을 체크하면 값이 큰 노드의 사이즈를 작게 표현한다.

- 사용자 정의 색 채우기(User-defined Color scale) : 사용자가 선택한 시작 색과 끝 색에 따라 스케일로 노드의 색상을 설정할 수 있다. 반영하려는 속성이 연속변수일 경우 유용하게 사용된다.

❸ 미리보기(Preview): 각 값에 부여되어 있는 스타일을 미리 확인할 수 있다. 각각의 스타일을 선택하여 더블 클릭하면 미리 설정되어 있는 스타일을 사용자가 변경할 수 있다.

❹ 기본 설정 바꾸기(Default): NetMiner가 자동으로 부여하는 스타일을 사용자가 정할 수 있다.

❺ 무작위 스타일(Random): 무작위로 스타일을 부여한다.

❻ 범례 복사하기(Copy Legend): 설정되어 있는 스타일을 그림 파일로 클립보드에 저장한다. 해당 스타일에 대한 설명을 위한 범례로 사용할 수 있는 유용한 기능이다.

설정한 내용은 탭별로 '적용(Apply)' 버튼을 클릭하여 반영해 주어야 한다. 활성화되어 있는 탭의 내용만이 네트워크 맵에 반영되어 나타난다.

(2) 링크 속성에 따른 스타일링

각 링크의 가중치(Weight) 및 링크 속성에 따라 링크 스타일링을 설정할 수 있다. 예를 들어, 가중치가 클수록 굵은 링크로 표시하고자 할 때 링크 속성에 따른 스타일링을 사용하면 된다.

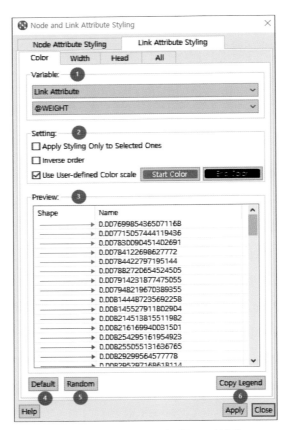

[그림 5-16] 링크 속성에 따른 스타일링

링크 속성에 따른 스타일링을 하기 위한 대화창은 4개의 탭(Color, Width, Head, All)으로 구성되어 있다. 색깔(Color)은 링크의 색깔을, 링크 굵기(Width)는 링크 속성 및 가중치에 따라 굵기를 변경하기 위한 것이고, 화살표(Head)는 속성에 따라 화살표 모양을 부여하기 위한 것이며, 전체(All)는 전체적인 링크 스타일링 변경을 하기 위한 것이다. 각 탭의 세부 기능에 대한 설명은 다음과 같다.

❶ 변수(Variable): 첫 번째 콤보박스에서 다음과 같은 변수를 선택하면 두 번째 콤보박스에서 해당 변수에 대한 추가 변수를 선택할 수 있다.

• 링크 속성(Node Attribute): 각 링크의 가중치 및 속성별로 스타일을 부여하고자 할 때 선택한다. 두 번째 콤보박스에서 가중치 혹은 링크 속성 중 하나를 선택할 수 있다.

• 다차원 링크(Multiple Link): 다차원 링크가 있는 경우에 이를 표시해 주기 위한 것이다. 두 번째 콤보박스에서 추가로 선택할 수 있는 변수는 없다.

• 모든 링크(All Links): 모든 링크의 스타일을 한꺼번에 변경하고자 할 때 선택한다. 두 번째 콤보박스에서 추가로 선택할 수 있는 변수는 없다. 링크 스타일을 한꺼번에 바꿀 때 이를 이용하면 좀 더 쉽게 기능을 수행할 수 있다. 링크의 굵기와 화살표 모양을 선택하면 네트워크 맵의 전체 링크에 바로 적용된다.

• 개별 링크(Each Link): 각각의 링크 스타일을 모두 다르게 변경하고자 할 때 선택한다. 두 번째 콤보박스에서 추가로 선택할 수 있는 변수는 없다.

❷ 세팅(Setting): 스타일 설정과 관련된 옵션들을 선택할 수 있다.

• 역순(Inverse Order): 스타일을 부여할 링크의 가중치 혹은 속성 값의 순서를 변경할 때 사용한다. 예를 들어, 값이 큰 링크를 굵게 표현하는 것이 기본 설정이지만 이 옵션을 체크하면 값이 큰 노드의 굵기를 얇게 표현한다.

• 사용자 정의 색 채우기(User-defined Color scale) : 사용자가 선택한 시작 색과 끝색에 따라 스케일로 링크의 색상을 설정할 수 있다. 이 예시에서는 링크의 가중치가 낮을수록 '붉은색'을, 높을수록 '검은색'을 나타내도록 임의로 설정하였다.

❸ 미리보기(Preview): 각 링크에 부여되어 있는 스타일을 미리 확인할 수 있다. 각각의 스타일을 선택하여 더블 클릭하면 미리 설정되어 있는 스타일을 사용자가 직접 변경할 수 있다.

❹ 기본 설정 바꾸기(Default): NetMiner가 자동으로 부여하는 스타일을 사용자가 직접 설정할 수 있다.

❺ 무작위 스타일(Random): 무작위로 스타일을 부여한다.

❻ 범례 복사하기(Copy Legend): 설정되어 있는 스타일을 그림 파일로 클립보드에 저장한다. 해당 스타일에 대한 설명을 위한 범례로 사용할 수 있는 유용한 기능이다.

설정한 내용은 탭별로 '적용(Apply)' 버튼을 클릭하여 반영해 주어야 한다. 활성화되어 있는 탭의 내용만이 네트워크 맵에 반영되어 나타난다.

3) 노드와 링크 레이블링

(1) 노드 레이블링

네트워크 맵에서 각 노드에 기본 설정으로 부여되어 있는 노드의 레이블(Lable)을 사용자가 메인 노드의 속성값 중 하나로 변경할 수 있다.

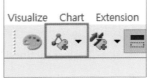

[그림 5-17] 노드 레이블링

디스플레이 패널의 노드 스타일(Node Style)에서 '노드 레이블 보기(Show Node Labels)' 체크박스가 체크되어 있으면 노드 레이블이 네트워크 맵에 표시된다는 의미이다.

콤보박스에서 메인 노드의 속성 변수들 중 하나를 선택하면, 선택된 속성 변수에 따라 각 노드에 부여된 값이 노드 레이블로 표시된다. 이 기능은 메인 메뉴의 Map 탭에서 Show의 Node Label로 들어가 수행할 수도 있으며, 도구모음 버튼을 통해서 쉽게 수행할 수도 있다. 'No Label'를 클릭하면 네트워크 맵에서 노드 레이블을 표시하지 않는다.

(2) 링크 레이블링

네트워크 맵에서 링크 레이블은 기본적으로 표시하지 않지만, 사용자의 선택에 따라 레이블을 표시할 수 있다. 링크의 가중치 및 링크 속성 중 하나를 선택하여 링크 레이블을 표시할 수 있다. 디스플레이 패널의 링크 스타일(Link Style)에서 '링크 레이블 보기(Show Link Labels)'를 체크하면, 네트워크 맵에서 링크의 레이블이 표시된다.

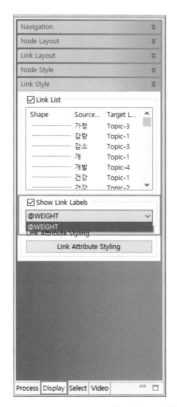
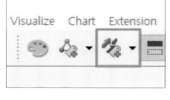

[그림 5-18] 링크 레이블링

콤보박스를 통해 1-모드 네트워크 및 해당 1-모드 네트워크에서 표시하고자 하는 링크 레이블을 선택할 수 있다. 이와 같은 링크 레이블 설정은 메인 메뉴의 Map 탭에서 Show의 Link Label을 이용하거나 도구모음 버튼을 통해 쉽게 선택할 수 있다.

4) 스타일링 저장

현재 사용자가 설정한 스타일을 기본 스타일로 저장할 수 있다. 스타일을 저장하면 세션을 새로 생성했을 때와 '선택된 노드로 프로세스 실행하기(Run Process with Selected Nodes)' 버튼을 눌러 네트워크 맵을 그릴 때에 저장된 스타일로 맵이 그려진다. 스타일 저장하기(Save Style) 기능은 도구모음 버튼을 활용하면 쉽게 이용할 수 있다.

[그림 5-19] 스타일링 저장 도구 버튼

6. 노드와 링크 선택

NetMiner에서는 각각의 노드와 링크를 선택하여 다양한 스타일링 작업을 할 수 있을 뿐만 아니라 선택한 노드와 링크만으로 해당 분석 모듈을 추가로 수행할 수 있다. NetMiner에서 노드와 링크를 선택하는 방법은 직접 선택하기와 조건으로 선택하기로 나누어 볼 수 있다. 선택된 노드와 링크는 네트워크 맵에서 노란색으로 표시된다.

1) 직접 선택하기

(1) 마우스로 선택하기

결과 패널의 네트워크 맵에서 선택하고자 하는 노드와 링크를 마우스로 직접 클릭하여 선택할 수 있다. 링크를 선택할 경우 링크 양끝의 노드가 함께 선택되며, Ctrl키를 누

른 상태에서 마우스로 드래그(drag)하여 영역을 설정하면 [그림 5-20]과 같이 해당 영
역에 포함되는 링크와 노드가 모두 선택된다. [그림 5-20]의 예시에서는 '소통협력' 노
드와 인접한 영역만 임의로 드래그하여 선택한 시각화 결과가 박스(box)형 안에 표기
되어 있다.

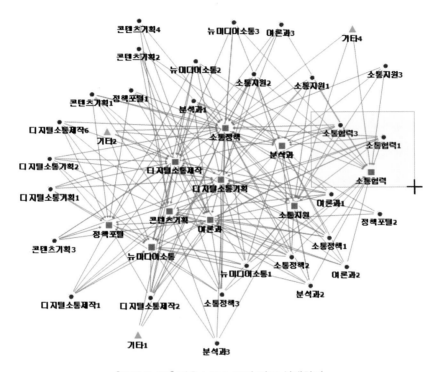

[그림 5-20] 마우스로 노드와 링크 선택하기

(2) 선택 옵션으로 선택하기

노드 개수가 매우 많거나 여러 노드가 겹쳐지는 경우에는 네트워크 맵에서 노드 하
나하나를 식별하기 어려우며 선택하기도 힘들다. 이때 선택 패널(Select Panel)에서 '선
택 리스트(Selection List)'를 이용하면 좀 더 편리하게 노드를 선택할 수 있다. 네트워크
맵에서 마우스로 선택한 노드들 역시 '선택 리스트'에 표시된다. [그림 5-21]의 예시에
서는 '소통정책'과 연관 있는 노드만 추출하고자 Label 리스트에서 선별적으로 선택하
였다.

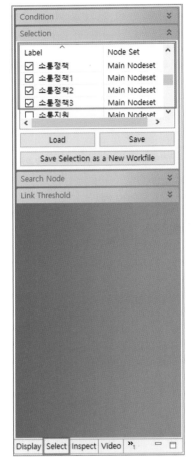

[그림 5-21] 선택 옵션으로 노드와 링크 선택하기

(3) 이웃 노드 선택하기

네트워크 맵에서 특정 노드를 선택한 후 해당 노드와 직접적으로 연결되어 있는 이웃 노드들을 추가 선택할 수 있다. 노드를 선택한 뒤 마우스 오른쪽 버튼 메뉴에서 '이웃 노드 선택(Select Neighbor)'을 하면 된다. 이웃 노드들을 선택할 때는 선택된 노드와 어떤 종류의 링크로 연결된 노드를 선택할지 설정할 수 있다.

'내향(In Direction)'을 선택하면 선택한 노드에게 링크를 보내는 이웃 노드들만, '외향(Out Direction)'을 선택하면 선택한 노드로부터 링크를 받는 이웃 노드들만 선택된다. '양방향(Both Direction)'을 선택하면 선택한 노드의 모든 이웃 노드가 선택된다.

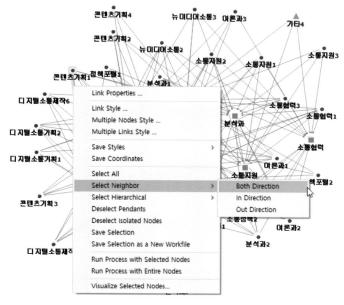

[그림 5-22] 이웃 노드 선택하기

특정 노드와 이웃한 노드만을 선별하여 시각화할 수도 있다. 분석하고자 하는 특정 노드를 선택한 뒤 마우스 오른쪽 버튼 메뉴에서 '이웃 노드 시각화(Visualize Neighbor)' 를 하면 자동적으로 이웃 노드가 시각화된다. [그림 5-23]의 예시는 '소통정책'을 이웃 하는 노드들을 추출하고 시각화한 결과이다.

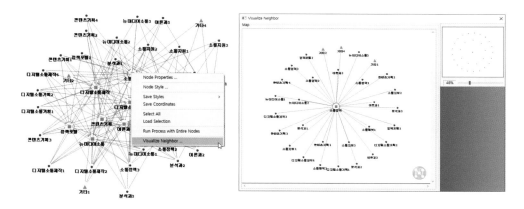

[그림 5-23] 이웃 노드 시각화하기

(4) 고립 노드와 이웃 노드가 하나인 노드 제외하기

NetMiner에서는 선택한 노드들 중에서 링크가 없는 고립된 노드(Isolated Node)나 이웃 노드가 하나인 노드(Pendants)만을 편리하게 제외할 수 있다. 노드들을 선택한 후에 마우스 오른쪽 버튼 메뉴에서 '고립된 노드 제외하기(Deselect Isolated Nodes)'나 '이웃 노드가 하나인 노드 제외하기(Deselect Pendants)'를 클릭하면 된다.

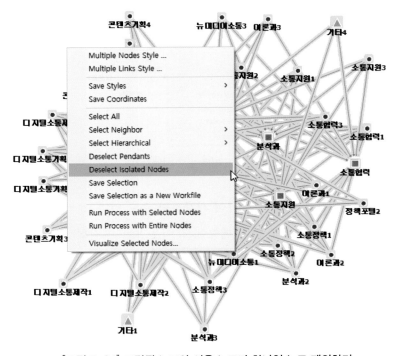

[그림 5-24] 고립된 노드와 이웃 노드가 하나인 노드 제외하기

2) 조건으로 선택하기

(1) 조건 입력해서 선택하기

선택 패널(Select Panel)의 '선택 조건(Condition)'에서 사용자가 직접 선택 조건을 입력하여 노드를 선택할 수 있다. 조건식을 입력한 후에 '쿼리 실행(Run Query)' 버튼을 클릭하면, 결과 패널(Output Panel)에 해당 조건에 맞는 노드들이 선택되어 노란색으로 표시된다.

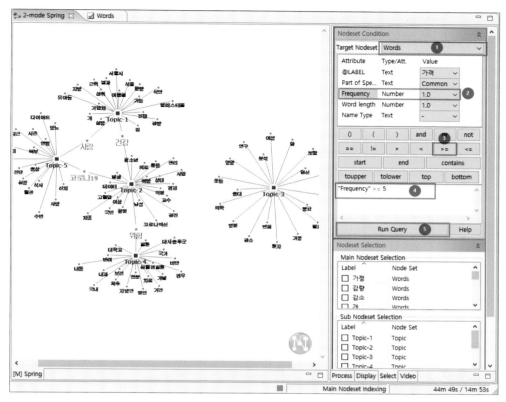

[그림 5-25] 조건 입력해서 선택하기

[그림 5-25]의 경우, ❶ 타깃 노드셋을 단어(Words)로 설정한 후, ❷ 빈도(Frequency)가 ❸ '5'번 이상으로 '>='을 클릭하여 설정하면, ❹와 같이 쿼리창에 표기가 된다. 이후 ❺ 'Run Query'를 클릭하여 실행한 결과이다.

(2) 링크의 임계값으로 선택하기

❶ 선택 패널(Select Panel)의 '링크 임계값(Link Threshold)'에서 링크의 가중치(Weight) 값이나 숫자 형태의 링크 속성에 대해 최솟값과 최댓값을 설정하면, 설정한 값 사이에 있는 링크만 네트워크 맵에 나타난다. 링크 속성의 최솟값과 최댓값은 텍스트 창에 직접 입력하거나 파란색 슬라이드 바를 통해 설정할 수 있다.

링크 속성에 따라 링크의 임계값을 적용하기 위해서는 슬라이드 바 아래 박스에서 숫자 형태의 링크 속성(Numerical Link Attribute) 중 하나를 선택해야 한다. 링크 속성을 선택하면 해당 속성값의 범주가 제시된다. 또한 결측치(Missing Value)를 가진 링크를 포함할지 여부를 설정할 수 있다.

[그림 5-26]은 링크의 최소 임계값 (Min=0)에서 ❷ 최대 임계값(Max=0.080796…)을 패널에서 조정하고 선택하고 쿼리 실행을 실시한 결과이다.

또한 '보여진 링크로만 실행하기(Run with the Showing Links)' 버튼을 클릭하면, 링크 임계값에 따라 선택된 링크들만을 대상으로 현재 분석 모듈을 한 번 더 실행할 수 있다. 또한 '쿼리셋으로 임계값 저장하기(Save Threshold as QuerySet)' 버튼을 클릭하면 임계값이 적용된 상태의 링크셋(Linkset)이 쿼리셋(QuerySet)으로 저장된다.

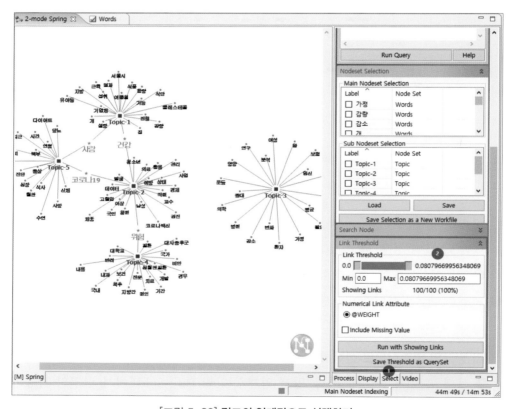

[그림 5-26] 링크의 임계값으로 선택하기

7. 네트워크 맵 제어

NetMiner에서는 결과 패널(Output Panel)에 그려진 네트워크 맵을 여러 가지 방법으로 제어할 수 있다. 네트워크 맵을 확대/축소(Zoom In/Out)할 수 있고, 네트워크 맵을 이동(Navigation)하며 자세히 살펴볼 수 있다. 또한 회전(Rotation)하거나 좌우/상하 대칭(Flipping)으로 이동할 수 있다.

1) 내비게이션(Navigation) 이용하기

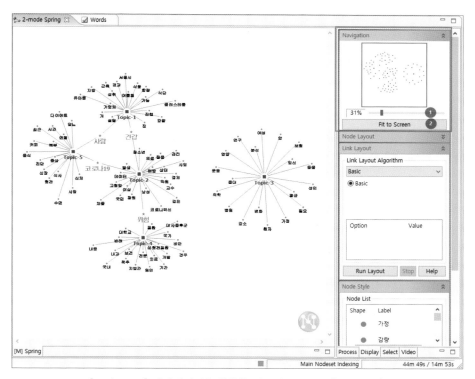

[그림 5-27] 내비게이션을 활용한 네트워크 맵 제어(확대/축소)

내비게이션 컨트롤 아이템의 ❶ 슬라이드 바를 좌우로 조정하면 네트워크 맵이 확대/축소된다. ❷ '현재 창 크기에 맞추기(Fit to Screen)' 버튼을 클릭하면 확대/축소되었던 네트워크 맵이 결과 패널의 크기에 맞게 재조정된다.

2) 마우스 휠 이용하기

결과 패널의 네트워크 맵을 마우스로 선택한 상태에서 마우스 휠을 조정하면 네트워크 맵이 확대/축소된다.

3) 줌 모드 이용하기

메인 메뉴의 Map 탭에서 Zoom을 선택하고, 네트워크 맵을 마우스로 드래그하면 선택한 영역만 확대할 수 있다.

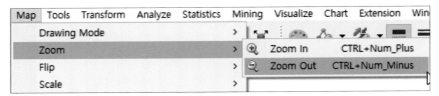

[그림 5-28] 줌(Zoom) 모드를 활용한 네트워크 맵 제어(확대/축소)

4) 키보드 이용하기

Ctrl키와 함께 숫자 키패드 +/− 버튼을 누르면 네트워크 맵을 확대/축소할 수 있다.

8. 네트워크 맵 저장 및 녹화

1) 그림 파일 저장

네트워크 맵을 그림 파일로 저장(Saving Network Map)하는 방법에는 Map 탭의 Capture Map에서 To File을 클릭하거나 [그림 5-29] 툴바의 아이콘으로 간편하게 저장할 수 있다. 이미지는 .bmp, .jpg, .svg로 저장할 수 있으며, SVG 포맷은 Vector 이미지 포맷으로 이미지를 확대할 때 이미지 품질이 유지되므로, 고화질의 이미지가 필요하거나 일부를 확대하여 볼 필요가 있는 경우에 유용하다.

[그림 5-29] 네트워크 맵 그림 파일 저장

2) 네트워크 맵 녹화

NetMiner는 사용자가 네트워크 맵에 수행한 작업 및 동작을 녹화(Recording Network Map)하여 재생할 수 있다.

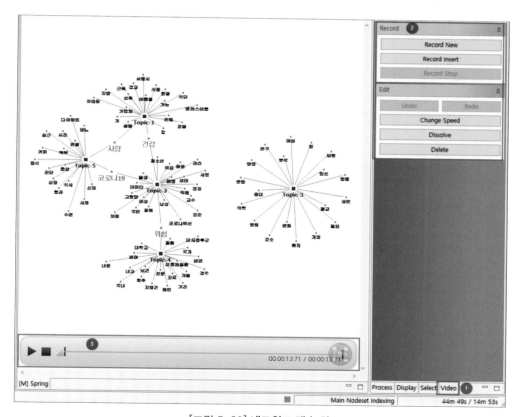

[그림 5-30] 네트워크 맵 녹화

❶ 오른쪽 컨트롤 패널에서 'Video' 탭을 클릭한다.

❷ 'Record New' 버튼을 클릭하면 녹화가 시작되며, 'Record Stop' 버튼을 클릭하면

녹화가 종료된다.

❸ 녹화가 끝나면 [그림 5-30] 하단에 표시된 것과 같이 동영상 탐색바(Time Slide Bar)가 나타나며, 동영상 탐색바에서 재생, 일시정지, 멈춤, 재생 시점 선택 등이 가능하다.

1. 소개

NetMiner SNS Data collector는 그 명칭처럼 대표적인 SNS인 페이스북, 트위터, 유튜브 그리고 인스타그램상에 존재하는 다양한 게시글과 댓글 등 텍스트 데이터를 자동적으로 수집하여 분석자에게 제공하는 기능을 지닌 NetMiner의 확장 프로그램이다. 나아가, 각각의 SNS상 콘텐츠 게시자와 공유 및 확산자 간 비정형 네트워크 데이터를 추출하여 제공하기 때문에 그들 간의 네트워크 구조를 분석하기에 용이하다. SNS Data collector를 활용하면, 기존의 NetMiner에서 지원하지 않았던 SNS상 데이터를 추출하는 기능을 추가로 사용할 수 있으며, NetMiner의 기능들을 융합적으로 활용하는 SNS 분석에 최적화된 프로그램이다.

SNS Data collector의 주요 기능과 특징을 보면 다음과 같다.

1) 데이터 수집

몇 번의 클릭만으로 쉽게 페이스북, 트위터, 유튜브, 인스타그램 데이터를 수집할 수 있다. Data collector는 공개 API를 이용하여 데이터를 수집하며, 특정 페이스북 팬페이지 또는 특정 키워드를 포함한 트위터, 유튜브 및 인스타그램 데이터를 수집할 수 있다.

2) 다양한 네트워크 데이터 자동 구성

수집한 데이터에서 추출 가능한 네트워크를 자동으로 구성하여 제공한다. 예를 들어, 트위터에서 리트윗(Retweet)이 발생하는 경우에는 글을 작성한 이용자와 리트윗을 한 이용자 간의 네트워크가 생성되는데, 이러한 네트워크 구조를 데이터화하여 제공한다. 또한 이용자와 게시글, 이용자와 이용자가 사용한 단어 등 텍스트 데이터를 추출하여 단어 간 다양한 네트워크를 구성해 제공한다. 이를 활용하면, 특정 이슈에서의 영향력자를 파악할 수 있고, 이용자 그룹을 발굴할 수 있다.

3) 텍스트 데이터 분석

수집한 텍스트 데이터에서 형태소를 분석하여 단어를 추출하여 특정 브랜드, 특정 이슈에 대한 주요 키워드 및 연관 데이터를 파악할 수 있다. 또한 워드 클라우드로 주요 키워드를 시각화할 수 있으며, 기계학습 기반의 토픽모델링 기법을 이용하여 하위 토픽을 파악하거나 게시글, 댓글 등을 분류할 수 있다.

종합해 보면, SNS상 분석자의 관심 이슈에 대한 온라인 여론과 오피니언 리더를 동시에 파악하기에 용이하다. 또한 유사한 이슈에 관심이 있는 이용자 그룹을 발굴할 수 있는 장점이 있다. SNS Data collector 설치와 실행은 [그림 3-2]를 참조하면 된다.

다음에서는 SNS Data collector를 이용한 유튜브와 트위터를 중심으로 각 SNS 채널 내 데이터 추출에 대하여 설명하고자 한다.

2. 유튜브 Data collector

SNS Data collector를 활용해 유튜브 데이터를 추출하기 위하여, NetMiner 주메뉴 표시줄의 Extension 탭에서 Youtube Collector를 [그림 6-1]과 같이 선택하면 된다.

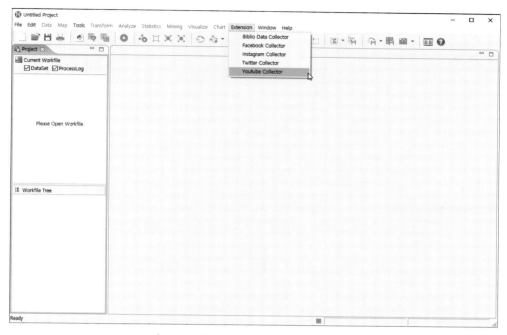

[그림 6-1] Youtube Collector 선택 화면

Extension 탭에서 Youtube Collector를 선택하면 새로운 창이 열리는데, 이때 계속 진행하기 위해서는 [그림 6-2]의 붉은색 박스로 표시한 바와 같이 'Data Collector' 탭 내 데이터 추출을 위한 허가(Authorization)[1]를 얻어야 한다. 이에 'Get Authorization'을 클릭하여 유튜브 user ID와 password를 입력하면 된다.

---

[1] NetMiner의 SNS Data collector 이용자가 Google 계정/이메일로 생성한 개인 유튜브 계정의 user ID와 password를 기입하면 허가를 취득할 수 있다. 이에 이용자는 유튜브 데이터 수집 전에 개인 유튜브 계정을 반드시 가지고 있어야 한다.

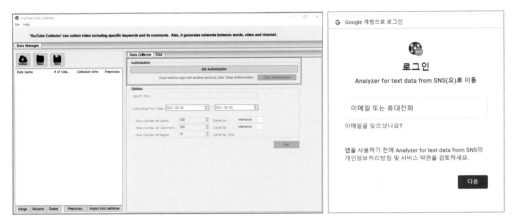

[그림 6-2] 유튜브 데이터 추출을 위한 Authorization 요청과 로그인 화면

Authorization 요청에 대한 로그인이 되면, [그림 6-3]의 ❶과 같이 'Get Authorization' 이 'Authorized'로 변환됨을 볼 수 있다.

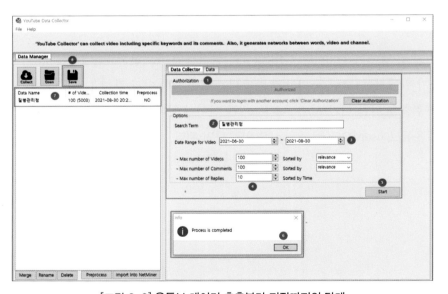

[그림 6-3] 유튜브 데이터 추출부터 저장까지의 단계

❷ 'Search Term' 공란에 이용자의 관심 키워드를 입력하면 된다. 이 예시에서는 '질 병관리청'을 기입한 상태이다.

❸ '질병관리청'과 연관된 유튜브 영상(비디오) 콘텐츠가 업로드된 기간을 설정해 주 면 된다. 이 예시에서는 2021년 6월 30일부터 8월 30일까지 약 두 달 동안 생성되고 유

통된 유튜브 영상 콘텐츠만 선별하여 데이터를 추출하기로 하였다.

❹ 두 달 동안 생성된 유튜브 영상 콘텐츠 최대량(Max number of Videos), 영상당 달린 최대 코멘트(Max number of Comments) 그리고 최대 댓글(Max number of Replies)을 임의로 지정할 수 있다. 이 예시에서는 유튜브 영상 콘텐츠 100개, 영상당 달린 코멘트 100개 그리고 댓글 10개로 지정하였다.

❺ 'Start' 버튼을 클릭하면 지정한 데이터가 추출되며, 완료 시 ❻의 'Process is completed' 화면이 나타나는데 이때 'OK'를 클릭하면 된다.

❻ 데이터 추출 완료 시 'Data Manager' 패널에 ❼과 같이 Data Name(이 예시에서는 '질병관리청'), # of Videos(이 예시에서는 총 '100개'의 유튜브 영상), Collection time(이 예시에서는 2021월 8월 30일 20시경), Preprocess(이 예시에서는 'NO'로 표기)가 자동적으로 표시된다.

❽ 'Save' 아이콘을 클릭하여 추출한 데이터를 저장한다.

유튜브 콘텐츠에서 추출된 텍스트 데이터에 대한 전처리 과정은 [그림 6-4]의 세부 단계와 같다.

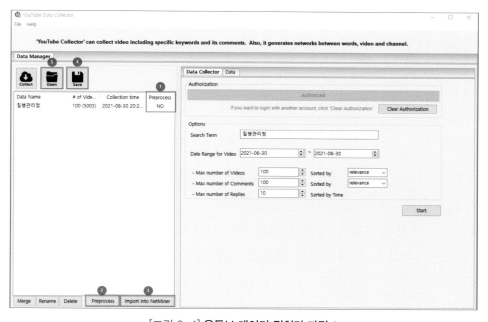

[그림 6-4] **유튜브 데이터 전처리 과정 1**

앞서 언급한 바와 같이, 유튜브 데이터를 추출하면 ❶처럼 'Preprocess'가 'NO'로 표기되는데, 이는 텍스트 데이터의 전처리를 하기 전 상태를 나타내며, ❷의 'Preprocess' 탭을 클릭하여 전처리를 진행해야 한다.

전처리 과정이 완료되면, 클리닝된 텍스트 데이터를 비로소 NetMiner로 데이터를 보낼 수 있으며, ❸의 'Import into NetMiner'를 클릭하여 진행한다.

이 과정은 ❹의 'Save' 아이콘을 클릭하여 저장할 수 있으며, 저장된 데이터를 ❺의 'Open' 아이콘을 이용하여 필요시 데이터를 불러올 수 있다.

텍스트 데이터 전처리 과정을 설명하면 다음과 같다. 앞서 제시한 [그림 6-4]의 ❷번 'Preprocess' 탭을 클릭하면 [그림 6-5]와 같이 새로운 창이 생성되는데, 이때 이용자의 분석 목적에 맞게 텍스트 전처리를 실행하면 된다.

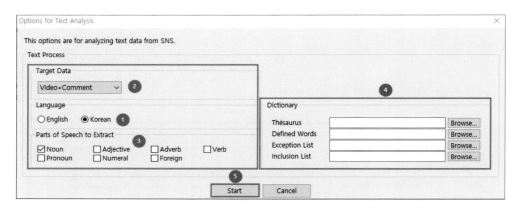

[그림 6-5] 유튜브 데이터 전처리 과정 2

가령, 분석하고자 하는 텍스트가 한글인지 영어인지에 따라 ❶의 옵션 중 하나를 선택하면 된다(이 예시에서는 한글로 설정함).

❷ 분석 타깃이 유튜브 영상 콘텐츠(Video)인지, 영상 콘텐츠에 달린 코멘트(Comment)인지 혹은 2개의 텍스트 데이터의 합(Video+Comment)인지 결정하여 선택한다([그림 6-6] 참조).

❸ 분석 텍스트의 단위 혹은 품사를 결정한다. 명사(Noun), 형용사(Adjective), 부사(Adverb), 동사(Verb) 중 하나를 선택하거나 다수의 품사를 복수로 선택할 수 있다(이 예시에서는 '명사'만 추출하고자 함).

❹ 미리 준비한 유의어(Thesaurus), 지정어(Defined Words), 제외어(Exception List), 포함어(Inclusion List) 사전을 제시하여 전처리를 진행한다. 각각에 대한 자세한 설명은 제7장을 참조하면 된다. 이 예시에서는 유의어, 지정어, 제외어, 포함어 등의 전처리 과정 없이 진행하였다.

❺ 모든 전처리 과정이 완료되면 'Start'를 클릭하여 진행한다.

[그림 6-5]의 ❷에 해당하는 분석 타깃 데이터(Target Data) 선택 방법은 [그림 6-6]과 같다.

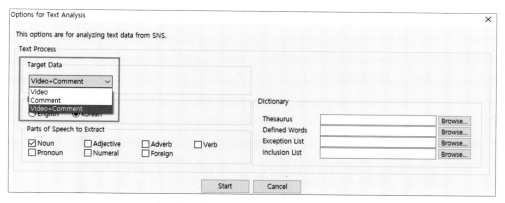

[그림 6-6] 유튜브 데이터 전처리 과정 3

유튜브상 텍스트 데이터에 대한 전처리 과정이 완료되면, [그림 6-4]의 ❸을 실행하여 클리닝한 데이터를 NetMiner로 보낸다. 실행 후 [그림 6-7]의 빈 화면에 다음과 같이 데이터가 입력되어 있음을 확인할 수 있다.

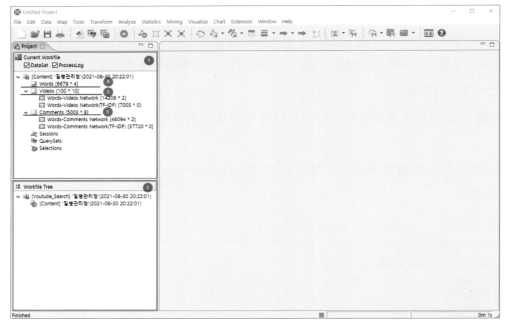

[그림 6-7] NetMiner로 입력된 유튜브 데이터

　　Project 패널의 ❶에 해당하는 'Current Workfile' 내 '질병관리청' 유튜브 영상 콘텐츠 100개(❸번 참조), 이에 대한 코멘트 5,003개(❹번 참조) 그리고 분석 가능한 단어(Words) 6,678개(❺번 참조)가 입력되고 나열되어 있음을 확인할 수 있다. 이 입력된 데이터에 대한 'Workfile Tree'는 ❷와 같다.

　　최종적으로 유튜브 데이터 추출, 텍스트 데이터 전처리 과정 그리고 NetMiner로 입력하는 것까지의 일련의 과정이 완료되면, 전체 데이터셋을 저장하여 데이터가 소실되지 않도록 해야 한다.

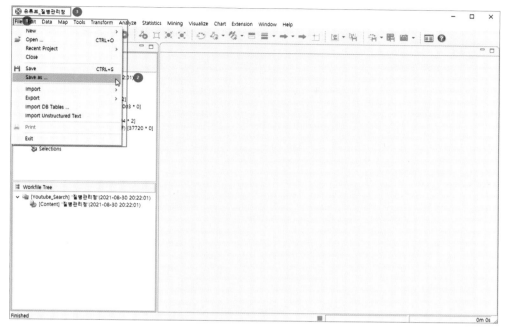

[그림 6-8] NetMiner로 입력된 유튜브 데이터 저장

전체 데이터셋을 저장하기 위하여 ❶ 주메뉴 표시줄의 File 탭에서 Save as(❷)를 선택하여 새로운 파일명(이 예시에서는 '유튜브_질병관리청' 이름으로 저장함)으로 저장하면, ❸번에서 보는 바와 같이 NetMiner 파일명이 'Untitled Project'에서 '유튜브_질병관리청'으로 변경되었음을 확인할 수 있다.

3. 트위터 Data collector

SNS Data collector를 활용해 트위터 데이터를 추출하기 위하여, NetMiner의 주메뉴 표시줄의 Extension 탭에서 Twitter Collector를 [그림 6-9]와 같이 선택하면 된다.

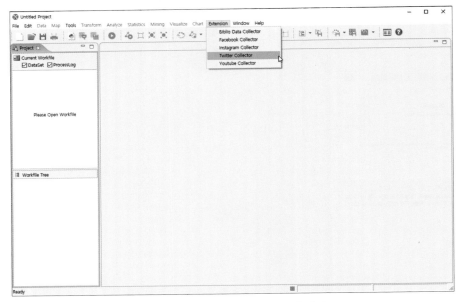

[그림 6-9] Twitter Collector 선택 화면

Extension 탭에서 Twitter Collector를 선택하면 새로운 창이 열리는데, 계속 진행하기 위해서는 [그림 6-10]의 붉은색 박스로 표시한 바와 같이 'Data Collector' 탭 내 데이터 추출을 위한 허가(Authorization)[2]를 얻어야 한다. 이에 'Get Authorization'을 클릭하여 트위터 user ID와 password를 입력하면 된다.

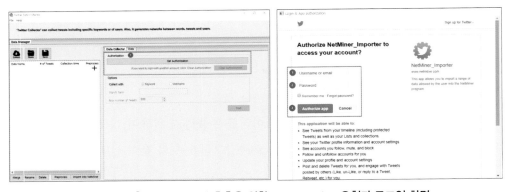

[그림 6-10] 트위터 데이터 추출을 위한 Authorization 요청과 로그인 화면

---

2) 유튜브 Data collector 과정과 동일하게, 이용자가 트위터 데이터 수집 전에 개인 트위터 계정을 생성하여 로그인해야 활성화된다.

Authorization 요청에 대한 로그인이 되면, [그림 6-11]의 ❶과 같이 'Get Authorization' 이 'Authorized'로 변환됨을 볼 수 있다.

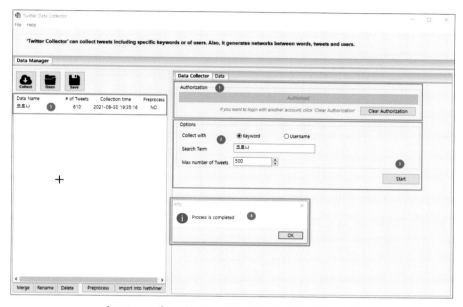

[그림 6-11] 트위터 데이터 추출부터 저장까지의 단계

❷의 'Search Term' 공란에 이용자의 관심 키워드를 입력하면 된다. 이 예시에서는 '코로나'라는 단어를 기입한 상태이다. 또한 데이터 모집 시점을 기준으로 가장 최근에 생성된 트위터 콘텐츠(140자 미만의 텍스트 콘텐츠) 최대량(Max number of Tweets)을 설정할 수 있다(이 예시에서는 500개의 트위터 콘텐츠를 지정함).

❸ 'Start' 버튼을 클릭하면 지정한 데이터가 추출되며, 완료 시 ❹의 'Process is completed' 화면이 나타나는데 이때 'OK'를 클릭하면 된다.

❹의 데이터 추출 완료 시 'Data Manager' 패널에 ❺와 같이 Data Name(이 예시에서는 '코로나'), 610개의 # of Tweets(이 예시에서는 '500개'의 트위터 콘텐츠를 추출하고자 지정하였으나, 트위터 특성상 트윗과 리트윗된 콘텐츠까지 추가로 추출되어 총 610개의 트위팅 데이터가 추출됨), Collection time(이 예시에서는 2021월 8월 30일 17시 35분 경), Preprocess(이 예시에서는 'NO'로 표기)가 자동적으로 표시된다.

앞서 설명한 추출된 유튜브 콘텐츠의 저장 기능과 동일하게, 'Data Manager' 패널상 'Save' 아이콘을 클릭하여 추출한 데이터를 저장한다.

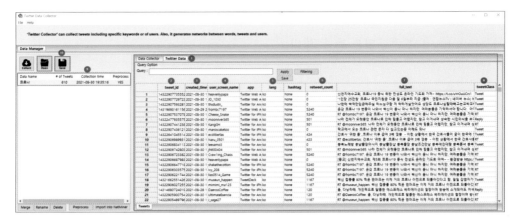

[그림 6-12] 추출된 트위터 데이터 속성 보기

❶의 'Twitter Data' 탭을 클릭하면, 추출된 트위터 데이터의 속성을 확인할 수 있다.

❷ 트위터 콘텐츠를 생성한 'tweet_id'를 보여 준다.

❸ 트위터 콘텐츠가 생성된 세부적인 일시와 시간을 보여 준다.

❹ 트위터 공간(screen) 내 트위터 콘텐츠를 생성한 사용자(user)의 이름을 보여 준다.

❺ 트위터 콘텐츠의 언어(이 예시에서는 'ko'로 표기된 한국어임)를 보여 준다.

❻ 각 트위터 콘텐츠의 'retweet_count'를 보여 준다.

❼ 트위터 콘텐츠 전문(full-text)을 보여 준다.

❽ 트위터의 특성/종류(Tweet, RT, Reply)를 요약하여 보여 준다.

❾ 앞서 언급한 'Data Manager' 패널 내 정보와 동일하다.

❿ 저장(Save)과 필요시에는 'Open' 아이콘을 통하여 정보를 불러올 수 있다.

트위터 콘텐츠에서 추출된 텍스트 데이터에 대한 전처리 과정 역시 앞선 유튜브 과정과 동일하다([그림 6-4, 6-5, 6-6] 참조).

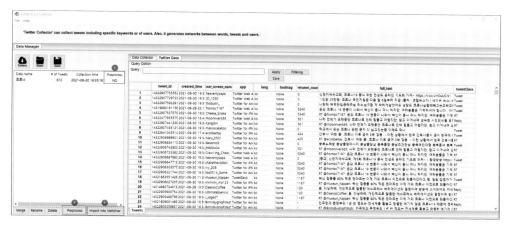

[그림 6-13] **트위터 데이터 전처리 과정 1**

트위터 데이터를 추출하면 ❶처럼 'Preprocess'가 'NO'로 표기되는데, 이는 텍스트 데이터의 전처리를 하기 전 상태를 나타내며, ❷의 'Preprocess'를 클릭하여 전처리를 진행해야 한다.

전처리 과정이 완료되면, 클리닝된 텍스트 데이터를 비로소 NetMiner로 데이터를 보낼 수 있으며, ❸의 'Import into NetMiner'를 클릭하여 진행한다.

이 과정은 'Save' 아이콘을 클릭하여 저장할 수 있으며, 저장된 데이터를 'Open' 아이콘을 이용하여 필요시 데이터를 불러올 수 있다.

텍스트 데이터 전처리 과정을 설명하면 다음과 같다. 앞서 제시한 [그림 6-13]의 ❷번 'Preprocess'를 클릭하면 [그림 6-14]와 같이 새로운 창이 생성되는데, 이때 이용자의 분석 목적에 맞게 텍스트 전처리를 실행하면 된다.

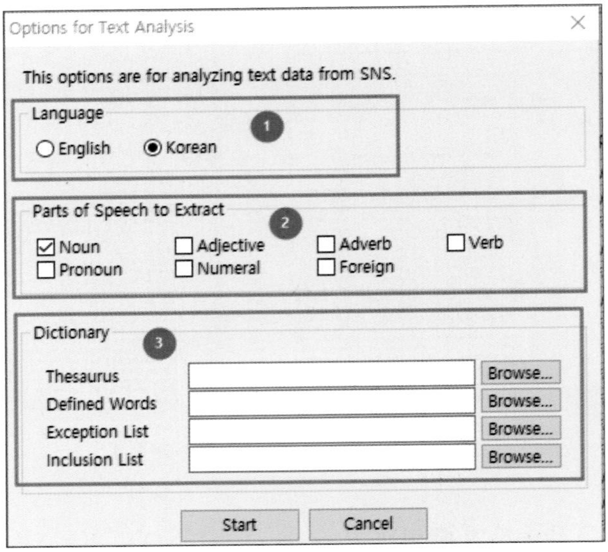

[그림 6-14] 트위터 데이터 전처리 과정 2

가령, 분석하고자 하는 텍스트가 한글인지 영어인지에 따라 ❶의 옵션 중 선택하면
된다(이 예시에서는 한글로 설정함).

❷ 영상을 필연적으로 포함하는 유튜브 데이터와 달리 트위터 데이터는 기본적으로
텍스트만을 포함한다. 다만, 유튜브 전처리 과정과 동일하게, 분석 텍스트의 단위 혹은
품사를 결정해야 한다. 명사(Noun), 형용사(Adjective), 부사(Adverb), 동사(Verb) 중 하
나를 선택하거나 다수의 품사를 복수로 선택할 수 있다(이 예시에서는 '명사'만 추출하고
자 함).

❸ 역시 미리 준비한 유의어(Thesaurus), 지정어(Defined Words), 제외어(Exception
List), 포함어(Inclusion List) 사전을 제시하여 전처리를 진행한다. 각각에 대한 자세한 설
명은 제7장을 참조하면 된다.

트위터 텍스트 데이터에 대한 전처리 과정이 완료되면, [그림 6-13]의 ❸을 실행하
여 클리닝한 데이터를 NetMiner로 보낸다. 실행 후 [그림 6-15]의 빈 화면에 다음과 같
이 데이터가 입력되어 있음을 확인할 수 있다.

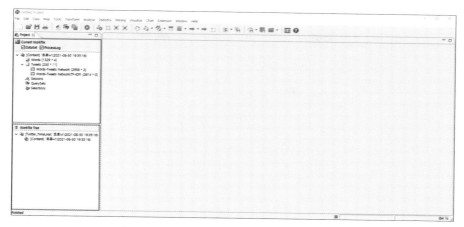

[그림 6-15] NetMiner로 입력된 트위터 데이터

Project 패널의 'Current Workfile' 내 '코로나' 키워드로 추출한 610개 트위터 콘텐츠 중 분석 가능한 트위터 콘텐츠 230개(Tweet와 Retweet 포함)와 분석 가능한 단어(Words) 1,329개가 입력되고 나열되어 있음을 확인할 수 있다. 이 입력된 데이터에 대한 'Workfile Tree' 내용도 확인할 수 있다.

최종적으로 트위터 데이터 추출, 텍스트 데이터 전처리 과정 그리고 NetMiner로 입력하는 것까지의 일련의 과정이 완료되면, 전체 데이터셋을 저장하여 데이터가 소실되지 않도록 해야 한다. [그림 6-8]의 NetMiner로 입력된 유튜브 데이터 저장과 동일한 방식으로 저장한다.

이 장에서는 SNS를 대표하여 유튜브와 트위터상에서 Data collector를 활용하는 방법에 대하여 논의하였다. Data collector를 활용하여 인스타그램 데이터를 추출하는 방법에 대해서는 제14장 사례에서 언급할 것이다. 공간의 제약으로 페이스북의 데이터 추출은 생략하나, 페이스북 SNS 채널 내 데이터 추출, 텍스트 데이터에 대한 전처리 과정, NetMiner로의 데이터 송출과 저장 등의 과정은 앞서 언급한 유튜브 및 트위터 그리고 뒤에 나올 인스타그램 방식과 동일하기에 전 과정을 이해하기에 무리가 없을것으로 판단된다. 다만, SNS Data collector를 활용하여 SNS상의 데이터를 추출하기 위해서는 각 SNS별 계정 user ID와 password가 있어야 데이터 추출의 허가를 취득할 수 있기에, 이용자는 각 SNS 데이터 수집 전에 개인 계정을 반드시 가지고 있어야 한다.

제3부

NetMiner를 활용한
텍스트 분석

제7장

텍스트 데이터 크롤링과 텍스트 데이터 저장하기

　최근 빅데이터 분석 방법에 대하여 소개하는 교재가 많이 출판되고 있다. 그 책들의 목차를 보면, 특정 분석 소프트웨어를 설치하는 방법에 대한 소개와 간단한 문법 및 명령어에 대한 개요, 데이터 구조 및 전처리(preprocessing) 함수와 절차 소개, 기초통계분석과 시각화 등 다양한 분석 방법을 정형화하여 순차적으로 소개하고 있다. 하지만 정작 중요한 데이터 수집에 대한 소개는 상대적으로 미비하다는 생각이 든다.

　빅데이터 강좌 커리큘럼을 보더라도, 대부분의 강의는 이미 모집된 데이터를 수강자들에게 공유해 주고 난 후, 그 데이터를 어떻게 분석할지에 대한 강의로 시작한다. 분석을 위한 빅데이터를 직접 모집하는 방법이 어렵고 복잡하기에 전문가들에게 의지하여 데이터를 구하라는 조언도 있다. 그러나 이는 잘못된 판단이다. 데이터를 분석함에 있어, 특히나 지금처럼 빅데이터의 분석과 활용에 대한 관심이나 열망이 매우 높은 시점에, 정작 데이터 수집 방법을 모른다면 분석 방법을 배운다 해도 무용지물일 가능성이 높다.

　이에 이 장의 목표는 NetMiner 분석 실습을 논하지만, 그 전에 사회적 관심사인 '비만과 건강'이라는 이슈를 임의로 선정하여 연관 뉴스 기사를 수집하는 방법을 하나의 사례로 먼저 설명하고자 한다. 이후에 NetMiner를 활용하여 크롤링으로 모집된 데이터를 분석하는 방법을 소개하고자 한다.

1. 텍스트 데이터 크롤링

1) 데이터 추출 방식

텍스트 데이터 크롤링을 위해서는 웹 스크래핑(web scraping), 크롤링(crawling), 파싱(parsing) 등 유사한 데이터 추출 방식에 대한 이해가 선행되어야 한다.

먼저, 스크래핑의 정의를 살펴보면, 웹상에 존재하는 데이터를 컴퓨터 프로그램을 통하여 자동화된 방법으로 수집하는 것을 스크래핑(혹은 웹 스크래핑)이라 하며, 데이터를 수집하는 모든 작업을 일컫는 말이다.

많은 사람이 스크래핑과 혼용하여 사용하고 있지만 사실은 그 의미가 상이한 용어가 크롤링이다. 크롤링은 데이터를 수집하고 분류하는 것을 의미하는 것으로, 주로 인터넷상의 웹페이지(html, 문서 등)를 수집해서 분류하고 저장하는 것을 뜻한다. 엄밀히 말해 크롤링은 데이터의 수집보다는 여러 웹페이지를 돌아다닌다는 뜻이 강하며, 데이터가 어디에 저장되어 있는지 위치에 대한 분류 작업이 크롤링의 주요 목적이라 할 수 있다.

파싱은 프로그램 언어를 문법에 맞게 분석해 내는 것을 의미하며, 어떤 웹페이지의 데이터를 사용자가 원하는 형식, 즉 일정한 패턴으로 추출해 어떠한 정보를 만들어 내는 것을 의미한다. 어느 위치에 저장된 데이터에 접근을 했다면 이 데이터를 원하는 형태로 가공하는 작업이 주요 목적이라고 생각하면 된다.

종합하면, 언급한 각각의 작업을 수행하는 프로그램을 크롤러(crawler), 파서(parser), 스크래퍼(scraper) 등으로 부른다. 여러 자료를 보면 크롤링, 스크래핑 그리고 파싱은 인터넷에서 프로그램을 이용해 자료를 추출하는 작업을 의미하며, 종종 혼용해서 쓰는 경우가 많다. 전문 개발자가 아니라면 정확하게 구분할 필요는 없지만, 기본적으로 다소 상이한 개념의 이해 정도는 필요하다.

크롤링을 하는 방법에는 크게 연구자가 직접 코드를 작성하는 경우와 데이터를 수집하고자 하는 사이트 혹은 회사에서 제공하는 API(Application Programming Interface)를 사용하는 방법이 있다. API는 다양한 의미를 갖고 있지만, 크롤링의 경우에는 사용자에게 데이터를 쉽게 제공하기 위한 툴이라 할 수 있다. API를 사용하다 보면, 빠른 시간에 클리닝된 형태의 데이터를 수집할 수 있고, 데이터를 소유하고 있는 기업에서 제공하는 툴이기 때문에 데이터 사용에 따른 법적·윤리적 문제가 거의 없지만 최소한의 프로그래밍은 필요하다.

직접 크롤링 명령어를 작성해서 데이터를 수집하는 경우는 크게 데이터를 수집하려는 사이트에서 API를 제공하지 않는 경우와 API를 제공하더라도 API를 통하여 원하는 데이터를 수집할 수 없는 경우로 나눌 수 있다. 또한 크롤링을 하고자 하는 정보가 웹페이지의 소스코드에 담겨 있지 않은 경우에는 요소검사(network inspection)나 셀레늄(selenium)과 같은 헤드리스 브라우저(headless browser)를 사용할 수도 있다.

2) 한국언론진흥재단의 빅카인즈 서비스 활용

한국언론진흥재단에서 제공하는 빅카인즈(bigkinds) 서비스는 뉴스 검색 서비스인 KINDS(Korean Integrated News Database System)에서 진화한 새로운 뉴스 분석 서비스이다. 1990년부터 시작한 KINDS 서비스를 통하여 주요 일간지와 방송에서 제공하는 다양한 뉴스를 축적하여 검색 서비스를 제공하였다. 이후 축적한 방대한 양의 뉴스 데이터베이스에 빅데이터 분석 기술을 접목하여 새로운 서비스 '빅카인즈'를 구축하고, 2016년부터 본격적으로 기사 검색과 심층 분석 등의 서비스를 시작하였다. 현재 54개 언론사에서 1990년부터 현재까지 발행한 약 7천만 건의 뉴스 콘텐츠를 검색하고 활용할 수 있다. 뉴스를 특정 유형에 따라 분류하여 뉴스를 쉽고 빠르게 검색할 수 있으며 검색 결과를 쉽게 살펴볼 수 있는 장점이 있다.

(1) 빅카인즈 공식 웹페이지

한국언론진흥재단의 빅카인즈 공식 웹페이지(https://www.bigkinds.or.kr)를 방문하면 [그림 7-1]과 같은 메인 화면을 볼 수 있다.

[그림 7-1] 빅카인즈 공식 웹페이지 메인화면

❶ 로그인: 빅카인즈 서비스를 제공받기 위해서는 빅카인즈 회원가입이 필수적이며, 회원가입 후 로그인을 통하여 서비스를 활성화해야 한다.

❷ 검색란에 핵심 키워드(예: '비만')를 기입하여 키워드와 밀접하게 연관된 언론 기사를 추출할 수 있다.

❸ '비만' 키워드와 관련하여 상세한 검색이 필요하면 '상세 검색'을 클릭하여 추가 검색을 진행한다.

❹ 세부적인 정보가 필요하면 빅카인즈에서 제공하는 '사용자 매뉴얼'을 참고하면 된다.

(2) 언론 기사 상세 검색

'비만' 키워드와 관련한 상세 검색을 하고자 할 때, '상세 검색'을 클릭하면 [그림 7-2]와 같이 추가 검색창이 나타난다.

[그림 7-2] **언론 기사 상세 검색창 화면**

❶ 기간: 빅카인즈 검색 기간의 기본값은 최근 3개월이지만, 검색할 뉴스의 발행 기간을 사용자가 직접 설정할 수 있다. 이 예시에서는 2021년 7월 1일부터 8월 31일까지 약 2개월의 기간 동안 '비만'과 연관한 언론 기사를 추출하고자, 임의로 기간을 설정하였다.

❷ 언론사: 언론매체의 종류(중앙지, 경제지, 지역종합지, 방송사, 전문지 등 5개), 서울 및 경기 등 7개 지역, 언론사 특성/명칭별로 총 54개 언론사의 뉴스 기사를 검색할 수 있다.

〈표 7-1〉 **빅카인즈 서비스를 제공하는 언론사**

언론 분류	지역 분류	언론사
중앙언론 · 방송사 (총 26개)	중앙지(11개)	경향신문, 국민일보, 내일신문, 동아일보, 문화일보, 서울신문, 세계일보, 조선일보, 중앙일보, 한겨레, 한국일보
	경제지(8개)	매일경제, 머니투데이, 서울경제, 아시아경제, 아주경제, 파이낸셜뉴스, 한국경제, 헤럴드경제
	방송사(5개)	MBC, OBS, SBS, YTN, KBS
	전문지(2개)	디지털타임즈, 전자신문
지방지 (총 28개)	강원(2개)	강원도민일보, 강원일보
	경기(2개)	경기일보, 경인일보
	대구 · 경북(3개)	대구일보, 매일신문, 영남일보
	대전 · 충청(7개)	대전일보, 중도일보, 중부매일, 중부일보, 충북일보, 충청일보, 충청투데이
	부산 · 경남(6개)	경남도민일보, 경남일보, 경상일보, 국제신문, 부산일보, 울산매일
	광주 · 전남(4개)	광주매일신문, 광주일보, 무등일보, 전남일보
	전북(2개)	전북도민일보, 전북일보
	제주(2개)	제민일보, 한라일보

❸ 통합 분류: 정치, 경제, 문화 등 8개 분야로 뉴스를 분류하고, 이를 다시 총 93개의
상세 분야로 분류한다.

❹ 사건사고 분류: 범죄, 사고, 사회, 재해로 뉴스를 분류하고, 이를 다시 총 62개의
상세 분야로 분류한다.

❺ 상세 검색: 그 외의 상세 검색 조건이 있으므로 검색 결과 범위를 줄이고자 할 때
사용한다.

❻ 적용하기: 입력한 상세 정보를 바탕으로 적용하여 검색을 시작한다.

❼ 초기화: 상세 검색 화면에 입력한 모든 값을 초기화할 수 있다.

(3) 언론사 검색

'비만'이라는 핵심 검색 키워드와 관련하여 특정 언론사의 뉴스 기사를 선별적으로
검색하여 데이터를 추출할 수 있다. 앞서 소개한 ❷의 '언론사'를 클릭하면, [그림 7-3]
과 같은 선택창이 나타난다. 이 팝업창에서 뉴스 기사를 제공하는 언론사의 전체 목록
을 볼 수 있다. 이후 연구 목적에 맞게 데이터 추출이 필요한 특정 언론사를 선택하면
선택한 언론사의 뉴스 기사를 볼 수 있으며, 데이터화하여 추출할 수 있다.

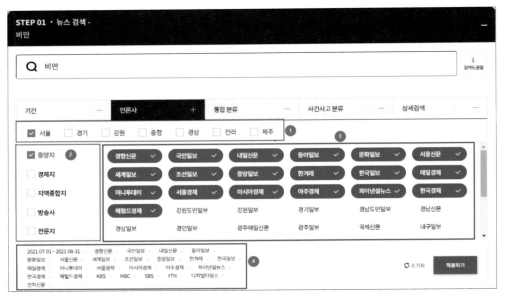

[그림 7-3] 언론사 선택 화면

❶ 지역 분류: 국내 7개 지역(서울, 경기, 강원, 충청, 경상, 전라, 제주)의 언론사를 선택할 수 있다. 지역은 중복하여 선택할 수 있으며, 선택한 지역에 해당하는 언론사가 자동으로 선택된다. 이 예는 7곳 중 '서울'을 선택한 상태이며, '서울'을 선택함에 따라 ❸번에서 보듯이 '서울' 언론사가 자동 선택되었음을 볼 수 있다. '서울'로 선택된 언론사는 총 25개임을 ❹번에서 확인할 수 있다.

❷ 언론사 범주: 빅카인즈에서는 5개(중앙지, 경제지, 지역종합지, 방송사, 전문지)의 언론사 범주로 기사 검색이 가능하다.

❸ 빅카인즈에서 제공하고 있는 언론사의 전체 목록을 확인할 수 있으며, ❶번에서 언급한 바와 같이, 특정 지역을 선택하면 해당 지역의 언론사가 자동 선택된다.

❹ 지역에 의해 선택된 모든 언론사명을 볼 수 있다.

(4) 통합 분류 검색

통합 분류 상세 검색을 클릭하면, 정치, 경제, 사회, 문화, 국제, 지역, 스포츠, IT_과학의 8개 분야로 뉴스 기사가 분류되어 있음을 확인할 수 있다. 이를 다시 총 93개의 상세 분야로 분류한다. 원하는 통합 분류 분야는 중복으로 선택할 수 있으며, 체크박스에 체크 표시하여 선택할 수 있다.

[그림 7-4] **통합 분류 선택 화면**

(5) 사건사고 분류 검색

사건사고 분류 검색을 클릭하면, 범죄, 사고, 재해, 사회의 4개 분야로 뉴스 기사가 분류되어 있음을 확인할 수 있다. 각각의 뉴스는 여러 개의 분류를 가질 수 있으며, 총 62개의 상세 분야로 분류한다.

[그림 7–5] **사건사고 분류 선택 화면**

(6) 언론 기사 검색 결과

언론 기사 상세 검색이 적용된 후, [그림 7–6]과 같이 뉴스 기사 검색 결과가 나타난다. 언론사별로 핵심 키워드(예: '비만')에 따라 수집된 기사를 최신순으로 확인할 수 있다. 언론사의 나열 순서는 무작위로 결정된다.

[그림 7-6] 뉴스 기사 검색 결과 화면

❶ 2021년 7월 1일부터 8월 31일까지 약 두 달 동안 서울 지역 총 25개 언론사에서 작성한 '비만' 키워드로 추출한 기사는 총 428개이다.

❷ 추출된 총 428개의 기사 수를 확인할 수 있다.

❸ 총 428개의 기사에 대한 각 언론사별 기사 수를 확인할 수 있다.

❹ 이 예시에서의 목표는 '비만'을 핵심 키워드로 선정하고, '건강'과 관련한 '비만+건강'의 조합을 포함한 기사만 추가적으로 추출하기 위한 것으로 '결과 내 재검색'을 활용한다.

❺ '결과 내 재검색'을 클릭하면, ❺번 창이 나타나고 '건강'을 기입하여 '검색'하면 된다.

❻ 추출된 총 428개의 원래 기사 중 '건강' 키워드를 추가로 재검색한 결과, [그림 7-7]과 같이 총 272건의 '(비만) AND 건강' 뉴스 기사가 재추출되었음을 확인할 수 있다.

[그림 7-7] 뉴스 기사 검색 결과 내 재검색 결과 화면

(7) 데이터 다운로드

재검색 후 최종적으로 추출된 뉴스 기사 데이터를 엑셀 파일로 다운로드하여 받을
수 있다.

[그림 7-8] **뉴스 기사 추출 후 메타 데이터 화면**

❶ '분석 결과 및 시각화' 화면에서는 최종적으로 검색된 뉴스의 메타 정보를 [그림
7-8]의 ❷와 같이 확인할 수 있다.

❸ '엑셀 다운로드'를 클릭하면, [그림 7-9]처럼 정리된 데이터를 엑셀 파일로 받을
수 있다.

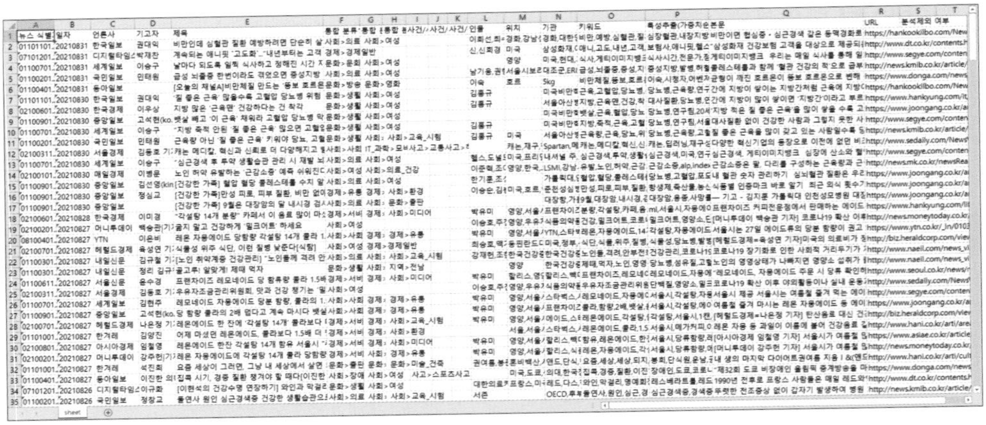

[그림 7-9] 엑셀 파일로 정리된 뉴스 기사 데이터

엑셀 파일 내 정보에는 좌측으로부터 순차적으로 다음과 같은 메타 정보를 포함하고 있다.

① 뉴스 식별자: 해당 뉴스의 고유 ID값

② 일자: 발행 일자

③ 언론사: 발행 언론사

④ 기고자: 기사, 칼럼 등 작성자 정보

⑤ 제목: 뉴스 제목

⑥ 통합 분류: 정치, 경제, 문화 등 통합 분류 정보

⑦ 사건/사고 분류: 범죄, 사고 등 사건사고 분류 정보

⑧ 인물/위치/기관: 해당 뉴스에서 언급된 인물, 위치, 기관 등 개체명 추출 정보

⑨ 키워드: 해당 뉴스에서 추출된 모든 명사 키워드

⑩ 특성 추출: 검색 키워드와 한 문장 내에서 동시에 출현하는 빈도를 계산해 뽑아낸 중요 키워드로 텍스트랭크 알고리즘을 사용함(가중치순 상위 50개)

⑪ 본문: 뉴스 내 본문 일부

⑫ URL: 해당 뉴스의 원본 기사 주소

⑬ 분석 제외 여부: 분석 대상에서 제외되는 중복 · 예외 기사 정보

2. 텍스트 데이터 입력, 클리닝 그리고 저장하기

1) 데이터 가져오고 설정하기

　NetMiner 텍스트 분석 기능에서 불러올(import) 수 있는 비정형 데이터는 '기사, 블로그 게시글 등의 단일 또는 복수의 장문 텍스트'와 '소셜 미디어 게시글, 댓글 등과 같은 복수의 단문 텍스트'이다. 텍스트 데이터를 불러오는 과정에서 사용자는 품사와 사전(유의어, 복합명사, 제외어, 포함어 등)을 지정하여 텍스트 데이터를 클리닝할 수 있다. 텍스트가 단어로 분절되어 구조화되면 다음으로 그 단어들 간의 인접관계를 활용하여 네트워크를 구성하여 NetMiner의 다양한 텍스트 분석 메뉴를 활용하여 분석한다.

　제6장에서 언급한 엑셀 파일에 저장한 빅카인즈 데이터를 NetMiner로 불러오도록 한다. 텍스트 데이터를 불러오기 위해서는 NetMiner의 주메뉴 표시줄에서 File 탭의 Import Unstructured Text를 선택한다.

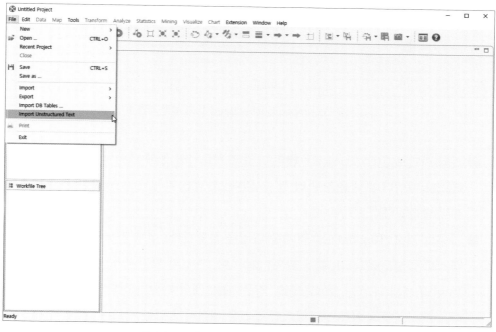

[그림 7-10] NetMiner에서 데이터 가져오기

Import Unstructured Text를 클릭하면 [그림7-11]과 같은 팝업창이 생기는데, 숫자로 표기한 각 영역마다 연구자가 분석 목적에 맞게 설정해야 한다.

여기에는 텍스트 데이터를 NetMiner로 가져오기 전에 형태소를 분석하여 어절 단위로 추출하고, 단어의 품사를 태깅하여 단어의 속성 정보를 설정하는 과정이 있다. 또한 단어의 등장 빈도(TF), TF-IDF 등을 함께 제공하여 데이터 가져오기 이후 데이터 필터링 조건이나 분석 변수로 활용할 수 있도록 하는 분석의 전(前) 과정을 포함한다. 최종적으로 추출된 단어가 어떤 문장, 문단, 문서와 관계가 있는지 보여 주는 2-mode Network로 구성하여 NetMiner에 가져온다.

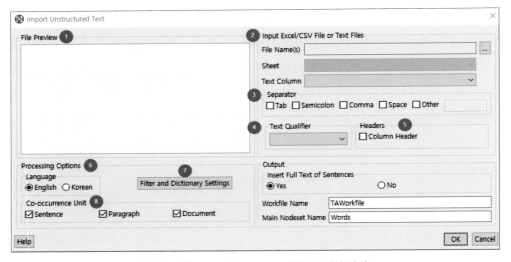

[그림 7-11] **Import Unstructured Text 설정 화면 1**

❶ 파일 미리보기(File Preview): ❷의 파일 가져오기를 통해 데이터 파일을 불러오면 텍스트 데이터의 내용을 미리 볼 수 있다. 선택한 파일 형식에 따라 미리보기 내용이 달라진다.

❷ 파일 가져오기(Input File): 가져올 파일을 선택한다. 선택 가능한 파일 확장자는 텍스트 파일(.txt, .csv), 엑셀 파일(.xls)이다. 파일의 확장자가 .txt인 경우 1개 또는 여러 개의 파일을, .csv, .xls인 경우에는 1개의 파일만 선택하여 불러올 수 있다. 가령, 엑셀 파일을 선택했다면 불러올 데이터가 있는 시트(Sheet)를 선택할 수 있으며, Text Column에서 단어를 추출할 데이터 열을 선택할 수 있다. 예를 들어,

SNS에서의 사용자 작성글을 분석하려고 할 때, 데이터의 1열에 사용자 ID, 2열에 작성 시간, 3열에 작성글이 있다면 Text Column에서 3열을 선택한다.

❸ 데이터 구분(Separator): 어떤 구분자로 데이터의 열을 구분할지 결정할 수 있다. 구분자를 선택한 결과는 파일 미리보기에 반영되어 나타난다. .txt 파일 및 .csv 파일은 구분자(Separator)를 기준으로 열로 나뉜다. 그런데 텍스트 중간에 쉼표가 있는 상태에서 구분자를 쉼표로 선택한다면, 쉼표를 기준으로 열이 분할되기 때문에 원래의 의도와 다르게 변화됨을 주의해야 한다. 예를 들어, 'There is a table, a chair.'라는 문장을 가져온다면 1열은 'There is a table', 2열은 'a chair'로 나뉘기 때문에 의도치 않은 다른 정보가 입력된다.

❹ 텍스트 한정(Text Qualifier): 사용할 텍스트 한정자를 입력한다. 예를 들어, 각 텍스트 열을 큰따옴표(" ")로 묶도록 지정할 수 있다.

❺ 머리글(Header): 가져올 데이터의 1행에 머리글(제목)이 있을 경우 선택한다. 적용된 결과는 파일 미리보기에 반영되어 나타난다.

❻ 언어 선택(Language): 불러올 텍스트 데이터의 언어를 선택한다. 선택한 언어에 따라 그에 맞는 형태소 분석이 수행된다.

❼ 필터링 및 사용자 사전 설정(Filter and Dictionary Settings): 형태소 분석을 통해 부여된 각 단어의 품사 정보를 이용하여, 필요한 단어만 선택하여 불러올 수 있다. 또한 사용자 정의 사전에 여러 단어가 결합된 복합명사 혹은 고유명사(장소명, 사람 이름, 신조어 등)를 하나의 명사로 등록하면 이를 1개의 단어로 추출할 수 있다. 또한 특정 단어를 포함한 문서나 단어 자체를 분석에서 제외할 수도 있다. 이 내용에 대한 자세한 설명은 뒤에 나오는 'Filter & Dictionary'를 참조한다.

❽ 동시 등장 범위 선택(Co-occurrence Unit): 텍스트를 문장 단위, 문단 단위, 혹은 문서 단위로 분할하여 가져올지 결정한다. 만약 문장 단위로 텍스트를 분할하면 단어 간 네트워크를 생성할 때 같은 문장에 등장한 단어끼리 링크를 부여할 수 있다. 다중 선택이 가능하며, 선택되지 않은 항목은 결과 데이터에 포함되지 않는다. 참고로 텍스트 원문 보기(Words in a Sentence) 기능을 사용하기 위해서는 반드시 'Sentence'에 체크해야 한다.

마지막으로, 출력(Output) 영역이 있다. 'Insert Full Text of Sentences'에서 'Yes'를 선

택하면, 문장 원문을 확인할 수 있고 텍스트 원문 보기(Words in a Sentence) 기능을 사용할 수 있다. 그러나 시간 및 시스템 메모리를 더 많이 사용하게 된다. 또한 Workfile Name, Main Nodeset Name를 입력하여, 처리 결과를 NetMiner에 어떤 파일명으로 반영할지를 결정할 수 있다.

이 책의 사례인 '비만' 데이터를 불러오고 분석하기 위하여 설정하는 과정은 [그림 7-12]와 같다.

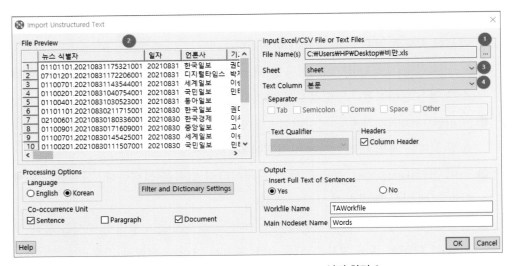

[그림 7-12] Import Unstructured Text 설정 화면 2

❶의 box를 클릭하여 '비만.xls' 파일을 불러온다.

❷ File Preview에서 '비만' 파일 내의 텍스트 자료를 미리 볼 수 있어, 분석하고자 하는 데이터가 입력이 되었는지 확인할 수 있다.

❸ 엑셀 파일이므로 'sheet'를 선택한다.

❹ 분석 대상 중 뉴스 기사 '본문'을 분석하기 때문에 '본문'을 선택한다. 뉴스 기사 내 '인물'이나 '기관' 혹은 연관 '키워드'를 분석하기 위해서는 각 목적에 맞게 설정하면 된다.

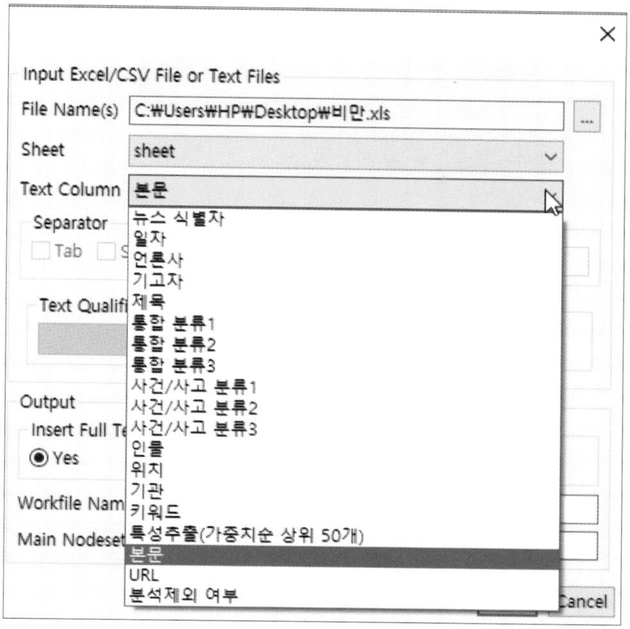

[그림 7-13] 분석 대상 설정 화면

언어는 'Korean'으로 설정하고, '필터링 및 사용자 사전 설정(Filter and Dictionary Settings)'을 클릭하여 추가적인 설정을 한다. 그리고 마지막으로 동시 등장 범위 선택(Co-occurrence Unit)에서 'Sentence'와 'Document'만 체크한다. 분석 범위에 'Paragraph'를 포함하고자 한다면, 'Paragraph'까지 체크하면 된다.

2) 텍스트 전처리 및 형태소 분석: 단어 필터링 및 사용자 사전 설정 선택하기

'필터링 및 사용자 사전 설정'을 이용하면, 사용자가 필요한 데이터를 선택적으로 불러오거나 데이터를 클리닝하는 전처리 과정을 수행할 수 있다. 앞의 [그림 7-11]의 'Import Unstructured Text'에서 ❼의 'Filter and Dictionary Settings'를 클릭하면 [그림 7-14]와 같은 대화창이 나타난다. '필터링 및 사용자 사전 설정' 기능은 선택한 품사의 단어를 제거하는 'Parts of Speech to Extract'와 특정 단어를 포함하는 문서를 제거하는 'Documents Filtering' 그리고 사용자 정의 사전을 등록하는 'Dictionary'로 구분된다.

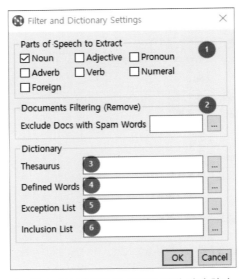

[그림 7-14] 필터링 및 사용자 사전 설정 화면

❶ 단어/품사 추출(Parts of Speech to Extract): 특정 품사를 선택하면 선택한 품사
의 단어만을 불러온다. 분석 목적에 따라 Noun(명사), Adjective(형용사), 대명사
(Pronoun), Adverb(부사), Verb(동사), 숫자(Numeral), Foreign(외래어/외국어)을 추
출할 수 있다. 이 예시에서는 '비만' 파일 내의 텍스트 데이터 중 '명사'만을 추출하
라고 설정하였다.

❷ 문서 필터링(Document Filtering): 특정 단어 또는 스팸 단어를 포함하고 있는 문서
는 제외하고 데이터를 불러올 수 있도록 해 준다. 예를 들어, '대통령 선거'에 관한
기사 중 '지지율'에 대한 기사를 제외하려면 Document Filtering에 '대통령 선거'
와 '지지율'을 등록한다. 그 결과, 등록한 단어가 1개라도 포함된 기사는 가져오지
않는다.

문서 필터링을 위한 사전을 만들기 위해서는 새 텍스트 파일(.txt, .csv)에 한 줄에
한 단어씩 입력하거나 쉼표(,) 또는 세미콜론(;)을 단어 사이에 넣어 단어를 구분
한다. 참고로 단어 내 공백(띄어쓰기)이 있는 경우 공백을 한 글자로 인식한다. 만
약 공백의 위치나 크기가 다르면 다른 단어로 인식하니 주의가 필요하다. 그리고
파일 불러오기 버튼을 클릭하여 파일을 선택한다.

사용자 사전(Dictionary)은 유의어 사전(Thesaurus), 지정어 사전(Defined Words),
제외어 사전(Exception List), 포함어 사전(Inclusion List)으로 구분된다. 사전 파일의 형식은 텍스트 파일(.txt, .csv)이다. 제외어 사전을 제외한 다른 NetMiner에서의 사전들은 텍스트 원문에 각각 적용된다.

❸ 유의어 사전(Thesaurus): 유의어 사전을 통해 비슷한 의미를 가진 단어들을 1개의 단어로 등록할 수 있다. 예를 들어, '서울시' '서울특별시' '서울' '대한민국 수도' '한국 수도'는 동일한 의미이지만, 다르게 표현된 단어들이다. 그런데 형태소 분석 과정을 거치면 앞서 언급한 '서울시'와 연관된 모든 단어가 각각의 단어로 분리되어 추출된다. 만약 이 단어들을 '서울시'라는 1개의 단어로 추출하려면 유의어 사전에 등록할 필요가 있다.

유의어 사전을 .txt 파일로 만드는 경우, 앞과 같이 유사한 의미를 가진 단어들을 같은 행에 쉼표(,)로 구분 나열하여 저장한다. 반면에 유의어 사전을 csv 파일로 만드는 경우, 가장 왼쪽 열(1열)에 대표 단어(이 예시에서는 '서울시')를 입력하고 2열부터는 대표 단어의 유의어를 나열하여 저장한다. 참고로 단어 내 공백이 있는 경우도 공백을 한 글자로 인식한다. 즉, NetMiner가 '서울시'와 '서울 특별시'를 서로 다른 단어로 인식하기 때문에 만약 텍스트 원문에 '서울시'와 '서울 특별시'가 모두 존재한다면 유의어 사전에는 '서울시'와 '서울 특별시'를 모두 입력해야 한다.

그리고 파일 불러오기 버튼을 클릭하여 유의어 사전 파일을 불러오면, '서울시'라는 단어만 추출이 되고, '서울시'뿐만 아니라 '서울특별시' '서울 특별시' '서울' '대한민국 수도' '한국 수도'가 나타난 빈도까지 합산하여 등장 빈도(Frequency)로 계산된다.

❹ 지정어 사전(Defined Words): 지정어 사전을 통해 고유명사, 복합명사, 신조어, 줄임말 등을 등록할 수 있다. 예를 들어, '대한민국 대통령'이라는 단어 간 공백이 있는 복합어를 1개의 단어로 추출하려면 지정어 사전에 '대한민국 대통령'을 등록한다. 사전 형식은 ❷ 문서 필터링에서 단어를 등록하는 형식과 동일하며, 사전을 불러오는 방법도 문서 필터링과 동일하다.

❺ 제외어 사전(Exception List): 제외어 사전에 등록된 단어는 최종 결과 데이터에 포함되지 않는다. 예를 들어, '대통령 선거'를 검색 키워드로 하여 텍스트 문서를 수집하고 이를 분석하고자 하는 경우를 들 수 있다. 그런데 해당 문서 수집 후 데이터 수집 키워드인 '대통령 선거'를 분석에 포함시키면 '대통령 선거'의 등장 빈도나 중요도가 다른 단어에 비해 매우 높게 나타날 수 있다. 이를 방지하기 위해 '대통

령 선거'를 분석 결과에서 제외하고자 한다면 '대통령 선거'를 제외어 사전에 등록한다. 사전 형식 및 사전 불러오기 방법은 지정어 사전과 동일하다.

참고로 다른 사전과 달리 제외어 사전은 단어 추출(형태소 분석)이 완료된 후 적용된다. 예를 들어, '서울특별시는 대한민국 수도인 서울을 특별시로 부르는 명칭이다.'라는 문장에서는 6개의 명사 단어('서울특별시' '대한민국' '수도' '서울' '특별시' '명칭')가 추출된다.

여기서 복합어인 '대한민국 수도'를 제외하기 위해 '대한민국 수도'를 제외어 사전에 등록했더라도, 역시 6개 단어가 추출된다. 왜냐하면 추출 결과 중에 '대한민국 수도'라는 단어가 없기 때문이다. 이를 해결하기 위해서는 '대한민국 수도'를 '지정어 사전(Defined Words)'에도 등록하여 적용하면 된다. '지정어 사전'을 통해 '대한민국 수도'를 1개의 단어로서 추출하면 '제외어 사전'을 통해 '대한민국 수도'를 제외할 수 있다.

❻ 포함어 사전(Inclusion List): 포함어 사전에 단어를 등록하면, 이들만으로 구성된 최종 결과 데이터가 산출된다. 예를 들어, 국내 SNS와 관련한 기사에서 '페이스북' '트위터' '인스타그램' '유튜브' '틱톡'이라는 단어들만의 관계를 분석하고 싶다면, 이 단어들을 포함어 사전에 등록한다. 사전 형식 및 사전 불러오기 방법은 지정어 사전과 동일하다.

사용자 사전은 다음과 같은 순서로 적용된다. 앞에서 설명한 문서 필터링(Document Filtering), 지정어 사전(Defined Words), 포함어 사전(Inclusion List), 유의어 사전(Thesaurus)은 텍스트 데이터 원문에 적용된다. 각 사전의 조건을 종합적으로 동시에 만족하는 결과만이 산출된 후 제외어 사전이 적용된다. 즉, 각각의 사전은 원문에 독립적으로 적용되는 거름망이며, 이 거름망이 중첩되어 기능하는 셈이다. 이는 마치 스팸 단어가 먼저 제거되고, 지정어 및 포함어 사전이 적용된 후 최종적으로 유의어 사전이 적용되는 것과 동일하다.

예를 들어, '서울시'가 네 번, '서울특별시'가 두 번 들어간 텍스트를 가져와서 '서울시'의 빈도 계산을 한다고 하자. 여기서 포함어 사전에는 '서울시', 유의어 사전에는 '서울시'와 '서울특별시'를 등록했다고 할 때, 최종적으로 '서울시'가 네 번 등장한 결과가 산출된다. '서울특별시'가 등장한 빈도는 최종 추출 결과에 반영되지 않는다. 그 이유는 포함어 사전은 '사전에 등록된 단어' 그 자체를 원문에서 추출하는 기능을 수행하는 반면, 유의어 사전은 유사 단어를 대표 단어로 변환하여 표현하라는 것이기에, 양쪽의 조건을 동시에 만족시켜 주는 결과는 '서울시'가 네 번 등장하는 것이기 때문이다. 만약 '서울특별시'와 '서울시'를 동의어로 간주하여 '서울시'가 여섯 번 등장한 것으로 계산하고 싶다면 포함어 사전에도 '서울특별시'를 추가해야 한다.

반면, 제외어 사전은 텍스트에서 단어가 추출된 이후에 적용된다. 예를 들어, 제외어 사전에 'SNS'를 등록하여 최종 결과에 포함시키지 않도록 설정하고, 유의어 사전에는 'SNS' '페이스북' '트위터' '인스타그램' '유튜브' '틱톡'을 넣었다는 상황을 가정해 보자. 먼저, NetMiner는 텍스트 원문을 대상으로 유의어 사전을 적용한다. 즉, 텍스트 내의 'SNS' '페이스북' '트위터' '인스타그램' '유튜브' '틱톡'을 모두 'SNS'로 추출한다. 그리고 추출된 단어를 대상으로 제외어 사전이 적용된다. 결국 'SNS' 관련 단어들은 최종 추출 결과에 포함되지 않는다.

한편, 같은 단어지만 대소문자가 다른 경우에는 서로 다른 단어로 인식하므로 주의해야 한다. '영어' 단어로 예를 들어 보자. 'People'과 'people'은 같은 단어지만 대소문자가 다르기 때문에 따로 인식되는데, 이를 같은 단어로 처리하려면 유의어 사전에 'People'과 'people'을 모두 등록해야 한다.

3) 데이터 변환 및 가져오기

필터링 및 사용자 사전 설정을 포함한 데이터 불러오기 설정을 완료하고 OK 버튼을 누르면 데이터를 변환하여 NetMiner로 가져올 수 있다. 데이터 가져오기를 완료하면, NetMiner 좌측 상단 'Current Workfile'의 내용이 [그림 7-15]와 같이 1개의 메인 노드셋(단어/Words)과 2개의 서브 노드셋(문장Sentence/문서Documents) 그리고 메인 노드셋과 서브 노드셋 간 2-mode Network(Words-Sentences와 Words-Documents Network)로 각각 생성된 것을 확인할 수 있다. 즉, 데이터 불러오기를 완료하면 단어, 문장, 문서에 한 속성 정보와 단어가 어떤 문장, 문단, 문서에 등장했는지 보여 주는 네트워크 데이터가 생성된다. 이 예시에서는 앞선 데이터 가져오기 선택 항목에서 'Co-occurrence Unit' 중 'Paragraph'를 선택하지 않았기에, 결과 데이터에 Paragraph 서브 노드셋이 생성되지 않았고, Words-Paragraph Network도 생성되지 않았다.

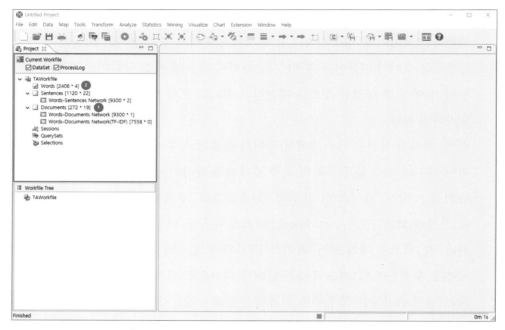

[그림 7-15] 데이터 변환 및 가져오기가 완료된 화면

❶ 사례인 '비만'과 관련된 뉴스 기사 총 272건에 대한 문서(Documents) 데이터가 입력되어 있음을 확인할 수 있다.

❷ 'Word' 노드셋에서 보여 주는 [2406*4]의 의미는, 총 272건의 뉴스 기사 내 텍스트 데이터 중 사전 설정에 의하여 클리닝되고 추출된 분석 가능한 단어의 총합이 2,406개임을 나타내고, 분석 항목/대상이 4개 항목(단어 특성, 단어 빈도, 단어 길이, 단어 유형 등. [그림 7-16] 참조)임을 나타낸다.

4) 데이터 클리닝(정제)

데이터를 변환하고 NetMiner로 입력을 완료한 후, [그림 7-16]에서 ❶번의 'Word' 노드셋을 클릭하여 추출된 단어의 특성을 확인한다. 이 과정의 목적은 [그림 7-14]에서 설명한 '필터링 및 사용자 사전 설정'을 통하여 텍스트 데이터를 클리닝하고자 함이다. 즉, 추출된 텍스트 단어 중 동일한 의미를 내포한 단어 조합인 유의어 사전(Thesaurus), 특정 단어를 지정하는 지정어 사전(Defined Words), 포함하는 포함어 사전(Inclusion List) 혹은 제외해야 할 제외어 사전(Exception List) 등을 탐색하고 실행하기 위함이다.

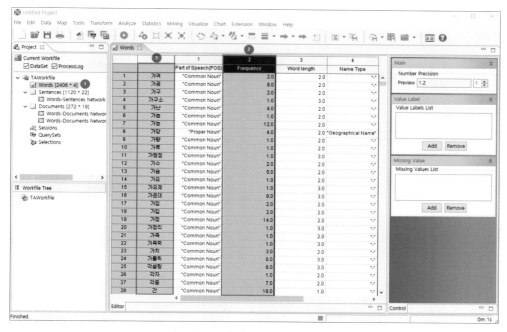

[그림 7–16] **데이터 클리닝 과정 1**

❶ 'Words' 메인 노드셋을 클릭하면, 4개의 속성(Part of Speech, Frequency, Word Length, Name Type)을 지닌 데이터가 나타난다.

❷의 'Frequency'는 272개 뉴스 기사 데이터 총합에서 특정 단어의 출현 빈도수를 나타낸다. 이 사례의 단어 '가격'은 총 2회, '가공'은 총 9회의 출현 빈도를 보인다.

다만, ❸에서 보듯이, 단어 빈도의 순서대로 내림차순 혹은 오름차순이 아닌 한글 자음순으로 정렬이 되었기에, 단어 빈도 순으로 정리할 필요가 있다.

이를 위하여 ❷의 'Frequency' 영역에 커서를 놓고 '우클릭'을 하면 [그림 7–17]의 좌측과 같은 실행창이 열리며, 그중 'sort'를 클릭하면 우측의 실행창이 생성된다. 이 창에서 'Decreasing Order'와 'Frequency'를 선택하면, 출현 빈도가 높은 순서대로 내림차순하여 정리된다.

Words

		1 Part of Speech(PO	2 Frequency	3	4 Type
1	가격	Common Noun"	2		"."
2	가공	Common Noun"	9		"."
3	가구	Common Noun"	2		"."
4	가구소	Common Noun"	1		"."
5	가난	Common Noun"			"."
6	가늠	Common Noun"	1		"."
7	가능	Common Noun"	12		"."
8	가량	"Proper Noun"	4		Name"
9	가량	Common Noun"	1.0		"."
10	가루	Common Noun"	1.0	2.0	"."
11	가맹점	Common Noun"	1.0	3.0	"."
12	가수	Common Noun"	2.0	2.0	"."
13	가슴	Common Noun"	5.0	2.0	"."
14	가요	Common Noun"	1.0	2.0	"."
15	가요제	Common Noun"	1.0	3.0	"."
16	가운데	Common Noun"	8.0	3.0	"."
17	가입	Common Noun"	2.0	2.0	"."
18	가입	Common Noun"	2.0	2.0	"."
19	가정	Common Noun"	14.0	2.0	"."
20	가정의	Common Noun"	1.0	3.0	"."
21	가족	Common Noun"	1.0	2.0	"."
22	가족력	Common Noun"	1.0	3.0	"."
23	가치	Common Noun"	3.0	2.0	"."
24	가톨릭	Common Noun"	6.0	3.0	"."
25	각자	Common Noun"	1.0	2.0	"."
26	각종	Common Noun"	7.0	2.0	"."
27	간	Common Noun"	18.0	1.0	"."
28	간격	Common Noun"	1.0	2.0	"."

(우클릭 메뉴: Copy / Paste / Insert Attribute / Delete Attribute / Select All / Sort ... / Open in Excel)

Words

		1 Part of Speech(PO	2 Frequency	3 Word length	4 Name Type
1	가격	Common Noun"	2.0	2.0	"."
2	가공	Common Noun"	9.0	2.0	"."
3	가구	Common Noun"	2.0	2.0	"."
4	가구소	Common Noun"	1.0	3.0	"."
5	가난	Common Noun"	4.0	2.0	"."
6	가늠	Common Noun"	1.0	2.0	"."
7	가능	Common Noun"	12.0	2.0	"."
8	가량	"Proper Noun"	4.0	2.0	iphical Name"
9	가량	Common Noun"			
10	가루	Common Noun"			
11	가맹점	Common Noun"			
12	가수	Common Noun"			
13	가슴	Common Noun"			
14	가요	Common Noun"			
15	가요제	Common Noun"			
16	가운데	Common Noun"			
17	가입	Common Noun"			
18	가입	Common Noun"	2.0	2.0	"."
19	가정	Common Noun"	14.0	2.0	"."
20	가정의	Common Noun"	1.0	3.0	"."
21	가족	Common Noun"	1.0	2.0	"."
22	가족력	Common Noun"	1.0	3.0	"."
23	가치	Common Noun"	3.0	2.0	"."
24	가톨릭	Common Noun"	6.0	3.0	"."
25	각자	Common Noun"	1.0	2.0	"."
26	각종	Common Noun"	7.0	2.0	"."
27	간	Common Noun"	18.0	1.0	"."
28	간격	Common Noun"	1.0	2.0	"."

(Sort 대화상자: ○ Original Order / ○ Increasing Order / ● Decreasing Order / Part of Speech(POS) ∨ — Part of Speech(POS) / Frequency / Word length / Name Type)

[그림 7-17] 데이터 클리닝 과정 2: 단어 빈도 내림차순으로 정리

[그림 7-18]에서는 단어 출현 빈도가 높은 순서대로 내림차순하여 정리한 내용을 볼 수 있다. 가령, 단어 '건강'은 272개의 문서 중 총 187회의 빈도를 보이며 가장 많이 언급되었으며, 그다음으로는 '코로나' 88회, '질환' 84회, '연구' 83회, '비만' 75회 순이었다. 그런데 빈도 순위별 단어를 보면, 몇 개의 단어는 클리닝이 필요함을 알 수 있다. ❶ '연구'와 ❷ '조사'는 동일한 의미로 봐도 무방하고, ❸ '기자', ❹ '팀', ❺ '말', ❻ '쿠팡'은 제외하기로 한다.

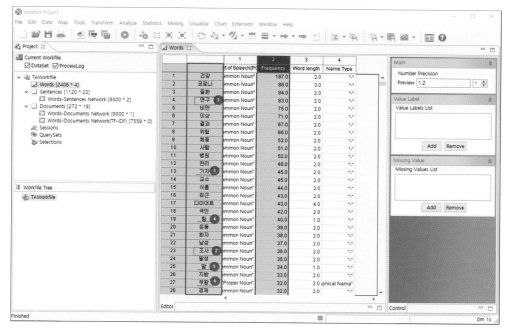

[그림 7-18] 데이터 클리닝 과정 3: 단어 빈도 내림차순 결과

[그림 7-18]에서 보이는 단어를 여러 번 반복하여 보면서, 유의어 사전(Thesaurus), 지정어 사전(Defined Words), 포함어 사전(Inclusion List), 제외어 사전(Exception List)을 [그림 7-19]와 같이 지정할 필요가 있다. 이 사례는 '메모장(.txt)'을 이용하여 유의어와 제외어 사전을 생성하고 저장한 것이다.

유의어 사전을 등록하기 위해서는 비슷한 의미의 단어들을 쉼표(,)로 구분하여 한 행 (줄)으로 나열한다. 각 행에서 유사한 의미를 지닌 단어들은 첫 번째 입력한 단어로 통 일되어 추출된다. 반면에 지정어, 제외어 그리고 포함어 사전을 생성하기 위해서는 각 각에 해당하는 단어를 하나씩 각 행마다 입력한다.

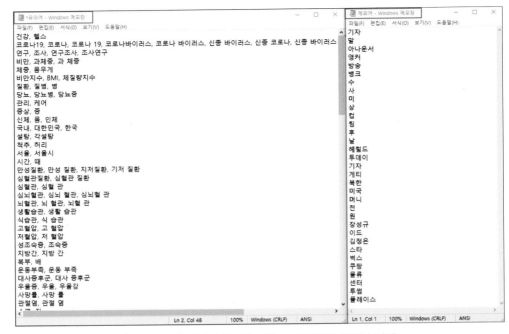

[그림 7-19] 데이터 클리닝 과정 4: 유의어와 제외어 지정

이후 앞서 언급한 [그림 7-12]와 [그림 7-14]의 과정을 다시 실행해야 한다. 특히 [그림 7-14]에서 설명한 '필터링 및 사용자 사전 설정'을 통하여 텍스트 데이터를 클리닝한다. 이 사례에서는 [그림 7-19]의 유의어(Thesaurus)와 제외어(Exception List) 지정 메모장 파일을 불러와 실행하였다.

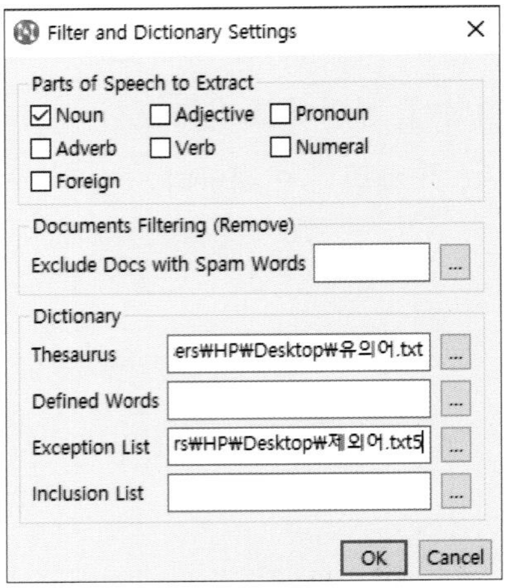

[그림 7-20] 데이터 클리닝 과정 5: 유의어와 제외어 실행

[그림 7-20]의 데이터 클리닝 과정을 완료하여 데이터 불러오기를 한 후 최종 데이터 화면은 [그림 7-21]과 같다. 데이터를 클리닝하기 전 272개의 뉴스 기사에서 분석 가능한 단어 수는 2,406개([그림 7-16] 참조)였으나, 클리닝 후 ❶과 같이 2,318개로 변화가 있음을 확인할 수 있다. 또한 ❷ 역시 [그림 7-16]과 동일하게 정렬이 되었음을 알 수 있다. 이후 [그림 7-17]의 데이터 클리닝 과정을 다시 실행하여 단어 빈도에 대한 내림차순으로 정리할 필요가 있다.

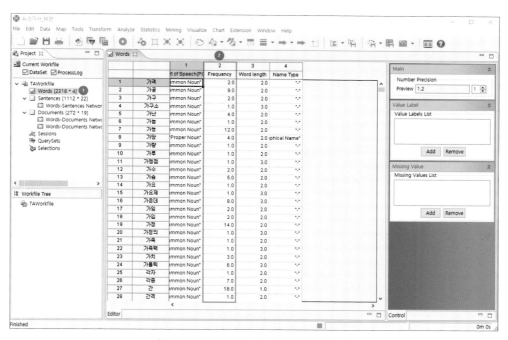

[그림 7-21] 클리닝 후 데이터 불러오기

5) 데이터 저장하기

지금까지 언급한 과정이 완료되면 전체 데이터셋을 저장한다. File 탭의 Save as…를 체크하면, [그림 7-22]의 우측과 같이 password를 설정하여 저장할 수 있다. 이 사례에서는 password를 'Public'으로 설정하였으며, 저장 옵션 역시 'Public'으로 설정하였고 'OK'하였다.

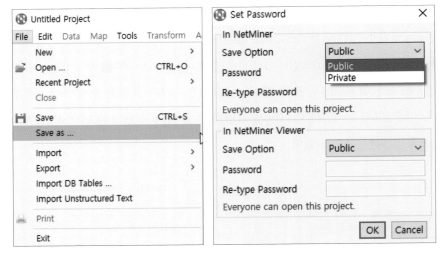

[그림 7-22] 데이터 저장하기

이 사례의 NetMiner 실행 파일명은 '뉴스기사_비만'으로 설정하고 저장하였다. [그림 7-23]에서 확인할 수 있듯이 ❶ 파일명이 '뉴스기사_비만'으로 변경되었고, 이 파일에는 ❷ 총 272개의 '비만'과 관련된 뉴스기사가 포함되었으며, ❸ 클리닝 후 분석 가능 텍스트(이 사례에서는 단어만)는 총 2,318개임을 확인할 수 있다.

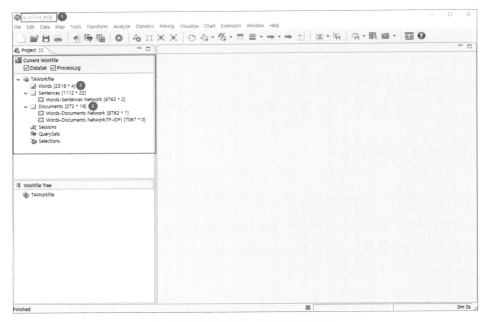

[그림 7-23] 데이터 저장 후 파일 화면

제8장

단어 빈도 분석

주제어 혹은 단어 빈도 분석은 특정 문서 집단 내에서 자주 언급되는 특정 단어를 추출하고 이들이 언급되는 빈도에 따라 중요도를 분석하는 방법이다. 이는 특정 단어가 문서에서 얼마나 자주 등장하는지를 나타내는 '단어 빈도(Term Frequency: TF)'로 단순하게 결정할 수 있다.

1. TF 분석

TF 분석은 간단하다. 이미 언급한 것처럼 데이터 불러오기와 클리닝 후 [그림 7-21] 화면에서 [그림 7-17]의 데이터 클리닝 과정을 실행하면, [그림 8-1]과 같이 단어 빈도에 대한 내림차순 결과를 확인할 수 있다. 이 결과가 텍스트 분석의 기초라 할 수 있는 TF 분석 결과이다.

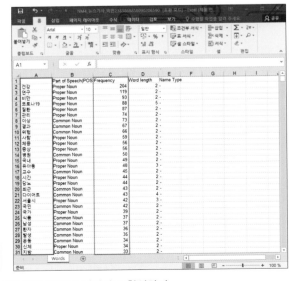

		1	2	3	4
		rt of Speech(PC	Frequency	Word length	Name Type
1	건강	"Proper Noun"	204.0	2.0	"-"
2	연구	"Proper Noun"	119.0	2.0	"-"
3	비만	"Proper Noun"	93.0	2.0	"-"
4	코로나19	"Proper Noun"	88.0	5.0	"-"
5	질환	"Proper Noun"	87.0	2.0	"-"
6	관리	"Proper Noun"	74.0	2.0	"-"
7	이상	mmon Noun"	73.0	2.0	"-"
8	결과	mmon Noun"	67.0	2.0	"-"
9	위험	mmon Noun"	66.0	2.0	"-"
10	사람	mmon Noun"	59.0	2.0	"-"
11	체중	"Proper Noun"	56.0	2.0	"-"
12	증상	"Proper Noun"	56.0	2.0	"-"
13	병원	mmon Noun"	50.0	2.0	"-"
14	국내	"Proper Noun"	49.0	2.0	"-"
15	유아동	"Proper Noun"	48.0	3.0	"-"
16	교수	mmon Noun"	45.0	2.0	"-"
17	시간	mmon Noun"	44.0	2.0	"-"
18	당뇨	"Proper Noun"	44.0	2.0	"-"
19	최근	mmon Noun"	43.0	2.0	"-"
20	다이어트	mmon Noun"	43.0	4.0	"-"
21	서울시	"Proper Noun"	42.0	3.0	"-"
22	국민	mmon Noun"	42.0	2.0	"-"
23	국가	"Proper Noun"	39.0	2.0	"-"
24	식품	mmon Noun"	37.0	2.0	"-"
25	남성	mmon Noun"	37.0	2.0	"-"
26	환자	mmon Noun"	36.0	2.0	"-"
27	발생	mmon Noun"	35.0	2.0	"-"
28	운동	mmon Noun"	34.0	2.0	"-"

[그림 8-1] TF 결과

TF 분석 결과를 [그림 8-2]의 좌측 그림과 같이 엑셀 파일로 변환하여 저장할 수 있으며, 우측 그림처럼 엑셀 파일을 실행하여 TF 결과를 확인할 수 있다.

[그림 8-2] TF 결과를 엑셀 파일에 저장하고 확인하기

2. TF 워드 클라우드 시각화

시각화(Visualization)는 사용자가 데이터 분석 결과를 직관적으로 이해할 수 있도록 부수적으로 그래픽 요소를 활용하여 네트워크 맵을 표현하는 것을 의미한다. 빅데이터 분석에서는 분석 기법뿐 아니라 그에 대한 표현 기술 또는 시각화 방법도 매우 중요한 요소이다. 데이터를 어떻게 표현하느냐에 따라 새로운 트렌드나 패턴을 찾아낼 수도, 찾아내지 못할 수도 있기 때문이다. 분석 결과에 대한 적절한 시각화는 분석 결과에 대한 함의를 도출할 때도 효과적이다. 따라서 데이터 시각화는 정보를 분명하고 효과적으로 전달하는 것을 목적으로 한다.

데이터 시각화는 간단한 그래프에서부터 3차원 표현까지 가능하며, 분석자의 창의성에 따라 다양하게 제시될 수 있다. 예를 들어, 시계열 데이터, 통계적 분포, 계층구조, 네트워크, 지도, 각종 애니메이션 등이 시각화에 주로 활용된다. 최근 손쉽게 많이 활용되는 시각화 방법으로는 워드 클라우드(Word Cloud) 분석이 있다. 워드 클라우드는 문서 내에서 단어들이 언급된 수에 비례하여 단어의 크기를 표현한 것으로, 단어의 언급 정도를 빠르게 파악함으로써 어떤 단어가 중요한 의미를 갖는지 탐색할 수 있다. 이처럼 고차원의 데이터를 저차원의 평면을 통해 나타냄으로써 추출한 단어나 단어 간 네트워크에 대한 해석을 용이하게 하는 역할을 수행한다.

워드 클라우드는 단어의 빈도나 중요도 등에 따라 단어의 크기를 달리하여 시각화하는 기법으로, 보통은 중요하거나 자주 등장한 단어는 크게 강조하고, 상대적으로 중요하지 않은 단어는 작게 표시한다. NetMiner에서 제공하는 워드 클라우드는 글씨체, 모양, 이미지 크기를 여러 가지로 선택할 수 있기 때문에 필요에 따라 적절하게 사용할 수 있다.

NetMiner에서 워드 클라우드를 시각화하기 위해서는 다음과 같은 과정을 통하여 쉽게 시각화할 수 있다. 먼저, [그림 8-3]과 같이 NetMiner 주메뉴의 Tools 탭의 Plug-ins에서 Word Cloud를 선택한 후 클릭한다.

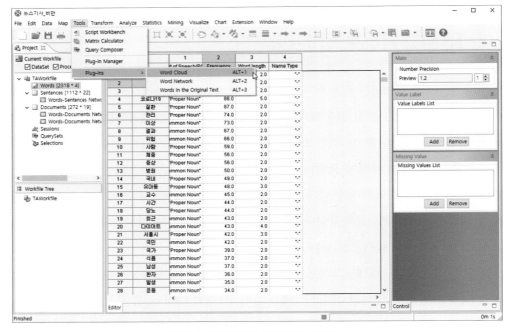

[그림 8-3] TF 워드 클라우드 시각화 1

워드 클라우드 팝업창이 나타나면, ❶ 워드 클라우드에 반영할 단어의 속성 정보인 'Select Node Attribute to Display'를 'Frequency'로 지정하고, ❷ 단어가 등장한 최대 수(The Maximum Number of Words)를 기준으로 상위 500개 단어를 추출하도록 설정한다. 이 사례는 하나의 예시이며, 연구 목적에 따라 그 수와 속성은 조정이 가능하다. 예를 들어, 많이 등장한 단어를 크게 표시하고 싶다면 단어의 속성 정보로 'Frequency'를 선택하고, 다른 단어와의 링크 수가 많은 단어를 강조하여 표시하고 싶다면 'In/Out Degree'를 선택한다.

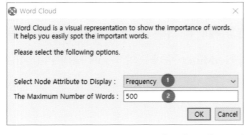
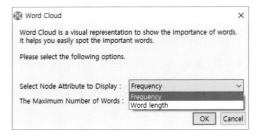

[그림 8-4] TF 워드 클라우드 시각화 2

[그림 8-4]의 'OK'를 클릭하면, [그림 8-5]와 같은 워드 클라우드 결과를 볼 수 있다. 시각적으로 건강, 연구, 비만, 코로나19, 질환 등의 단어가 다른 단어에 비하여 강조되어 있음을 확인할 수 있다.

[그림 8-5] **TF 워드 클라우드 시각화 3**

[그림 8-5]의 TF 워드 클라우드 시각화 결과는 필요에 따라 실행창 상단의 메뉴를 통해 파일을 저장하거나, 글씨체를 변경하거나, 워드 클라우드의 모양을 바꿀 수 있다.

먼저, [그림 8-6]의 좌측 그림처럼 워드 클라우드를 이미지 파일로 저장하거나 창을 닫을 수 있다. 한편, 우측 그림처럼 워드 클라우드 이미지의 크기를 변경할 수 있다. Small(800*600), Medium(1024*768), Large(1600*1200) 중에서 선택할 수 있으며, 기본 이미지 크기는 Small size이다.

[그림 8-6] TF 워드 클라우드 시각화 4

　　또한 [그림 8-7]의 좌측 그림처럼 워드 클라우드에 표시된 단어의 글씨체를 변경
할 수 있다. 참고로 영어는 모든 글씨체에서 지원되나 한글은 Dotum, Gulim, Malgun
Gothic(Bold)에서만 지원한다. 한편, 우측 그림처럼 워드 클라우드의 모양을 변경할 수
있다. 기본적으로 구름 모양으로 나타나며, 필요에 따라 원형, 사각형, 별형, 여자/남자
등을 선택할 수 있다.

[그림 8-7] TF 워드 클라우드 시각화 5

　　Size, Font, Shape를 변경하면 워드 클라우드 이미지가 다시 그려진다. 또한 그려진
이미지를 클릭할 때마다 색상과 단어의 위치만이 변경된 새로운 이미지가 나타난다는
점을 참고하면 된다.

제9장
단어 빈도-역문서 빈도 분석

1. TF-IDF 분석

TF는 특정 단어가 문서 내에 얼마나 자주 등장하는지를 나타내는 값으로, 이 값이 높을수록 중요한 단어라고 판단한다. 그러나 일반적으로 자주 사용되는 단어라면 중요 단어가 아님에도 불구하고 TF 값이 높게 나타날 수 있다. 이를 방지하기 위해 DF(Document Frequency, 문서 빈도)를 측정하는데, 이는 특정 단어가 몇 개의 문서에서 반복적이지만 중요하게 언급되었는지를 측정하는 방법이다. 이처럼 모든 문서에서 자주 출현하는 상투어를 걸러 내기 위해 '단어 빈도−역문서 빈도(Term Frequency-Inverse Document Frequency: TF-IDF)'를 사용하는데, 이는 단순한 단어의 빈도 처리가 아닌 단어의 출현 확률을 기준으로 출현 빈도를 재가공한 것으로, 특정 단어가 문서 내에서 얼마나 중요한 위치를 차지하는지 그 정도를 나타내는 텍스트 분석 지표이다.

통계적으로 TF-IDF 값은 모든 문서에서 사용될수록 0에 가깝고, 소수의 문서에서 사용될수록 1에 가깝게 산출된다. 즉, TF-IDF 값이 낮은 단어를 제외하면 대부분의 문서에서 흔히 사용된 단어를 제외할 수 있다. 검색 키워드 혹은 일반적으로 자주 사용되는 단어들을 제거하면 문서별로 중요한 단어만 확인이 가능하다는 특성이 있다.

TF-IDF 분석을 위한 과정은 다음과 같다. 먼저, [그림 9−1]의 TF 결과 창에서 NetMiner 주메뉴 중 Tools 탭의 Query Composer를 선택한 후 클릭한다.

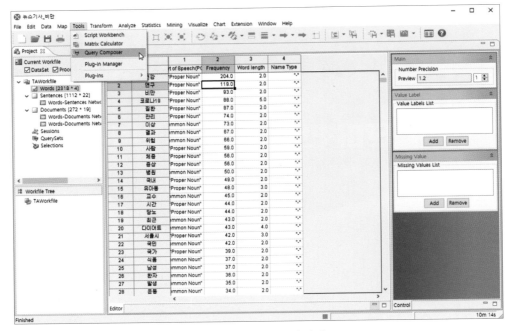

[그림 9-1] TF-IDF 분석 과정 1

쿼리의 정의

쿼리(Query)는 단어나 링크의 속성 정보를 이용하여 조건에 맞는 데이터만 추출해 주는 데이터 필터링 툴(tool)이다. 데이터 필터링은 노드와 링크를 조건에 따라 추출하거나 필요에 따라 삭제하여 데이터 크기를 축소하는 단계이다. 쿼리, Link Reduction, 직접 삭제 등을 통해 데이터 필터링이 가능하다.

그중 쿼리 기능을 사용하기 위해서는 NetMiner 주메뉴에서 Tools 탭의 Query Composer를 실행하여 조건 기능을 이용할 수 있다. 예를 들어, 단어 빈도(TF)가 5 이상인 단어만을 추출하고 싶다면 'Frequency >= 5'라는 조건식을 입력하여 조건에 맞는 단어들을 추출한 뒤 이들로 구성된 새 워크 파일을 생성할 수 있다.

Query Composer가 활성화되면, [그림 9-2]의 ❶번과 같은 새로운 창이 열리고, ❷의 'Query Set Status'에서 좌측의 Workfile과 동일한 네트워크를 확인할 수 있다. ❸에는 Query의 조건을 입력할 수 있는 패드가 있다.

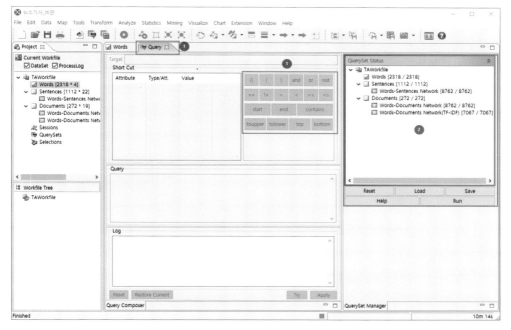

[그림 9-2] Query Composer 활성화 화면

[그림 9-3]의 Query Composer 활성화 화면에서 ❶ 'Word-Documents Network (TF-IDF)'를 클릭한다. 클릭 후 TF-IDF 속성 중 ❷번의 '@WEIGHT'와 ❸번의 '>='을 선택하여 '0.7' 수준의 조건을 기입하면 ❹번의 'Query'창에 '@WEIGHT >= 0.7'이 입력되는 것을 확인할 수 있다. 이후 ❺번의 'Apply'를 클릭하면, ❻번에서 총 7,067개의 원 TF-IDF 2-mode network가 총 5,507개로 감소하였음을 확인할 수 있다. 최종적으로 ❼번의 'Run'을 클릭하면 연구자가 설정한 Query의 조건대로 실행된다.

'@WEIGHT >= 0.7'의 의미는 무의미한 네트워크(@WEIGHT=0)를 포함하여 복잡한 TF-IDF 네트워크를 다소 단순화하고자 WEIGHT 값이 최소 0.7 이상을 가지는 네트워크만 선별적으로 추출한 Query를 이용한 조건식이라고 이해하면 된다.

WEIGHT 값을 어느 정도로 조정하여 필터링하는 것이 좋은지는 설명하기 쉽지 않다. 그 이유는 앞서 제9장에서 언급한 바와 같이, 총 텍스트 문서(이 사례에서는 272개의 뉴스 기사)의 합에 따라 TF-IDF의 값이 결정되기 때문이다. 이에 0.5, 0.6 등의 값을 차례로 부여하고 TF-IDF를 분석하여 그 결과가 최선으로 도출되도록 반복적으로 Query 조건을 조정할 필요가 있다.

이 사례에서 '@WEIGHT >= 0.7'은 하나의 예시이며, 데이터의 특성을 고려한 연구자의 재량에 따라 선택될 수 있다.

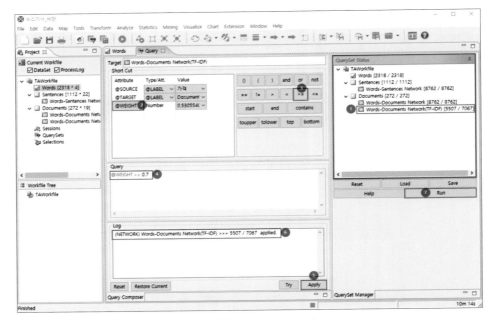

[그림 9-3] TF–IDF 분석 과정 2

다음으로, [그림 9-4]와 같이 NetMiner 주메뉴에서 Analyze 탭의 Two Mode 중 Degree를 선택한 후 클릭한다.

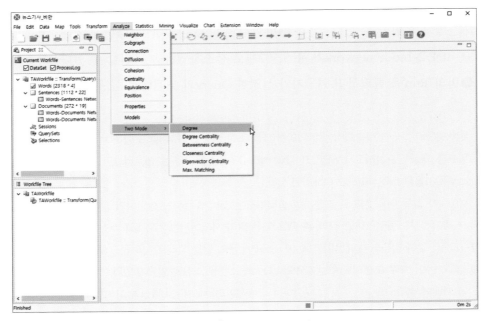

[그림 9-4] TF–IDF 분석 과정 3

Two Mode Degree 창이 생성되면, ❶번에서 'NodeSet'을 'Documents'로 선택하고 'Words–Documents Network(TF-IDF)'를 클릭한다. ❷번에서는 '# of links'를 선택하여 ❸번의 'Run Process'를 클릭하면 추가적으로 ❹번 창이 나타난다. 이때 '예(Y)'를 클릭하면 된다.

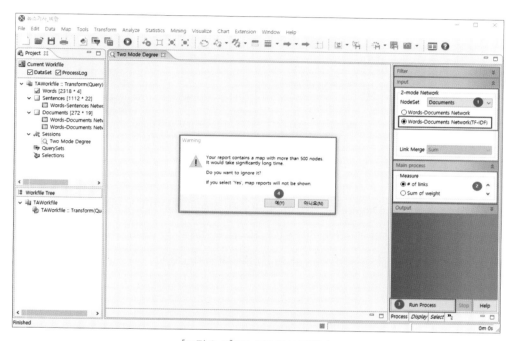

[그림 9-5] TF-IDF 분석 과정 4

앞의 과정을 완료하면, [그림 9-6] ❶번의 결과 화면이 나타나고, 아래의 탭 중 ❷번의 '[T] Main Nodeset Degree'를 클릭하여 다음 페이지로 이동한다.

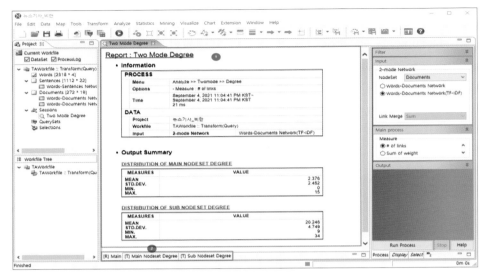

[그림 9-6] TF-IDF 분석 과정 5

‘[T] Main Nodeset Degree’를 클릭하여 새로운 창이 생성되면, 단어마다 ‘Degree’ 값을 보여 주는데 이 값이 TF-IDF 지수이다. [그림 7-17]의 TF 분석 결과 정렬과 동일하게 TF-IDF ‘Degree’ 값을 ‘sort’ 기능을 이용하여 내림차순한다.

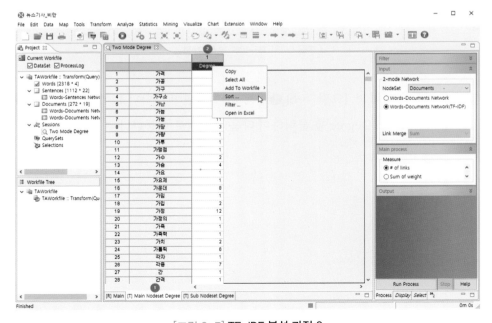

[그림 9-7] TF-IDF 분석 과정 6

'sort' 기능을 이용하여 TF-IDF를 내림차순한 결과는 [그림 9-8]과 같다. 단순 단어 빈도값인 TF가 아닌 TF-IDF 지수로 볼 때, 언론의 뉴스 기사에서 지난 두 달간 '비만'과 '건강'의 키워드로 중요하게 다룬 아젠다는 '심혈관질환' '성인' '사망' '활동' '필요' '치료' '지방' '전문' '예방' '영양' '생활' '대상' '근육' 등의 단어를 포함한다고 할 수 있다.

		1
Two Mode Degree 🔍 ✕		Degree
1	심혈관질환	15
2	성인	15
3	사망	15
4	활동	14
5	필요	14
6	치료	14
7	지방	14
8	전문	14
9	예방	14
10	영양	14
11	생활	14
12	대상	14
13	근육	14
14	확산	13
15	프로그램	13
16	참여	13
17	증진	13
18	제공	13
19	이후	13
20	여성	13
21	아시아	13
22	세계	13
23	설탕	13
24	내과	13
25	기업체	13
26	기간	13
27	관련	13
28	검진	13

[그림 9-8] TF-IDF 분석 결과

[그림 8-2]에서 설명한 바와 같이 TF-IDF 분석 결과 역시 엑셀 파일로 변환하여 저장할 수 있고, 엑셀 파일을 실행하여 TF-IDF 결과를 확인할 수 있다.

종합하면, TF-IDF는 단어 빈도와 문서 빈도를 기초로 해당 단어가 특정 문서에서 얼마나 중요한지 판단할 수 있는 정보를 제공한다. TF-IDF를 추출하기 위하여 NetMiner에서는 데이터 불러오기 후 생성되는 데이터셋 중 단어-문서 간 2-Mode 네트워크 (Words-Documents Network)를 활용해야 한다. 이러한 과정을 거친 다음 각 단어의 Degree 값으로 TF-IDF 지수를 확인할 수 있다.

2. TF-IDF 워드 클라우드 시각화

TF-IDF 워드 클라우드 시각화 방법은 [그림 8-3]과 [그림 8-4]의 TF 시각화 방법과 동일하다. 단, [그림 9-7]에서 생성된 TF-IDF 분석 결과는 기존의 Workfile에 node 속성을 추가하는 작업을 우선적으로 실행해야 한다.

[그림 9-9]의 좌측 그림과 같이 'Degree' 공간 위에 '우클릭'을 실행하고 'Add To Workfile' 탭의 'Node Attribute'를 선택하면, 우측 그림처럼 팝업창이 생기는데 이때 'Degree'를 선택하고 'OK'를 클릭한다.

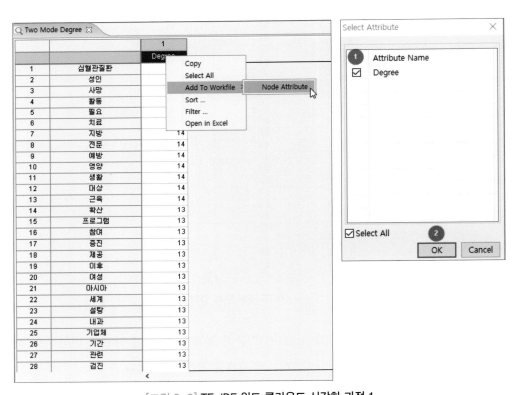

[그림 9-9] TF-IDF 워드 클라우드 시각화 과정 1

앞의 과정을 통하여 [그림 8-4]의 TF 'Select Node Attributes to Display'와 달리, 'Degree'를 선택할 수 있는 옵션이 생긴다. 이에 NetMiner 주메뉴에서 Tools 탭의 Plug-ins 중 Word Cloud를 선택한 후 TF-IDF 시각화를 위하여 'Degree'를 선택한다.

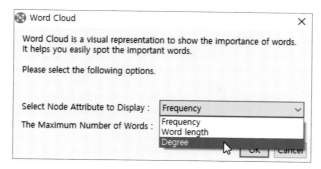

[그림 9-10] TF-IDF 워드 클라우드 시각화 과정 2

그러면 [그림 9-11]과 같은 TF-IDF 워드 클라우드 시각화 결과를 볼 수 있다.

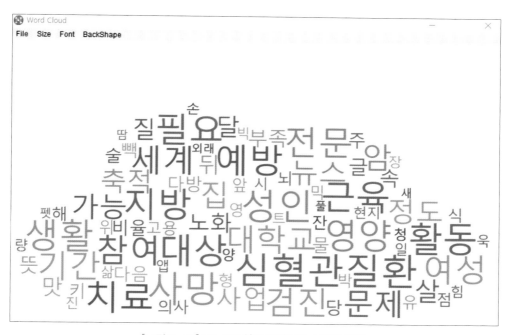

[그림 9-11] TF-IDF 워드 클라우드 시각화 결과

제10장

의미연결망 분석

1. 의미연결망 분석

　'의미연결망 분석(semantic network analysis)' 혹은 '연관어 분석(association keyword analysis)'은 TF와 TF-IDF 같은 주제어 빈도 분석을 발전시킨 것으로, 단순한 주제어의 빈도별 나열이 아닌 주제어를 포함한 대상 문서에서 함께 언급된 주제어를 동시에 추출하여 관심 주제어와 어떠한 토픽들이 연결되는지 분석하고자 하는 기법이다.

　예컨대, 하나의 뉴스 기사에서 동시에 출현한 용어(예: '비만'과 '건강')의 쌍을 추출하고 전체 문서 집합에서 주제어의 쌍별 발생 빈도와 연결관계를 분석하면 언론 뉴스 기사상의 주요 관심 토픽과 그 연계성을 추적할 수 있다.

　또한 주제어를 특정 토픽별로 분류한 후 연관어 분석을 실시하면 주요 쟁점 간의 관련성인 프레임을 구조적으로 파악하기에 용이하다.

　의미연결망 분석은 다음과 같은 과정을 거친다. 먼저, [그림 10-1]과 같이 NetMiner 주메뉴에서 Tools 탭의 Plug-ins 중 Word Network를 선택한 후 클릭한다.

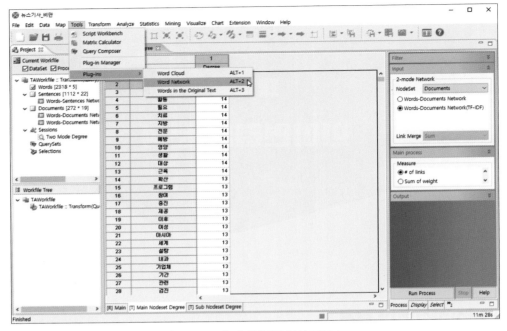

[그림 10-1] 의미연결망 분석 과정 1

그러면 [그림 10-2]의 좌측과 같은 팝업창이 나타나며, 단어 간 거리 정보를 이용하여 1-mode Network로 변환시킨다.

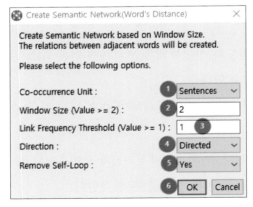

[그림 10-2] 의미연결망 분석 과정 2

❶ Sentences, Paragraphs, 혹은 Documents상 동시에 출현한 단어 두 쌍 혹은 세 쌍의 조합을 추출하기 위한 단위를 설정한다. 이 사례에서는 문장마다 동시에 출현

한 단어 두 쌍만 추출하고자 하였다.

❷ 윈도우 사이즈(Window Size)란 '단어 간 인접관계'를 설정하기 위한 대상 범위를 의미한다. 설정된 윈도우 사이즈 범위 내의 단어 사이에 링크가 부여된다. 즉, 나란히 등장하는 단어끼리만 링크를 생성할 것인지, 혹은 멀리 등장한 단어까지 링크를 생성할 것인지를 결정하기 위한 기준이다. 이 예시에서는 'Window Size >= 2'로 설정하여 나란히 등장하는 2개의 단어끼리만 링크를 생성하는 것으로 설정하였다. 참고로 'Window Size >= 3'의 경우에는 한 문장 내에 나란히 등장하는 3개의 단어끼리만 링크를 생성하도록 설정하는 것이다.

❸ 링크 빈도(Link Frequency)는 한 쌍의 단어 간에 몇 개 이상의 링크가 생성되어야 그 단어 쌍을 추출할지 설정하는 것이다. 예시 'Value >= 1'의 의미는 2개의 단어 간에 1개 이상의 링크만 생성되어도 한 쌍으로 추출하도록 지정한 것이다.

❹ 방향(Direction)은 동시에 출현한 2개 이상의 단어의 출현 순서를 고려할 것인지 하지 않을 것인지를 설정하는 것이다. 가령, '성인 비만'의 경우 '성인'과 '비만'이 한 쌍으로 묶이지만, '성인'이라는 단어가 먼저 출현하고 연이어 '비만'이라는 단어가 나오는 경우만 방향을 가지고 추출하도록 하는 것이다. 즉, '성인 비만'과 '비만 성인'은 다른 방향을 의미한다. 이 예시에서는 방향을 설정하였다.

❺ 자기순환 제거(Remove Self-Loop)는 한 문장(혹은 단락이나 문서)에서 동일한 단어 쌍이 반복적으로 나올 때 이들을 제거할지 설정하는 것이다. NetMiner에서는 'Yes'로 자동 설정(default)되어 있으며, 이 예시에서도 'Yes'로 설정하였다.

❻ 사용자의 분석 목적에 맞게 모든 설정이 완료된 후 'OK'를 클릭하면, [그림 10−2] 우측의 화면이 순차적으로 나타나고 '확인'을 클릭하면 된다.

앞의 설정 과정에 따라 1−mode Network로 변환된 상태를 [그림 10−3]과 같이 Workfile Tree에서 확인할 수 있다(Result[Sentences,2,1,D]).

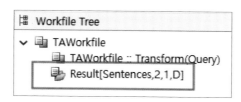

[그림 10−3] **의미연결망 분석 과정 3**

예시로 제시한 의미연결망 분석 설정([Sentences,2,1,D])의 결과를 시각화하기 위해서는 [그림 10-4]에 나타난 것처럼 설정하는 과정이 필요하다.

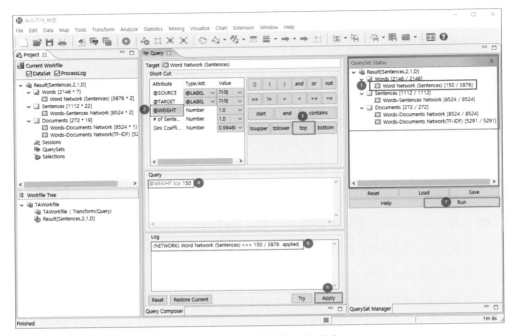

[그림 10-4] **의미연결망 분석 과정 4**

❶ 'Query Set Status' 패널에서 보면, 의미연결망 분석 설정([Sentences,2,1,D])의 결과인 sentence 내 단어 간 네트워크(Word Network)의 총 링크 수가 3,876개임을 확인할 수 있다(이 예시 화면은 전체 과정을 설정한 후 화면 캡처를 한 것이라 130/3876으로 보이나, 원래는 3876/3876으로 보인다). 다만, 이 네트워크를 시각화한다면 매우 복잡하여 시각적으로 그 의미를 즉시 판단하기 어려울 수 있다. 이에 네트워크 수를 전략적으로 줄일 필요가 있다. 이 예시에서는 분석 함의를 제공할 만한 링크의 Weight(단어 쌍이 동시에 등장한 총 빈도)가 큰 'top 150'개만 선별하여 시각화하기로 한다. 이를 위해 'Word Network'를 클릭하면 화면 중간에 'Query' 패널이 나타난다.

❷ 'Query' 기능을 활용하기 위하여 '@WEIGHT'를 클릭한다.

❸ 이 예시의 Weight top 150개만 선별하기 위하여 'Query' 패널의 'top'을 클릭한다.

❹ 'Query' 공간에 '@WEIGHT top'이라는 명령어가 생성되었고 150을 기입한다.

❺ 실행을 위하여 'Apply'를 클릭한다.

❻ 그 결과 'Log' 공간에 '(NETWORK) Word Network (Sentences) > > > 150/3876'이
라는 명령어가 생성되었고, ❶에서도 'Word Network (Sentences) [150/3876]'으로
변환되었음을 확인할 수 있다.

❼ 'Run'을 클릭하면 모든 설정이 완료되어 진행된다.

2. 의미연결망 분석 시각화

의미연결망 분석 시각화를 위한 사전 준비 과정이 완료되면 NetMiner 주메뉴에서
Visualize 탭의 Spring 중 2D를 선택한 후 클릭한다.

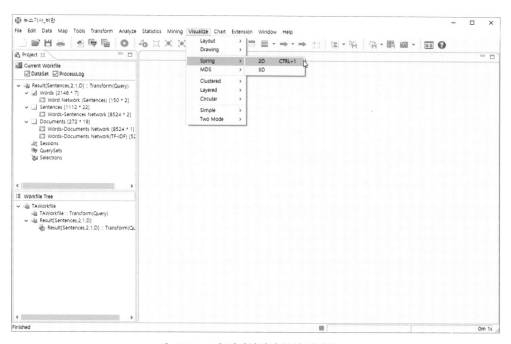

[그림 10-5] **의미연결망 분석 시각화 1**

화면의 Spring 탭의 2D를 클릭하면 [그림 10-6]처럼 시각화 결과가 나타난다.

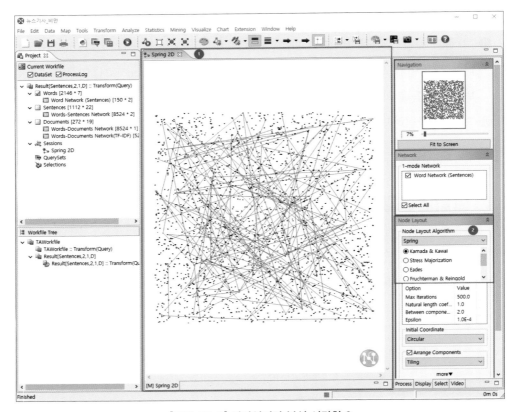

[그림 10-6] **의미연결망 분석 시각화 2**

❶의 화면에 시각화 결과가 나타난다.

❷ 'Node Layout' 패널을 이용하여 시각화 모양을 변환할 수 있다. 이 예시는 Spring 탭에서 2D 클릭 후 자동 설정된 'Kamada & Kawai' 시각화 유형이다.

다만, 보는 바와 같이 의미연결망 분석 시각화 결과를 즉시 파악하기가 쉽지 않다. 이에 이 시각화 결과를 재조정할 필요가 있으며, 다음 과정을 추가적으로 실행한다. 먼저, 화면상 시각화 그래픽 위에 커서를 놓고 우클릭을 하고, 실행창이 나타나면 'Select All'을 선택하여 클릭한다.

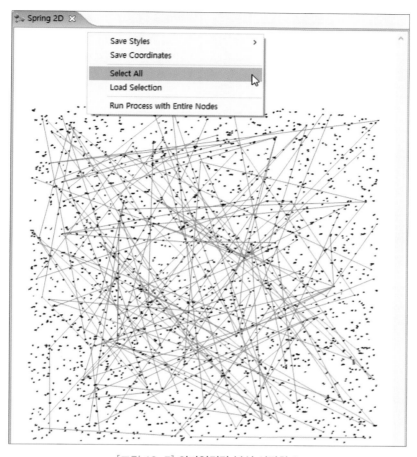

[그림 10-7] **의미연결망 분석 시각화 3**

　'Select All'을 선택하면 [그림 10-8]과 같이 전체 시각화 그래픽 중 (의미연결망) 네트워크가 생성된 단어/노드의 경우만 노란색으로 전환되었고, 단어 간 연결이 없는 단어/노드, 즉 연결 상태가 아닌 독립적으로 존재하는 단어(이를 고립된 노드라 칭한다)는 여전히 검은색을 띠고 있음을 확인할 수 있다. 이에 네트워크가 생성되지 않는 단어는 제거해 줄 필요가 있다. 이를 실행하기 위하여 그래픽 위에 커서를 놓고 우클릭을 한 후, [그림 10-8]의 좌측 그림과 같이 'Deselect Isolated Nodes'를 클릭한다. 이후 우측 그림 예시와 동일하게 'Run Process with Selected Nodes'를 선택하여 클릭한다.

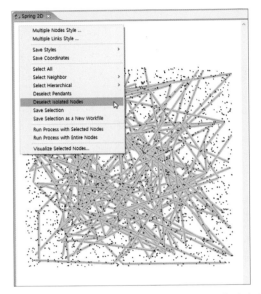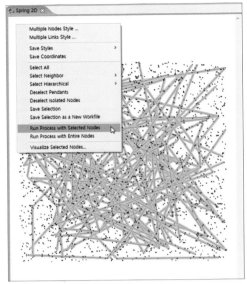

[그림 10-8] 의미연결망 분석 시각화 4

실행이 완료된 후 복잡해 보였던 [그림 10-6]의 단어 간 의미연결망 네트워크가 [그림 10-9]와 같이 가시적으로 정리되어 나타난다.

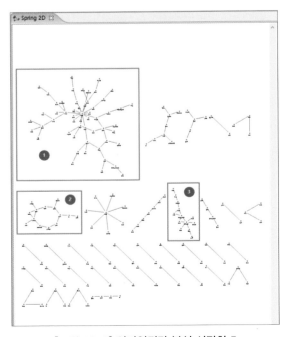

[그림 10-9] 의미연결망 분석 시각화 5

❶, ❷ 그리고 ❸번 등의 여러 단어 간 네트워크가 존재하며, 크기가 가장 큰 ❶번 네트워크를 확대(마우스 휠로 조정)해 보면 [그림 10-10]과 같이 어떠한 단어들 간의 조합과 방향으로 네트워크가 생성되어 있는지를 확인할 수 있다. 가령, '체중'이라는 단어는 언론 뉴스 기사에서 '중년 → 남성 → 체중 → 변화' '중년 → 남성 → 체중 → 감량' '고무줄 → 체중' 등의 연관어와 단어 간 방향으로 '체중'에 대한 뉴스 기사상 프레임 구도를 볼 수 있었다. 이 외에도 '건강' '비만' '연구' 등의 핵심어와 관련된 단어들의 네트워트를 의미연결망 분석을 통하여 확인할 수 있다.

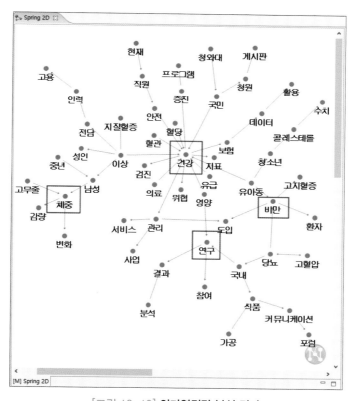

[그림 10-10] **의미연결망 분석 결과**

제11장

토픽모델링

최근에는 의미연결망 분석 중 하나로 토픽모델링(topic modeling) 기법이 많이 사용되고 있다. 그 이유는 [그림 10-6]에서 언급한 바와 같이 의미연결망 분석의 단점은 단어들 간 네트워크 시각화가 다소 복잡하고, 추출된 단어 쌍의 중요도를 통계적으로 제시하기 어려운 점이 존재하기 때문이다. 또한 [그림 10-9]에서 보듯이 연관어 네트워크가 분절되어 있는 경우가 많아 분석 결과 해석에서의 어려움도 종종 존재하기 때문이다.

반면에 토픽모델링은 텍스트 데이터에서 사용된 주제어들의 동시 사용 패턴을 바탕으로, 해당 텍스트들을 대표하는 특정 주제나 이슈, 주제 그룹들을 자동으로 추출하는 분석 기법이기에 활용도가 더 높다. 토픽은 서로 같이 등장할 확률이 높고 유사한 의미를 가지는 단어들의 집합이라고 할 수 있는데, 토픽모델링은 텍스트 데이터 내 단어들의 빈도를 통계적으로 분석하여 전체 데이터를 관통하는 잠재적 주제, 즉 토픽들을 자동으로 추출하여 분류한다는 점에서 쟁점 분석 시 유용하다.

1. 토픽모델링 분석

토픽모델링 분석은 다음과 같은 과정을 거친다.

먼저, [그림 11-1]과 같이 'Workfile Tree' 내 최상단에 위치하는 'TAWorkfile'을 선택
한 후, NetMiner 주메뉴에서 Mining 탭의 Text 중 Topic의 LDA를 지정하여 클릭한다.

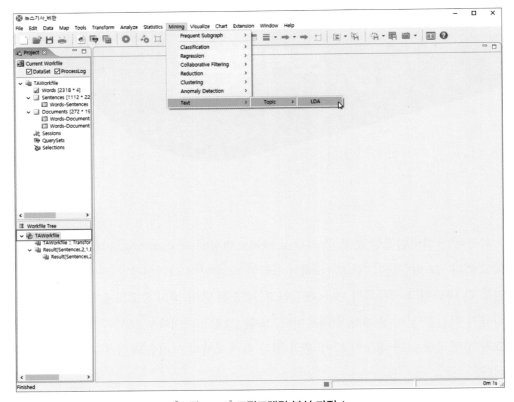

[그림 11-1] **토픽모델링 분석 과정 1**

Mining 탭의 Text에서 Topic의 LDA를 지정하여 클릭하면 [그림 11-2]와 같은 실행
창이 열리며, 다음 과정을 통하여 LDA를 수행한다.

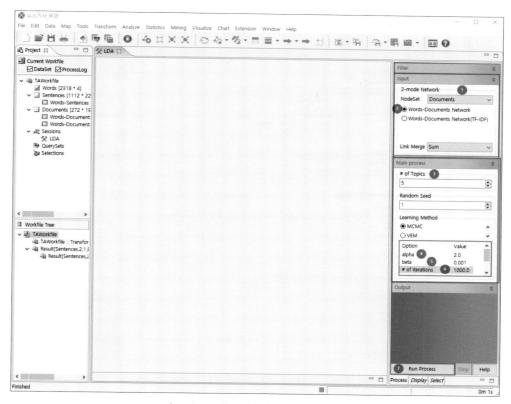

[그림 11-2] **토픽모델링 분석 과정 2**

❶ 'Input' 패널에서 'NodeSet' 설정을 'Documents'로 지정한다.

❷ 'Words-Documents Network'를 선택한다.

❸ 'Main process' 패널에서 '# of Topics'의 의미는 LDA 분석을 통하여 분석자가 추출하고자 하는 토픽의 총 개수를 임의로 설정할 수 있다는 것이다. 이 예시에서는 토픽을 '5'개로 지정하였다.

❹ 'Learning Method'에서 디폴트 값인 'MCMC'와 'alpha 값을 2.0'으로 지정한다.

❺ 이 예시에서는 'delta' 값을 '0.001'로 지정하였다.

❻ 이 예시에서는 '# of iterations' 값을 '1000.0'으로 지정하였다.

❼ 'Run Process'를 클릭하여 모든 설정을 실행한다.

실행이 완료되면 [그림 11-3]과 같은 화면이 생성되고, LDA 분석 결과를 보여 준다.

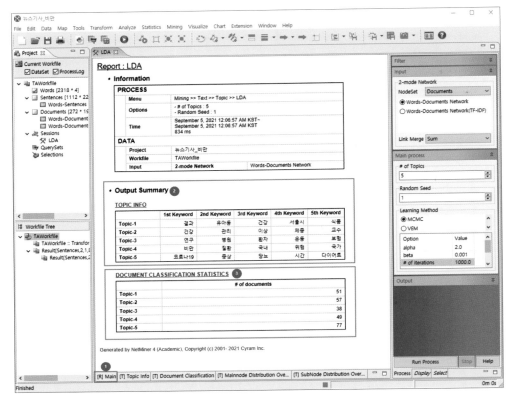

[그림 11-3] **토픽모델링 분석 과정 3**

❶ 화면 하단에 LDA 분석 결과를 볼 수 있는 탭이 있으며, '[R] Main' 탭에서 분석 결과를 확인할 수 있다.

❷번 영역은 LDA 'Output Summary'를 이용해 예시로 설정한 topic 5개 각각의 분류에서 주요 키워드를 순위별로 나타낸 것이다. 가령, 'Topic_4'에는 '비만' '질환' '국내' '위험' '국가' 순으로 주요 키워드가 추출되었으며, 이 단어들을 의미적으로 조합하면, 국내 뉴스 기사에서는 '국내 비만 질환 (정도가) 국가 위험 (수준)'이라는 쟁점을 제공했다고 판단할 수 있다.

❸번 결과는 총 272개의 언론 뉴스 기사 중 각 토픽이 차지하는 기사 수를 제시한다. 앞서 언급한 예시인 'Topic_4'와 연관된 기사 수는 49개로 전체 기사 수(272개)의 18% 정도에 해당하고, 가장 많은 쟁점 보도는 'Topic_5'로 28.3%(77/272) 정도에 해당하는 것으로 나타났다.

'[R] Main' 탭 옆의 '[T] Topic Info'를 클릭해 보면, 추출된 각 토픽의 키워드에 관하여 '[R] Main' 탭의 'Output Summary'보다 더욱 상세한 LDA 분석 결과를 볼 수 있다([그림 11-4] 참조).

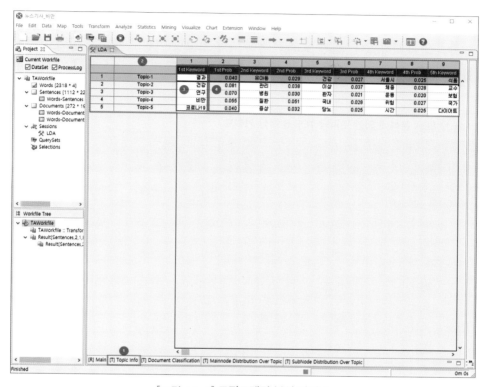

[그림 11-4] 토픽모델링 분석 과정 4

❶ '[T] Topic Info'를 클릭한다.

❷ 지정한 토픽 5개가 나열되어 있다.

❸ 각 토픽별 가장 중요한 키워드('1st Keyword')부터 아래 스크롤바를 우측으로 이동하면 순차적으로 확인할 수 있다.

❹ 키워드별 추출 확률값('1st Prob')을 볼 수 있다. '1st Prob'는 특정 키워드가 하나의 topic 분류에서 가장 높은 확률(probability)로 추출되는지를 제시하는 지표이며, '2nd Prob'는 그다음으로 중요한 단어에 대한 추출 확률값이다. 각 토픽당 추출된 키워드들의 확률은 하나의 텍스트 문서에서 몇몇 키워드가 동시에 출현할 확률로서 어떠한 맥락(혹은 토픽)으로 키워드들 간에 서로 연결되어 있을 정도를 의미한

다. 즉, 확률값이 높을수록 주요 키워드이며, 다른 키워드들과의 연관성이 높음을 의미한다.

앞서 언급한 LDA 분석 결과를 보고서나 연구 논문으로 작성하기 위해서는 〈표 11-1〉과 같이 결과를 보고한다. 이 예시에서는 각 토픽별 키워드 6개와 각 키워드별 추출 확률을 제시하였다. 결과 보고 목적에 따라 보고할 키워드 개수는 임의로 지정할 수 있다.

〈표 11-1〉 LDA 분석에 의한 토픽당 TOP 6 핵심 키워드

토픽	키워드 1	키워드 2	키워드 3	키워드 4	키워드 5	키워드 6
토픽 1 (문서 수 = 51, 18.8%)	결과	유아동	건강	서울시	식품	지방
확률	0.04	0.029	0.027	0.025	0.022	0.02
토픽 2 (문서 수 = 57, 21%)	건강	관리	이상	체중	교수	국민
확률	0.081	0.038	0.037	0.028	0.022	0.021
토픽 3 (문서 수 = 38, 14%)	연구	병원	환자	운동	보험	분석
확률	0.07	0.03	0.021	0.02	0.018	0.013
토픽 4 (문서 수 = 49, 18%)	비만	질환	국내	위험	국가	경우
확률	0.055	0.051	0.028	0.027	0.023	0.014
토픽 5 (문서 수 = 77, 28.3%)	코로나19	증상	당뇨	시간	다이어트	사람
확률	0.04	0.032	0.025	0.025	0.024	0.023

추출된 토픽들을 살펴보면 의미상 연결되는 몇몇 키워드를 포함하고 있음을 알 수 있다. 추출된 키워드를 중심으로 각 토픽별 쟁점을 정리하면 〈표 11-2〉와 같다. 예시의 쟁점 정리는 토픽별 키워드 6개를 기준으로 하였으며, 앞서 언급한 바와 같이 분석 결과를 활용하는 목적에 맞게 적절히 그 숫자를 조정할 수 있다.

〈표 11-2〉 **토픽별 쟁점**

토픽	쟁점
토픽 1	서울시의 식품 내 지방 함유 분석 그리고 유아와 아동의 비만과 건강에 미치는 결과 발표와 논의
토픽 2	국민의 체중과 건강관리 이상에 대한 교수의 의견
토픽 3	병원 환자의 보험 자료로 연구 분석한 운동과 체중의 관계
토픽 4	국내 비만 질환의 경우 국가 위험 수준
토픽 5	코로나19 기간 동안 비만과 당뇨 증상 급증으로 인한 다이어트

2. 토픽모델링 시각화 전처리 과정

LDA 분석 결과인 토픽별 분류와 쟁점을 보고한 후 그 결과를 시각화하기 위하여 다음의 과정을 거친다.

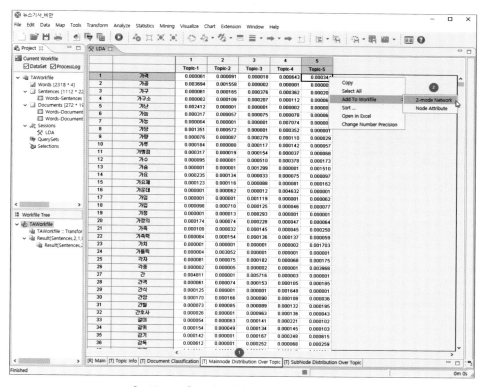

[그림 11-5] **토픽모델링 시각화 전처리 과정 1**

❶ LDA 분석 결과, 화면창 밑에 위치한 '[T] Mainnode Distribution Over Topic' 탭을 선택한다.

❷ 이후 화면창에 커서를 두고 우클릭을 하면 실행창이 나타나는데, 이때 'Add To Workfile' 탭에서 '2-mode Network'를 지정한다.

앞의 ❷를 클릭하면, [그림 11-6]과 같은 창이 생성되고, 'OK'를 클릭하면 '[T] Mainnode Distribution Over Topic'이라는 데이터셋이 NetMiner 메인 화면 Workfile Tree에 생성된다.

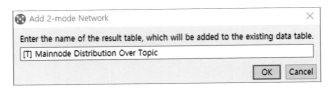

[그림 11-6] **토픽모델링 시각화 전처리 과정 2**

NetMiner 메인 화면에서 다음 과정을 진행한다.

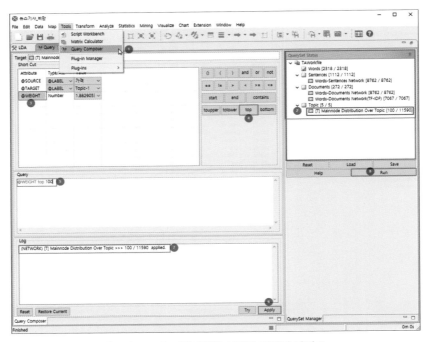

[그림 11-7] **토픽모델링 시각화 전처리 과정 3**

❶ NetMiner 주메뉴에서 Tools 탭의 Query Composer를 선택한 후 클릭한다.

❷ 이후 생성되는 'Query Set Status' 패널 내 '[T] Mainnode Distribution Over Topic' Workfile을 보면 토픽 5개 내에 11,590개의 단어 네트워크가 존재함을 알 수 있다 (이 예시 화면은 전체 과정을 설정한 후 화면 캡처를 한 것이라 100/11590으로 보이나, 원래는 11590/11590으로 보인다). 그러나 이것을 전부 시각화하기는 쉽지 않기에, 네트워크 수를 적절하게 줄일 필요가 있다. 이 예시에서는 분석 함의를 제공할 만한 링크의 Weight가 큰 'top 100'개만 선별하여 시각화하기로 한다. 이를 위해 'Mainnode Distribution Over Topic'을 클릭하면 화면 중간에 'Query' 패널이 나타난다.

❸ 'Query' 기능을 활용하기 위하여 '@WEIGHT'를 클릭한다.

❹ 이 예시의 Weight top 100개만 선별하기 위하여 'Query' 패널의 'top'을 클릭한다.

❺ 'Query' 공간에 '@WEIGHT top'이라는 명령어가 생성되고 '100'을 입력한다.

❻ 실행을 위하여 'Apply'를 클릭한다.

❼ 그 결과 'Log' 공간에 '(Network) [T] Mainnode Distribution Over Topic > > > 100/11590'이라는 명령어가 생성되었고, ❷에서도 '[T] Mainnode Distribution Over Topic [100/11590]'으로 변환되었음을 확인할 수 있다.

❽ 'Run'을 클릭하면 모든 설정이 완료되어 진행된다.

3. 토픽모델링 시각화 과정

LDA 분석 시각화를 위한 사전 준비 과정이 완료되면 NetMiner 주메뉴에서 Visualize 탭의 Two Mode 중 Spring을 선택한 후 클릭하는데, 이때 [그림 11-8]의 우측 그림과 같은 창이 생성된다. 이후 ❶ '2-mode Network'의 'NodeSet'에서 'Topic'을 선택한다.

[그림 11-8] **토픽모델링 시각화 과정 1**

이 과정을 완료하면, 비로소 [그림 11-9]와 같은 토픽 5개별 연관 단어가 두드러지는 LDA 분석 결과 시각화 그래픽이 생성된다.

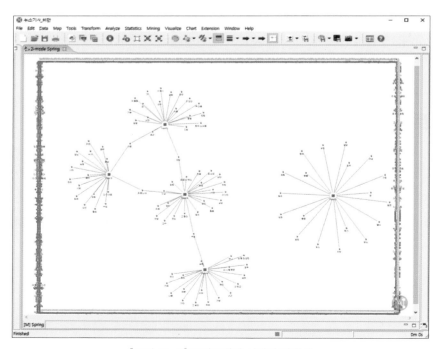

[그림 11-9] **토픽모델링 시각화 과정 2**

다만, [그림 11-10]에서 보는 바와 같이 LDA 결과, 네트워크로 연결되지 않는 무수한 고립된 단어들이 그래픽 주위에 테두리 모양으로 존재하고 있음을 볼 수 있다. 이들을 제거하기 위하여 이 시각화 결과를 재조정할 필요가 있다. 이에 다음 과정을 추가적으로 실행한다. 먼저, 화면상 시각화 그래픽 위에 커서를 두고 우클릭을 하면 실행창이 나타나는데, 이때 'Select All'을 선택한다.

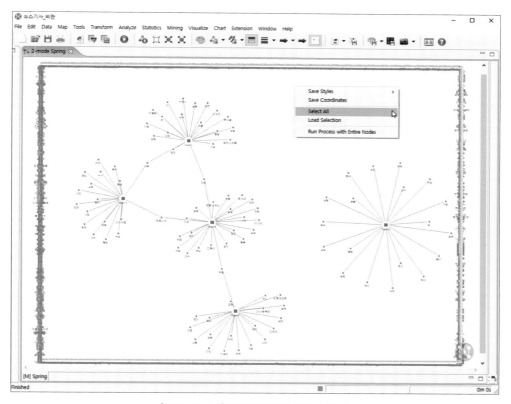

[그림 11-10] **토픽모델링 시각화 과정 3**

의미연결망 분석 시각화 설명([그림 10-8] 참조)과 동일하게 그래픽 위에 커서를 놓고 우클릭을 한 후, [그림 11-11]의 좌측 그림과 같이 'Deselect Isolated Nodes'를 클릭한다. 이후 우측 그림 예시와 동일하게 'Run Process with Selected Nodes'를 선택하여 클릭한다.

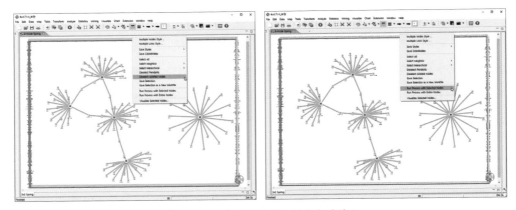

[그림 11-11] **토픽모델링 시각화 과정 4**

　　실행이 완료된 후 네트워크 연결 없이 독립적으로 존재하는 고립된 단어들이 [그림 11-12]와 같이 삭제되었음을 확인할 수 있다.

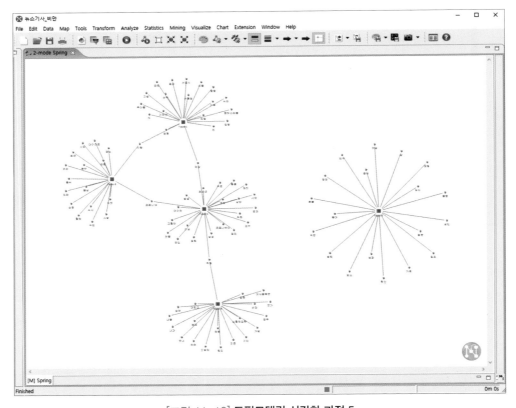

[그림 11-12] **토픽모델링 시각화 과정 5**

나아가, LDA 결과 그래픽 내에 연결된 단어들의 글자 크기 등의 조정을 통하여 가독
성 있는 시각화를 도출하고자 한다면, 다음의 추가적인 과정을 실행한다. 앞선 [그림
11-10]과 동일하게 시각화 그래픽 위에 커서를 두고 우클릭을 한 후에 'Select All'을 선
택한다([그림 11-13] 참조).

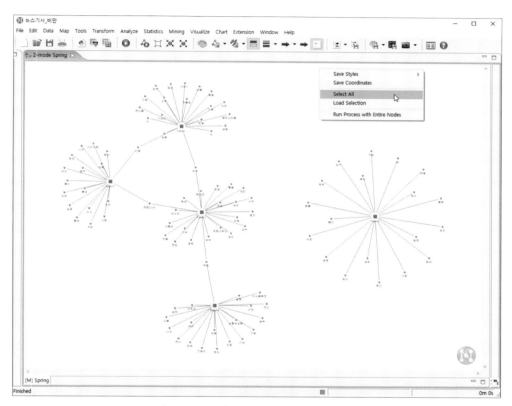

[그림 11-13] 토픽모델링 시각화 과정 6

이후 'Multiple Nodes Style'을 클릭한다. 이는 'Select All'에 의해 선택되고 화면상 노
란색으로 표시된 모든 node에 대한 크기, 모양 및 색상 등 시각적 style을 조정할 수 있
는 기능이다.

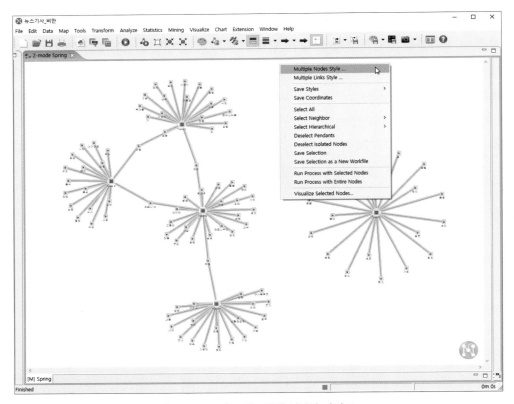

[그림 11-14] **토픽모델링 시각화 과정 7**

제5장의 노드와 링크 속성에 따른 스타일링에서 설명한 바와 같이 [그림 11-15] 화면에서 노드와 링크에 대한 styling을 설정해 준다.

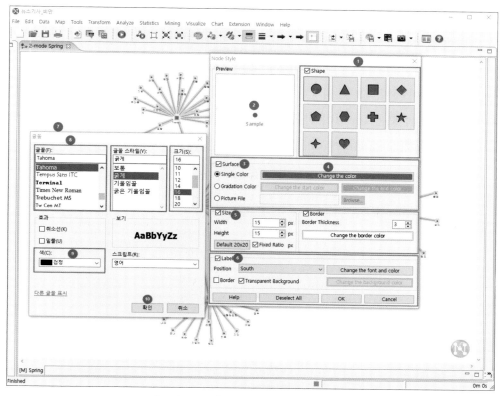

[그림 11-15] **토픽모델링 시각화 과정 8**

❶ 패널에서 노드의 모양을 설정할 수 있다. 이 예시에서는 디폴트(default)로 제공하는 '원형'을 그대로 적용하였다.

❷ 'Preview'를 통해 노드 모형을 미리 볼 수 있다.

❸ 'Surface'에서 노드의 색상을 지정할 수 있다.

❹를 클릭하면 다양한 색상을 볼 수 있으며, 이 예시에서는 디폴트로 제공하는 '붉은 색'을 그대로 적용하였다.

❺ 노드의 크기(size)와 둘레의 굵기(border thickness)를 지정할 수 있다. 이 예시에서도 디폴트로 제공하는 '15'size와 둘레 굵기 '3'을 그대로 적용하였다.

❻을 클릭하면 좌측의 실행창인 ❼이 나타나고 이 창을 통하여 노드의 label, 즉 노드인 단어의 ❽ 글꼴(font), 굵기, 글자 크기 그리고 ❾ 색상 등을 조정할 수 있다. 이 예시에서는 글꼴 'Tahoma', '굵게', 크기 '16'에 색상은 '검정'으로 지정하였다. ❿의 '확인'을 클릭하여 모든 설정을 실행하였다.

모든 노드의 모양, 크기, 색상 등이 설정되었다. 다만, 'Topic-1'과 같은 토픽을 노드인 단어와 차별화하여 시각화하고 싶은 경우에는 'Topic-1'을 좌클릭 한 번 한 후, 'control key(Ctrl)'를 누른 상태로 나머지 'topic' 노드를 좌클릭 한 번으로 하나하나 모두 선택한다. 이런 방식으로 지정된 노드들만 노란색으로 표기가 된다. 이 예시에서는 화면상 총 5개의 모든 'topic'이 선택되었음을 확인할 수 있다. 이후 우클릭으로 [그림 11-16]과 동일하게 'Multiple Nodes Style'을 클릭한다.

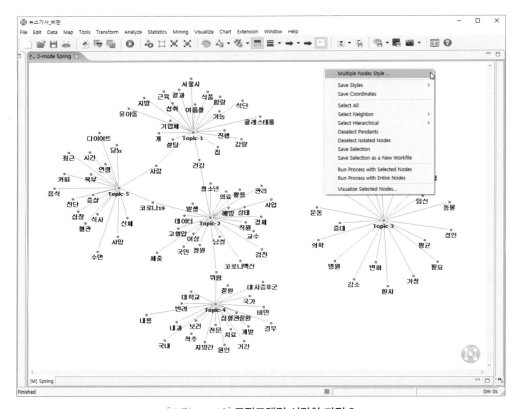

[그림 11-16] **토픽모델링 시각화 과정 9**

[그림 11-17] 역시 [그림 11-15]의 노드 스타일링 과정과 동일하다. 다만, 이 예시에서는 앞의 설명과 차별화를 위하여 ❶ 노드의 모양을 '정사각형'으로 설정하였다.

❷ 'Preview'를 통해 정사각형 노드 모형을 확인할 수 있다.

❸ 노드의 색상은 '파랑'으로 지정하였다.

❹ 노드의 크기는 '15'로, 둘레 굵기는 '3'으로 적용하였다.

❺를 클릭하여 좌측의 실행창에서 ❻ 글꼴 'Tahoma', ❼ '굵게', ❽ 글자 크기 '16' 그리고 ❾ 색상은 '파랑'으로 지정하였다.

❿의 '확인'을 클릭하여 모든 설정을 실행하였다.

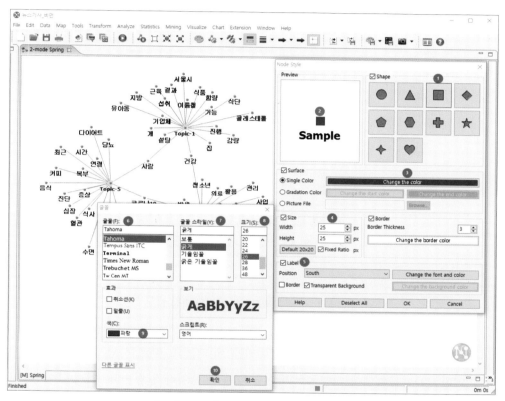

[그림 11-17] 토픽모델링 시각화 과정 10

[그림 11-17]의 시각화 결과에 따른 그래픽은 [그림 11-18]과 같이 생성된다.

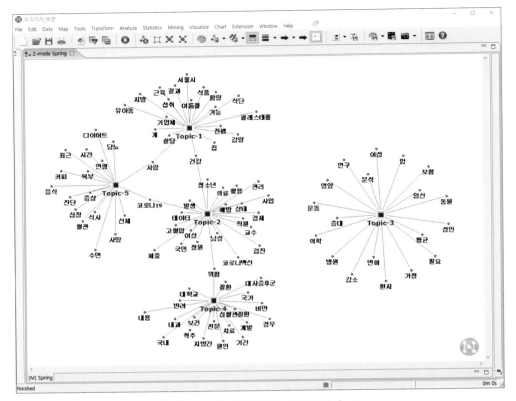

[그림 11-18] **토픽모델링 시각화 과정 11**

[그림 11-19]에서는 흥미로운 몇몇 단어가 눈에 띄는데, 바로 '사람' '건강' '코로나19' '위험'이다. LDA 분석에서는 언급한 단어들을 매개 단어라 일컫는다. 매개 단어는 2개 이상의 토픽에 공통적으로 나타나는 핵심 키워드로서 매개 단어만을 조합하여 하나의 쟁점으로 판단하기도 한다.

예를 들어, Topic 1과 Topic 5 사이에는 '사람'이라는 매개 단어가, Topic 1과 Topic 2 사이에는 '건강'이라는 단어가, Topic 2와 Topic 5 사이에는 '코로나19'가, Topic 2와 Topic 4 사이에는 '위험'이라는 매개 단어가 존재하여 이들 토픽 간에 서로 네트워크 가 생성되고 이들 매개 단어를 통하여 연결되어 있음을 확인할 수 있다. 이에 반하여 Topic 3은 다른 토픽과 매개할 수 있는 핵심 키워드가 존재하지 않아 독립적인 쟁점을 지닌 것으로 나타났다.

이에 매개 단어들만을 강조하기 위하여 [그림 11-16]부터 [그림 11-17]까지의 노드 스타일링 과정을 매개 단어들을 대상으로 실행할 수 있다. [그림 11-19]의 예시에서는 노드의 모양을 '별표'로, 색상은 '붉은색'으로, 노드 크기는 '25'로, 둘레 굵기는 '3'으로, 글꼴 'Tahoma', '굵게', 글자 크기 '25' 그리고 글자 색상은 '붉은색'으로 설정하여 실행하였다.

[그림 11-15] 혹은 [그림 11-17]과 같은 노드 스타일링 과정은 ❶ '팔레트(Palette)' 아이콘을 클릭하여 실행할 수도 있다. 모든 과정이 실행되어 추출된 최종적인 LDA 분석 시각화 결과는 ❷ '카메라' 아이콘을 활용하여 저장할 수 있다.

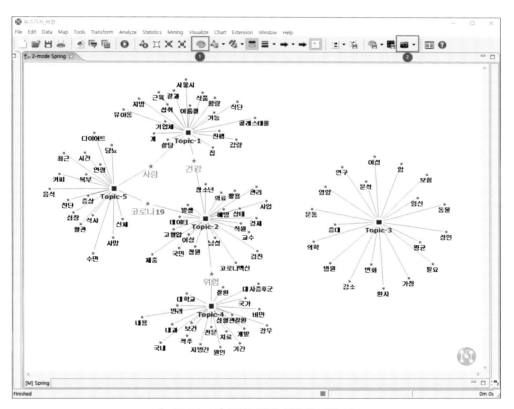

[그림 11-19] **토픽모델링 시각화 과정 12**

NetMiner를 활용한 텍스트 분석 과정은 LDA 시각화 과정으로 완료된다.

다음 제4부에서는 유튜브와 트위터상에서 텍스트 데이터를 활용하여 분석하고 보고하는 방법에 대해 각 사례를 통해 설명하고자 한다.

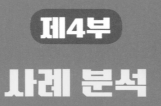

제4부

사례 분석

제12장

유튜브 콘텐츠 분석

1. 유튜브 콘텐츠 데이터 가져오고 전처리 설정하기

　NetMiner SNS Data collector 기능을 활용하여 제6장의 과정을 실행함으로써 유튜브 내 특정 단어와 관련된 데이터를 추출할 수 있다. 다만, [그림 6-4]와 [그림 6-5] 등에서는 유의어, 지정어, 제외어, 포함어 등의 전처리 과정 없이 예시로 제시한 반면에 이 장에서는 [그림 7-14]에서 설명한 데이터 전처리 과정을 거친다.

　[그림 6-4]의 화면에서 ❷ 'Preprocess'를 클릭하고, [그림 6-5]의 ❹ 'Dictionary'에서 유의어와 제외어를 추가하여 설정한 후 'Import into NetMiner'를 실행한다(유의어, 지정어, 제외어, 포함어 사전 활용은 제7장 참조).

이 분석을 위해 사용된 유사 지정어를 정리하면 〈표 12-1〉과 같다.

〈표 12-1〉 유사 지정어

유사 지정어	유사어	유사 지정어	유사어
질병관리청	질병관리본부, 질병 관리, 질병 관리, 청	코로나19	코로나, 코로나 19, 코로나바이러스, 코로나 바이러스, 신종 코로나, 신종 바이러스, 신종코로나
건강	헬스	연구	조사, 연구조사, 조사연구
변이바이러스	변이 바이러스, 변이, 바이러스	만성질환	만성 질환, 지저질환, 기저 질환
질환	질병, 병	증상	증
모더나	모더 나, 모더	아스트라	아스트라제네카, 제네카
민노총	민주노총	신체	몸, 인체
대한민국	한국, 국내	효과	효율
생활습관	생활 습관	연령	나이
보건복지부	보건 복지부, 복지부	신규확진	신규 확진
자가격리	자가 격리	사회적거리두기	사회적 거리두기, 거리두기
코로나백신	코로나 백신, 백신	시행	실행, 실시
증대	증강, 확대, 증가	주말	토요일, 일요일
유아동	유아, 영유아, 아동, 어린이, 아이, 애, 어린애, 소아	정은경	정은경 본부장, 질병관리본부 본부장, 질본 본부장, 질병청장, 청장, 정 청장
서울시	서울, 서울특별시, 서울 특별시	사람	인간
논의	회의, 토론, 협의	예방	방지
비대면	비 대면, 언택트, 언 택트	뉴노멀	뉴 노멀, 새일상

유튜브 텍스트 데이터 전처리를 위한 유의어와 제외어 입력은 [그림 12-1]과 같이 진행한다.

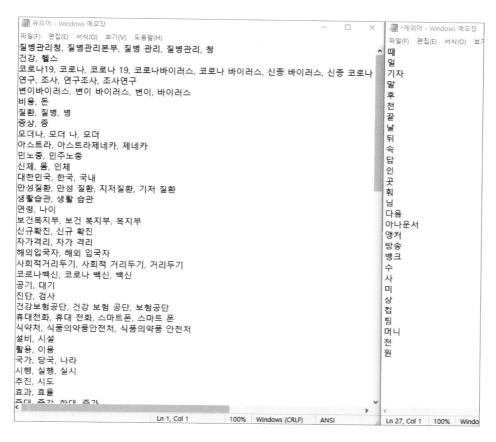

[그림 12-1] 유튜브 텍스트 데이터 전처리를 위한 유의어와 제외어 작성 및 입력

유의어와 제외어를 포함하지 않고 데이터 전처리를 한 [그림 6-7]의 경우, 'Current Workfile' 내 'Words [6678*4]', 'Videos [100*10]' 그리고 'Comments [5003*8]'의 데이터가 추출되었다. 하지만 이 장의 예시에서는 유의어와 제외어를 포함한 데이터 전처리 후 ❶ 'Workfile Tree' 내 '질병관리청'으로 추출한 데이터를 가져왔기 때문에 ❷ 'Current Workfile' 내 ❸ 'Words [6259*4]', ❹ 'Videos [100*10]' 그리고 ❺ 'Comments [4838*8]'의 데이터로 수정되었다. 수정된 NetMiner 파일명을 '유튜브_질병관리청_수정'으로 저장하였다.

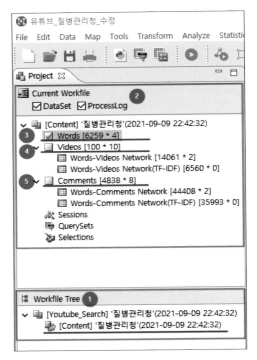

[그림 12-2] 유튜브 콘텐츠에 대한 전처리 후 NetMiner 화면상 데이터

2. TF & TF-IDF 분석

2021년 6월 30일부터 8월 30일까지 약 두 달여의 기간 동안 '질병관리청' 키워드로 추출한 100개의 유튜브 콘텐츠 중 분석 가능한 단어 수는 총 6,259개였으며, ❶의 'Words'를 클릭하면 ❷와 같은 TF 정보가 나타난다([그림 12-3] 참조).

1) TF 분석

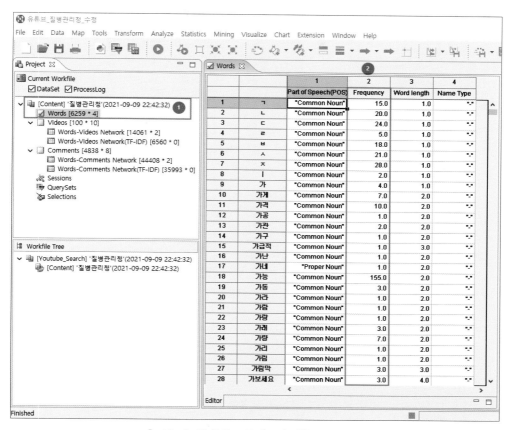

[그림 12-3] 유튜브 콘텐츠에 대한 TF 결과 1

다만, [그림 7-17]의 과정을 실행하여 단어 빈도에 대한 내림차순으로 [그림 12-4]와 같이 정리할 필요가 있다. TF 분석 결과를 마우스 우클릭한 후 'Open in Excel'을 선택하고 엑셀 파일로 변환하여 저장한다.

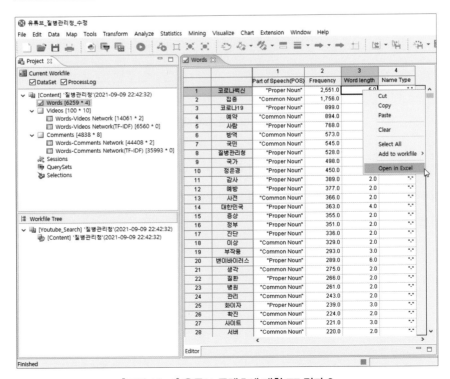

[그림 12-4] 유튜브 콘텐츠에 대한 TF 결과 2

2) TF-IDF 분석

TF-IDF 분석을 위한 과정은 다음과 같다. [그림 12-5]와 같이 NetMiner 주메뉴에서 Tools탭의 Query Composer를 선택한 후 클릭한다.

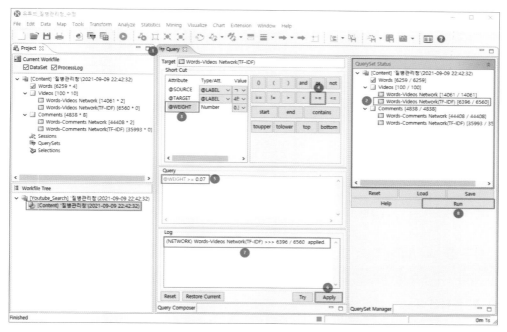

[그림 12-5] 유튜브 콘텐츠에 대한 TF-IDF 분석 과정 1

❶ Query Composer 활성화 화면이다.

❷ 'Word-Videos Network(TF-IDF)[6396/6560]'을 클릭한다.

❸ 클릭 후 TF-IDF 속성 중 '@WEIGHT'를 선택한다.

❹ '>='을 선택하여 '0.07' 조건을 기입한다.

❺번 'Query'창에 '@WEIGHT >= 0.07'이 입력되는 것을 확인할 수 있다.

❻번의 'Apply'를 클릭한다.

❼ 총 6,560개의 원 TF-IDF 2-mode network가 총 6,396개로 감소하였음을 확인할 수 있다.

❽의 'Run'을 클릭하여 Query의 조건대로 실행한다.

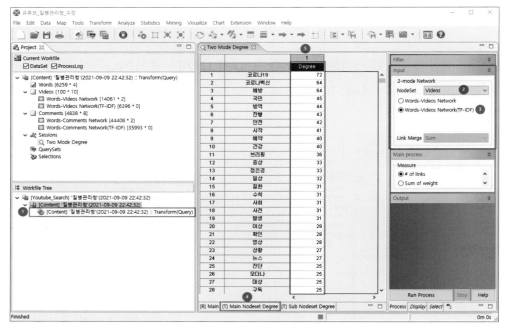

[그림 12-6] 유튜브 콘텐츠에 대한 TF-IDF 분석 과정 2

이후 ❶ 'Workfile Tree' 내 '질병관리청(Query)' 파일이 하나 더 생성되었음을 확인할 수 있다. 다음으로, NetMiner 주메뉴에서 Analyze 탭의 Two Mode 중 Degree를 선택한 후 클릭한다.

❷ Two Mode Degree 창이 생성되고 'NodeSet'을 'Videos'로 선택한다.

❸ 'Words-Videos Network(TF-IDF)'를 클릭한다.

❹의 '[T] Main NodeSet Degree'를 클릭하면 새로운 창이 생성되며 단어마다 'Degree' 값을 보여 주는데, 이 값이 TF-IDF 지수이다. 이 전체 과정은 [그림 9-1] 부터 [그림 9-8]까지의 과정과 동일하다.

❺ TF 분석의 결과 정렬과 동일하게 TF-IDF 'Degree' 값을 'sort' 기능을 이용하여 내림차순한다. 또한 필요시 TF-IDF 분석 결과를 엑셀 파일로 변환하여 저장한다.

3) TF와 TF-IDF 분석 결과 정리

'질병관리청' 키워드로 추출한 100개의 유튜브 콘텐츠에서 TF와 TF-IDF 순위 50개를 정리하면 〈표 12-2〉와 같다. 가장 많이 등장한 단어(TF)는 '코로나 백신(2,551회)'이었으며, 그다음으로는 '접종(1,756회)' '코로나19(899회)' '예약(894회)' '사람(768회)' '방역(573회)' '국민(545회)' '질병관리청(528회)' '국가(498회)' '정은경(450회)' 순으로 높았다. 단어 빈도-역문서 빈도(TF-IDF) 기준으로는 '코로나19(TF-IDF 지수=72)'가 가장 중요한 단어였으며, 그다음으로는 '코로나 백신(64)'과 '예방(64)'이 같은 TF-IDF를 나타냈으며, '국민(45)' '방역(44)' '진행(43)' '안전(42)' '시작(41)' '예약/건강(40)' 순으로 나타났다.

〈표 12-2〉 유튜브 콘텐츠에 대한 TF와 TF-IDF 순위

유튜브 콘텐츠 건수(N=100) & 단어 수(N=6,259)					
순위	단어	TF	순위	단어	TF-IDF
1	코로나 백신	2,551	1	코로나19	72
2	접종	1,756	2	코로나 백신	64
3	코로나19	899	2	예방	64
4	예약	894	4	국민	45
5	사람	768	5	방역	44
6	방역	573	6	진행	43
7	국민	545	7	안전	42
8	질병관리청	528	8	시작	41
9	국가	498	9	예약	40
10	정은경	450	9	건강	40
11	감사	389	11	브리핑	36
12	예방	377	12	증상	33
13	사전	366	12	정은경	33
14	대한민국	363	14	일상	32
15	증상	355	15	질환	31
16	정부	351	15	수칙	31
17	진단	336	15	사회	31
18	이상	329	15	사전	31
19	부작용	293	15	발생	31
20	변이 바이러스	289	20	이상	29
21	생각	275	21	확인	28
22	질환	266	21	영상	28
23	병원	261	23	상황	27
24	관리	243	23	뉴스	27

25	화이자	239	25	진단	25
26	확진	224	25	모더나	25
27	사이트	221	25	대상	25
28	서버	220	25	구독	25
28	사망	220	25	계획	25
30	모더나	219	30	신속	24
31	시간	199	30	설명	24
32	상황	191	30	경우	24
33	발생	187	33	채널	23
34	감염	186	33	대책	23
35	뉴스	183	35	추가	22
35	건강	183	35	연령	22
37	이야기	166	37	제보	21
38	연령	159	37	의료	21
39	가능	155	37	시행	21
40	사망자	147	37	발표	21
41	안전	146	37	관련	21
41	고생	146	42	유튜브	20
43	유아동	145	42	원문	20
44	정도	142	42	대상자	20
45	책임	138	42	기사	20
46	효과	137	42	가능	20
46	시작	137	47	현황	19
48	시행	135	47	참여	19
49	문제	130	47	장소	19
50	마스크	127	47	시스템	19

TF와 TF-IDF 분석 결과를 워드 클라우드를 이용하여 시각화하면 [그림 12-7]과 같다. 워드 클라우드 시각화 방법은 [그림 8-3]부터 [그림 8-7]까지를 참고하면 된다.

〈TF〉

〈TF-IDF〉

[그림 12-7] 유튜브 콘텐츠에 대한 TF와 TF-IDF 워드 클라우드 시각화

3. LDA 분석

　　LDA 분석은 다음과 같은 과정을 거친다. 먼저, [그림 12-8]과 같이 'Workfile Tree' 내 최상단에 위치하는 'TAWorkfile'을 선택한 후, NetMiner 주메뉴에서 Mining 탭의 Text 중 Topic의 LDA를 지정하여 클릭한다.

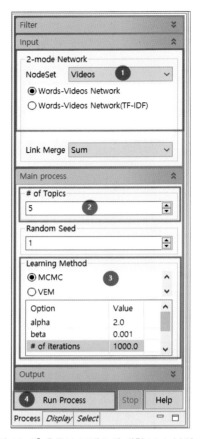

[그림 12–8] 유튜브 콘텐츠에 대한 LDA 분석 과정

❶ 'Input' 패널에서 'NodeSet' 설정을 'Videos'로 지정하고, 'Words–Videos Network' 를 선택한다.

❷ 'Main process' 패널에서 '# of Topics'의 의미는 LDA 분석을 통하여 분석자가 추출하고자 하는 토픽의 총 개수를 임의로 설정할 수 있다는 것이다. 이 예시에서는 토픽을 '5'개로 지정하였다.

❸ 'Learning Method'에서 디폴트 값인 'MCMC'와 'alpha 값을 2.0'으로, 'beta' 값을 '0.001'로 그리고 '# of iterations' 값을 '1000.0'으로 지정한다.

❹ 'Run Process'를 클릭하여 모든 설정을 실행한다.

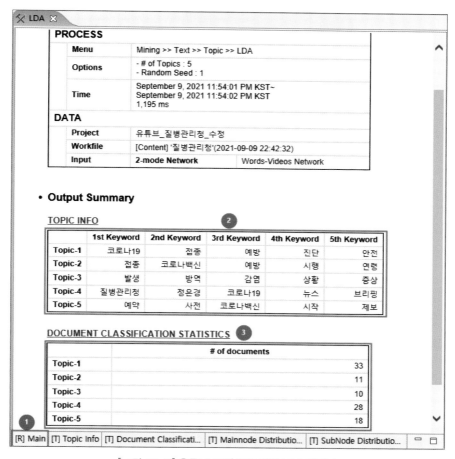

[그림 12-9]에서 LDA 분석 결과를 볼 수 있다.

[그림 12-9] 유튜브 콘텐츠에 대한 LDA 결과 1

❶ 화면 하단에 있는 '[R] Main' 탭에서 LDA 분석 결과를 확인할 수 있다.

❷번 영역은 LDA 'Output Summary'를 이용해 예시로 설정한 topic 5개 각각의 분류에서 주요 키워드를 순위별로 나타낸 것이다.

❸ 총 100개의 유튜브 콘텐츠 중 각 토픽이 차지하는 콘텐츠 수를 제시한다. 가령, 'Topic_1'과 연관된 콘텐츠 수는 33개로 전체 콘텐츠의 33% 정도에 해당함을 알 수 있고, 유튜브 콘텐츠 토픽별 비중은 [그림 12-10]과 같이 제시할 수 있다.

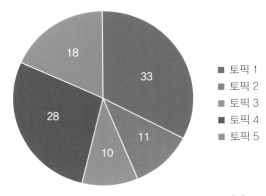

[그림 12-10] 유튜브 콘텐츠에 대한 LDA 결과 2

앞선 [그림 12-9]의 'R] Main' 탭 옆의 '[T] Topic Info'를 클릭해 보면, 추출된 각 토픽의 주요 키워드 순위와 확률값 등 더욱 상세한 LDA 분석 결과를 볼 수 있다([그림 12-11] 참조).

		1	2	3	4	5	6	7	8	9	10	11	
		1st Keyword	1st Prob	2nd Keyword	2nd Prob	3rd Keyword	3rd Prob	4th Keyword	4th Prob	5th Keyword	5th Prob	6th Keyword	6th
1	Topic-1	코로나19	0.072	접종	0.069	예방	0.067	진단	0.031	안전	0.030	증상	
2	Topic-2	접종	0.186	코로나백신	0.082	예방	0.034	시행	0.030	연령	0.027	계획	
3	Topic-3	발생	0.045	방역	0.040	감염	0.026	상황	0.024	증상	0.021	완료	
4	Topic-4	질병관리청	0.123	정은경	0.060	코로나19	0.033	뉴스	0.031	브리핑	0.025	영상	
5	Topic-5	예약	0.154	사전	0.062	코로나백신	0.040	시작	0.031	제보	0.024	모더나	

[그림 12-11] 유튜브 콘텐츠에 대한 LDA 결과 3

앞서 언급한 LDA 분석 결과를 보고서나 연구 논문으로 작성하기 위해서 〈표 12-3〉과 같이 각 토픽별 키워드 6개와 각 키워드별 추출 확률을 제시하였다. 결과 보고 목적에 따라 보고할 키워드 개수는 임의로 지정할 수 있다.

〈표 12-3〉 LDA 분석에 의한 유튜브 토픽당 TOP 6 핵심 키워드

토픽	키워드 1	키워드 2	키워드 3	키워드 4	키워드 5	키워드 6
토픽 1 (콘텐츠 수 = 33, 33%)	코로나19	접종	예방	진단	안전	증상
확률	0.072	0.069	0.067	0.031	0.03	0.023

토픽 2 (콘텐츠 수 = 11, 11%)	접종	코로나백신	예방	시행	연령	계획
확률	0.186	0.082	0.034	0.03	0.027	0.019
토픽 3 (콘텐츠 수 = 10, 10%)	발생	방역	감염	상황	증상	완료
확률	0.045	0.04	0.026	0.024	0.021	0.019
토픽 4 (콘텐츠 수 = 28, 28%)	질병관리청	정은경	코로나19	뉴스	브리핑	영상
확률	0.123	0.06	0.033	0.031	0.025	0.019
토픽 5 (콘텐츠 수 = 18, 18%)	예약	사전	코로나백신	시작	제보	모더나
확률	0.154	0.062	0.04	0.031	0.024	0.023

　쟁점 정리는 토픽별 키워드 6개를 기준으로 하였으며, 앞서 언급한 바와 같이 분석 결과를 활용하는 목적에 맞게 적절히 그 숫자를 조정할 수 있다.

〈표 12-4〉 유튜브 콘텐츠에 대한 토픽별 쟁점

토픽	쟁점
토픽 1	코로나19 증상 및 진단을 안전하게 예방하기 위한 접종
토픽 2	연령별 코로나 백신 예방 접종 시행 계획 발표
토픽 3	감염 및 증상 발생 그리고 방역 상황 완료
토픽 4	질병관리청장 정은경 코로나19 뉴스 브리핑 영상
토픽 5	코로나 백신 모더나 접종 사전 예약 시작과 이상 증상 제보

　LDA 분석 결과인 토픽별 분류와 쟁점을 보고한 후 그 결과를 시각화하기 위하여 다음의 과정을 거친다.

　[그림 11-6]처럼 LDA 시각화 전처리 과정을 거친 후 'Mainnode Distribution Over Topic'이라는 데이터셋을 생성한다. 이후 NetMiner 주메뉴에서 Tools 탭의 Query Composer를 선택한 후 클릭한다.

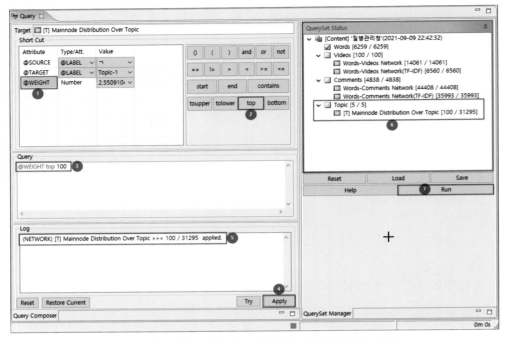

[그림 12-12] **유튜브 콘텐츠에 대한 LDA 시각화 전처리 과정 1**

❶ '[T] Mainnode Distribution Over Topic'의 31,295개 단어 네트워크를 전부 시각화하기는 쉽지 않기에, 네트워크 수를 적절하게 줄일 필요가 있다. 이 예시에서는 분석 함의를 제공할 만한 링크의 Weight가 큰 'top 100'개만 선별하여 시각화하기로 한다. 이에 'Query' 기능을 활용하기 위하여 '@WEIGHT'를 클릭한다.

❷ 예시의 Weight top 100개만 선별하기 위하여 'Query' 패널의 'top'을 클릭한다.

❸ 'Query' 공간에 '@WEIGHT top'이라는 명령어가 생성되고 '100'을 입력한다.

❹ 실행을 위하여 'Apply'를 클릭한다.

❺ 그 결과 'Log' 공간에 '(NETWORK) [T] Mainnode Distribution Over Topic >>> 100/31295'라는 명령어가 생성되었고,

❻ 'Query Set Status' 패널 내에서 '[T] Mainnode Distribution Over Topic [100/31295]'로 변환되었음을 확인할 수 있다.

❼ 'Run'을 클릭하면 모든 설정이 완료되어 진행된다.

LDA 분석 시각화를 위한 사전 준비 과정이 완료되면 NetMiner 주메뉴에서 Visualize 탭의 Two Mode 중 Spring을 선택한 후 클릭하는데, 이때 [그림 12-13]의 우측 그림과 같은 창이 생성된다. 이후 ❶ '2-mode Network'의 'NodeSet'에서 'Topic'을 선택하고 ❷ 'Run Process'를 클릭하면 시각화가 진행된다.

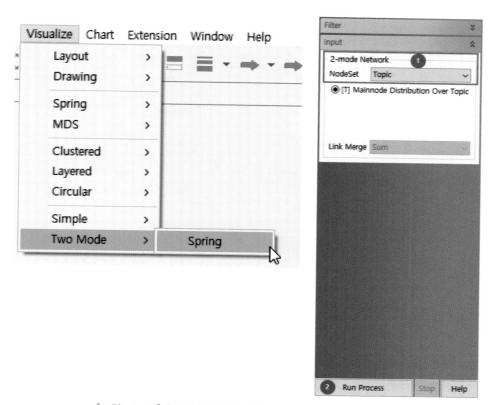

[그림 12-13] 유튜브 콘텐츠에 대한 LDA 시각화 전처리 과정 2

　[그림 11-9]부터 [그림 11-18]까지의 LDA 시각화 편집 과정을 거쳐 [그림 12-14]와 같은 최종 시각화 결과가 도출된다.

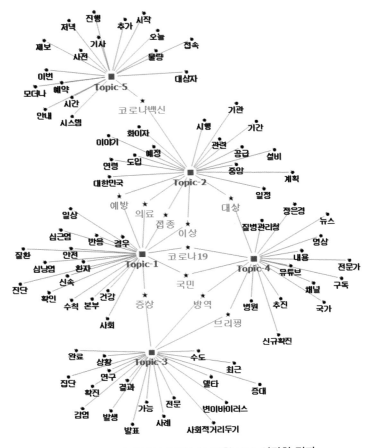

[그림 12-14] 유튜브 콘텐츠에 대한 LDA 시각화 결과

LDA 시각화 결과에는 '코로나 백신' '예방' '의료' '접종' '이상' '코로나19' '증상' '국민' '방역' '대상' '브리핑' 등의 매개 단어가 존재하며, 모든 토픽이 1개 이상의 매개 단어의 존재로 서로 연결되어 있음을 알 수 있다.

참고로, 매개 단어들만을 강조하기 위하여 [그림 11-16]부터 [그림 11-18]까지의 노드 스타일링 과정을 토픽과 매개 단어들을 대상으로 실행하였다. 이 예시에서는 토픽 노드의 모양을 '네모'형으로, 색상은 '파란색'으로, 노드 크기는 '25'로, 둘레 굵기는 '3'으로, 글꼴 'Tahoma' '굵게', 글자 크기 '25' 그리고 글자 색상은 '파란색'으로 설정하여 실행하였다. 한편, 매개 단어 노드의 모양은 '별표'로, 색상은 '붉은색'으로, 노드 크기는 '25'로, 둘레 굵기는 '3'으로, 글꼴 'Tahoma', '굵게', 글자 크기 '25' 그리고 글자 색상은 '붉은색'으로 설정하여 실행하였다.

제13장

유튜브 댓글 분석

    댓글은 과거 미디어 이용에서 일방향적인 수용자 위치에 있었던 독자 및 일반 이용자가 여론형성에 직접 참여할 수 있도록 하는 소통을 구현하게 한다는 점에서 최근 주목을 받고 있다. 댓글이란 사이버 공간 내 회원 또는 불특정 다수의 사용자 사이에서 각종 정보를 주고받을 수 있는 인터넷 게시판이 활성화되면서 생성된 단어로, 타인이 작성한 게시물에 대해 자신의 의견을 표현하는 글의 총칭이다. 또한 댓글은 인터넷 정보 이용자들이 물리적 장소에 구애받지 않고 누구나 자유롭게 인터넷 사이트에 접속해서 정보와 의견을 교환하고 의사소통을 할 수 있는 가상의 토론 공간이라고 정의할 수 있으며, 양방향성에 의한 의사소통 및 토론 기능이 강조된다.

    일반인들이 댓글을 이용하여 활발하게 사회적 의제 설정과 여론형성에 참여할 수 있게 되었다는 점, 사이버 공간 내부에서 쌍방향적인 대화를 가능하게 한다는 점, 댓글을 통한 이용자의 의견을 또 다른 제3자가 확인할 수 있는 여론에 대한 모니터링 기능, 이로 인한 확장된 여론의 영향력을 행사할 수 있다는 측면에서 댓글은 정보 송신자와 이용자가 공동으로 의미를 창출하는 상호작용성을 강하게 내포하는 미디어의 기능과 특성을 지닌다. 특히 소셜미디어 이용자가 많아짐에 따라 소셜미디어상의 댓글이 여론형성에 영향을 줄 수 있는 사회적 의제 설정 역할로서 중요시되고 있다. 이렇게 형성된 여론은 사회 정책을 변화시킬 수 있는 영향력으로 발휘되기도 한다. 이는 소셜미디어의 발전이 단순한 정보검색의 수단에 그치지 않고, 의사 표현, 정보 공유, 상호 교류가 가능한 사회적 커뮤니케이션 공간을 제공하는 등 사회적인 활용이 확산되고 그 영향력이 증대됨에 따라 소통 정보 수용성과 태도의 지표로 활용될 수 있기에, 소셜미디어 내의 댓글 분석은 꼭 필요하다.

이에 이 장의 사례에서는 '질병관리청' 키워드로 추출한 유튜브 콘텐츠 100개에 대한 텍스트뿐만 아니라 그 콘텐츠에 달린 댓글까지 분석하여, 두 데이터 간 아젠다와 쟁점의 차이를 비교 분석하고자 한다.

1. 유튜브 댓글 데이터 가져오고 전처리 설정하기

NetMiner Data collector 기능을 활용하여 '질병관리청'과 관련된 유튜브 콘텐츠 100개를 추출하면, NetMiner는 그 콘텐츠에 달린 댓글까지 자동적으로 수집해 준다.

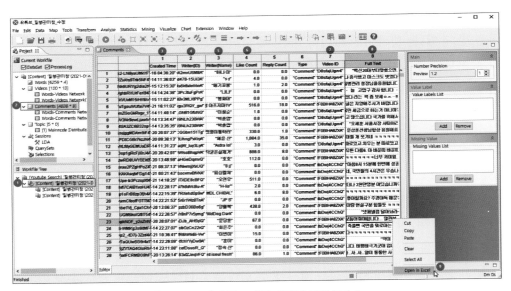

[그림 13-1] 유튜브 댓글 데이터 가져오기 1

❶ '유튜브_질병관리청_수정' 파일에서 [그림 12-2]처럼 데이터 전처리 후 NetMiner 화면상 데이터 속성을 보여 준다.

❷ 유튜브 콘텐츠 100개('Videos [100*10]')에 대하여 댓글 총 4,838개('Comments [4838*8]')가 존재함을 알 수 있다. 그리고 'Comments'를 클릭하면 화면상 댓글의

속성이 나타난다.

❸ 댓글이 생성된 시간을 볼 수 있다.

❹ 댓글을 작성한 유튜버의 고유 ID를 보여 준다.

❺ 댓글을 작성한 유튜버의 유튜브상 활동명['Writer(Name)']을 볼 수 있다.

❻ 방문자의 '좋아요'를 받은 댓글의 횟수를 보여 준다.

❼ 어떠한 유튜브 콘텐츠('Video ID')에 대한 댓글인지를 보여 준다.

❽ 댓글 전문('Full Text')을 보여 준다.

❾ 궁극적으로 이 예시는 유튜브 콘텐츠 100에 달린 4,838개의 댓글을 분석하고자
하는 목표를 가지고 있기에, 이 댓글 속성을 화면에 커서를 두어 우클릭한 후 엑
셀 파일로 저장하고, ❽번의 '댓글' 전문을 가져와서 텍스트 분석하는 것이다. 이
를 위하여 댓글 속성을 엑셀 파일(파일명: '유튜브_질병관리청_댓글')로 저장하였다.

엑셀 파일에 저장한 유튜브 댓글 속성 데이터를 NetMiner로 불러오도록 한다. 텍
스트 데이터를 불러오기 위해서는 NetMiner의 주메뉴 표시줄에서 File 탭의 Import
Unstructured Text를 선택한다.

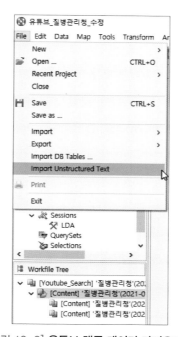

[그림 13-2] 유튜브 댓글 데이터 가져오기 2

[그림 7-11]처럼 텍스트 분석 전처리 과정을 거친다.

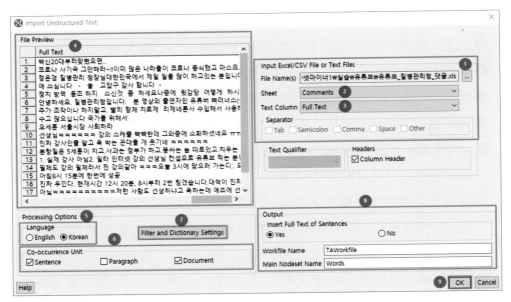

[그림 13-3] 유튜브 댓글 데이터 전처리

❶ '유튜브_질병관리청_댓글' 엑셀 파일을 지정한다.

❷ 저장된 엑셀 파일의 'Sheet' 명은 'Comments'로 지정되어 있기에, 'Comments'를
선택하면 된다.

❸ 댓글 속성 중 전문('Full Text')을 분석할 의도이므로, 'Full Text'를 선택한다.

❹ 파일 미리보기(File Preview)를 통하여 댓글 전문을 볼 수 있다.

❺ 언어 선택(Language)은 'Korean'으로 선택한다.

❻ 동시 등장 범위 선택(Co-occurrence Unit)에서는 '문장(Sentence)'과 '문서
(Document)'로 지정하였다.

❼ 필터링 및 사용자 사전 설정(Filter and Dictionary Settings)은 [그림 7-14]처럼 진행하면
된다. 다만, 앞서 실시한 유튜브 콘텐츠 분석과의 일관성을 위하여 [그림 12-1]의 유
튜브 텍스트 데이터 전처리를 위한 유의어와 제외어 사전을 동일하게 적용한다.

❽ 마지막으로, 출력(Output) 영역의 'Insert Full Text of Sentences'에서 'Yes'를 선택
하고,

❾ 'OK'를 선택하여 실행한다.

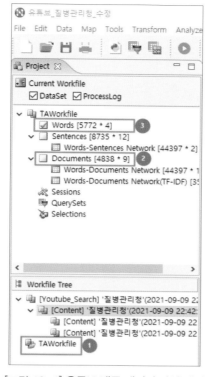

[그림 13-4] 유튜브 댓글 데이터 파일 생성

❶ 데이터 가져오기와 전처리 실행이 완료되면, 'Workfile Tree'에 기존(앞서 분석한 유튜브 콘텐츠 Workfile)의 Workfile 하단에 새로운 'TAWorkfile'이 생성된다. 이 데이터 Workfile은 유튜브 댓글과 관련된 데이터셋이다.

❷ 총 4,838개의 Documents(이것은 문서라는 의미보다는 댓글 개수이다)를 확인할 수 있다.

❸ 총 4,838개의 Documents에서 분석 가능한 단어는 총 5,772개임을 보여 준다.

2. TF & TF-IDF 분석

1) TF 분석

[그림 7-17]의 과정을 실행하여 단어 빈도(TF)에 대한 내림차순으로 [그림 13-5]와

같이 정리한다. 그리고 TF 분석 결과를 엑셀 파일로 변환하여 저장한다.

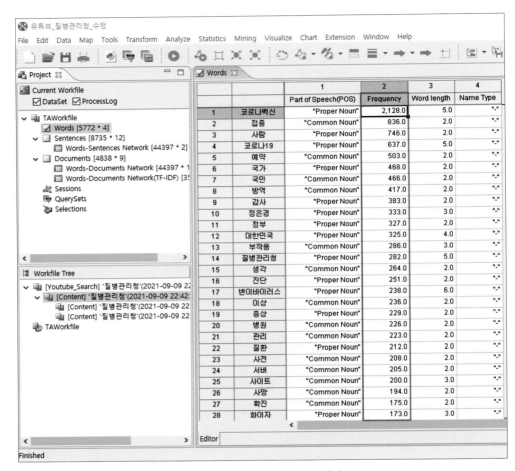

[그림 13-5] 유튜브 댓글 TF 결과

2) TF-IDF 분석

TF-IDF 분석을 하기 위하여, NetMiner 주메뉴에서 Analyze 탭의 Two Mode 중 Degree를 선택한 후 클릭한다. [그림 12-5]의 TF-IDF 분석 과정을 동일하게 실행한다.

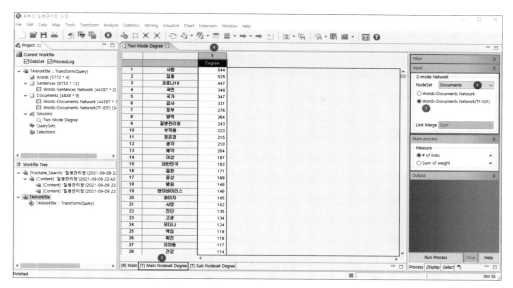

[그림 13-6] 유튜브 댓글 TF-IDF 분석 과정

❶ 'NodeSet'을 'Documents'로 선택한다.

❷ 'Words-Documents Network(TF-IDF)'를 클릭한다.

❸ 'Main Nodeset Degree'를 클릭하면 새로운 창이 생성된다.

❹ 단어마다 'Degree' 값을 보여 주는데, 이 값이 TF-IDF 지수이다. TF 분석의 결과 정렬과 동일하게 TF-IDF 'Degree' 값을 'sort' 기능을 이용하여 내림차순한다. 또한 필요시 TF-IDF 분석 결과를 엑셀 파일로 변환하여 저장한다.

3) TF와 TF-IDF 분석 결과 정리

두 달 동안 '질병관리청' 키워드로 추출한 총 100개의 유튜브 콘텐츠 내에 생성된 총 4,838개의 댓글에서 TF와 TF-IDF 순위 50개를 정리하면 다음과 같다. 가장 많이 등장한 단어(TF)는 '코로나 백신(2,128회)'이었으며, 그다음으로는 '접종(836회)' '사람(746회)' '코로나19(637회)' '예약(503회)' '국가(468회)' '국민(466회)' '방역(417회)' '감사(383회)' '정은경(333회)' 순으로 높았다. 단어 빈도-역문서 빈도(TF-IDF) 기준으로는 '사람(TF-IDF 지수=544)'이 가장 중요한 단어였으며, 그다음으로는 '접종(525)' '코로나19(447)' '국민(348)' '국가(347)' '감사(331)' '정부(276)' '방역(264)' '질병관리청(243)' '부작용(223)' 순으로 나타났다.

〈표 13-1〉 유튜브 댓글 TF와 TF-IDF 순위

댓글 건수(N=4,838) & 단어 수(N=5,772)					
순위	단어	TF	순위	단어	TF-IDF
1	코로나 백신	2,128	1	사람	544
2	접종	836	2	접종	525
3	사람	746	3	코로나19	447
4	코로나19	637	4	국민	348
5	예약	503	5	국가	347
6	국가	468	6	감사	331
7	국민	466	7	정부	276
8	방역	417	8	방역	264
9	감사	383	9	질병관리청	243
10	정은경	333	10	부작용	223
11	정부	327	11	정은경	215
12	대한민국	325	12	생각	210
13	부작용	286	13	예약	204
14	질병관리청	282	14	이상	187
15	생각	264	15	대한민국	183
16	진단	251	16	질환	171
17	변이 바이러스	238	17	증상	169
18	이상	236	18	병원	148
19	증상	229	19	변이 바이러스	146
20	병원	226	20	화이자	145
21	관리	223	21	사망	142
22	질환	212	22	진단	135
23	사전	208	23	고생	134
24	서버	205	24	모더나	124
25	사이트	200	25	책임	119
26	사망	194	26	확진	118
27	확진	175	27	유아동	117
28	화이자	173	28	건강	114
29	시간	168	29	시간	113
30	고생	146	30	정도	104
31	모더나	145	31	이야기	103

32	책임	136	32	사망자	100
33	유아동	136	33	문제	99
34	정도	127	34	상황	97
34	사망자	127	35	비용	94
34	건강	127	36	지금	91
37	뉴스	123	37	가능	87
38	효과	119	38	효과	84
39	비용	113	38	이유	84
40	상황	112	40	마스크	83
40	문제	112	40	뉴스	83
42	이야기	111	42	치료제	81
43	감염	109	43	응원	79
44	치료제	108	44	결과	78
45	언론	104	45	세계	76
45	마스크	104	45	본인	76
47	하나님	102	47	위험	75
48	학생	100	48	치료	72
49	신체	99	49	수고	71
50	가능	98	50	언론	70

유튜브 댓글 내 TF와 TF-IDF 분석 결과를 워드 클라우드를 이용하여 시각화하면 [그림 13-7]과 같다.

〈TF〉

〈TF-IDF〉

[그림 13-7] 유튜브 댓글 내 TF 및 TF-IDF 워드 클라우드 시각화

3. LDA 분석

[그림 12-8]과 동일한 과정을 실행한 유튜브 댓글상 LDA 분석 결과는 [그림 13-8]과
같다.

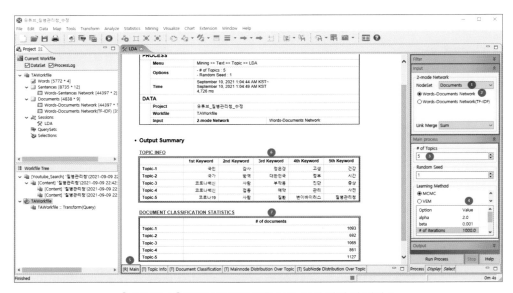

[그림 13-8] 유튜브 댓글에 대한 LDA 분석 과정 및 결과 1

❶ 'Input' 패널에서 'NodeSet' 설정을 'Documents'로 지정한다.

❷ 'Words–Documents Network'를 선택한다.

❸ 'Main process' 패널에서 '# of Topics'의 의미는 LDA 분석을 통하여 분석자가 추출하고자 하는 토픽의 총 개수를 임의로 설정할 수 있다는 것이다. 이 예시에서는 토픽을 '5'개로 지정하였다.

❹ 'Learning Method'에서 디폴트 값인 'MCMC'와 'alpha 값을 2.0'으로, 'beta' 값을 '0.001'로 그리고 '# of iterations' 값을 '1000.0'으로 지정한다.

❺ '[R] Main' 탭에서 분석 결과를 확인할 수 있다.

❻ 예시로 설정한 topic 5개 각각의 분류에서 주요 키워드를 순위별로 나타낸다.

❼ 총 4,838개의 유튜브 댓글 중 각 토픽이 차지하는 콘텐츠 수를 제시한다. 가령, 'Topic_1'과 연관된 댓글 수는 1,093개로 전체 콘텐츠의 22.6% 정도에 해당함을 알 수 있고, 유튜브 댓글 토픽별 비중은 [그림 13-9]와 같이 제시할 수 있다.

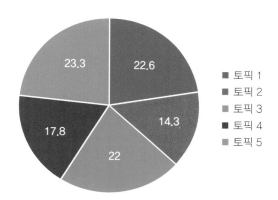

[그림 13-9] 유튜브 댓글에 대한 LDA 결과 2

'[R] Main' 탭 옆의 '[T] Topic Info'를 클릭해 보면, 추출된 각 토픽의 주요 키워드 순위와 확률값 등 더욱 상세한 LDA 분석 결과를 볼 수 있다.

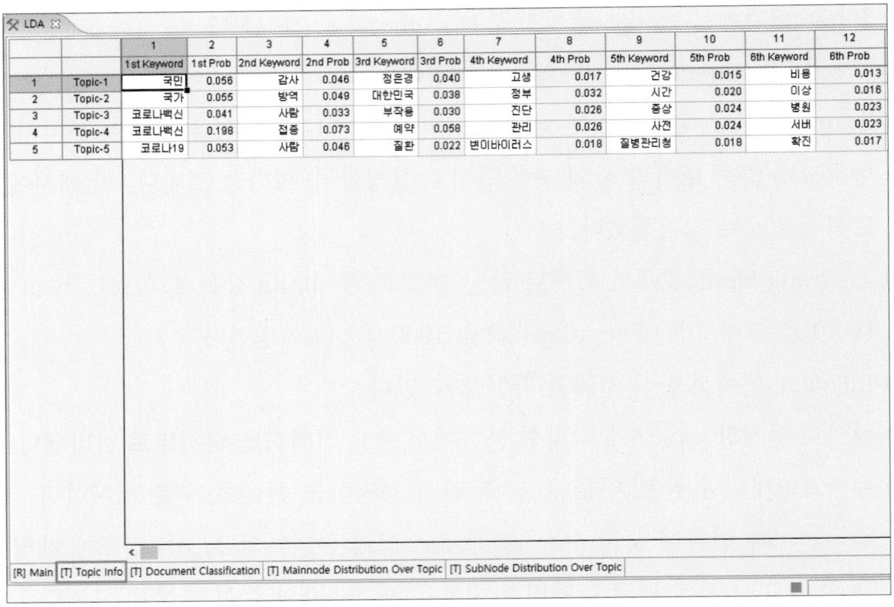

		1	2	3	4	5	6	7	8	9	10	11	12
		1st Keyword	1st Prob	2nd Keyword	2nd Prob	3rd Keyword	3rd Prob	4th Keyword	4th Prob	5th Keyword	5th Prob	6th Keyword	6th Prob
1	Topic-1	국민	0.056	감사	0.046	정은경	0.040	고생	0.017	건강	0.015	비용	0.013
2	Topic-2	국가	0.055	방역	0.049	대한민국	0.038	정부	0.032	시간	0.020	이상	0.016
3	Topic-3	코로나백신	0.041	사람	0.033	부작용	0.030	진단	0.026	증상	0.024	병원	0.023
4	Topic-4	코로나백신	0.198	접종	0.073	예약	0.058	관리	0.026	사전	0.024	서버	0.023
5	Topic-5	코로나19	0.053	사람	0.046	질환	0.022	변이바이러스	0.018	질병관리청	0.018	확진	0.017

[그림 13-10] **유튜브 댓글에 대한 LDA 결과 3**

앞서 언급한 LDA 분석 결과를 보고서나 연구 논문으로 작성하기 위해서 〈표 13-2〉와 같이 각 토픽별 키워드 6개와 각 키워드별 추출 확률을 제시하였다. 결과 보고 목적에 따라 보고할 키워드 개수는 임의로 지정할 수 있다.

〈표 13-2〉 **LDA 분석에 의한 유튜브 댓글 토픽당 TOP 6 핵심 키워드**

토픽	키워드 1	키워드 2	키워드 3	키워드 4	키워드 5	키워드 6
토픽 1 (댓글 수 = 1,093, 22.6%)	국민	감사	정은경	고생	건강	비용
확률	0.056	0.046	0.04	0.017	0.015	0.013
토픽 2 (댓글 수 = 692, 14.3%)	국가	방역	대한민국	정부	시간	이상
확률	0.055	0.049	0.038	0.032	0.02	0.016
토픽 3 (댓글 수 = 1,065, 22%)	코로나 백신	사람	부작용	진단	증상	병원
확률	0.041	0.033	0.03	0.026	0.024	0.023
토픽 4 (댓글 수 = 861, 17.8%)	코로나 백신	접종	예약	관리	사전	서버

확률	0.198	0.073	0.058	0.026	0.024	0.023
토픽 5 (댓글 수 = 1,127, 23.3%)	코로나19	사람	질환	변이 바이러스	질병 관리청	확진
확률	0.053	0.046	0.022	0.018	0.018	0.017

　쟁점 정리는 토픽별 키워드 6개를 기준으로 하였으며, 앞서 언급한 바와 같이 분석 결과를 활용하는 목적에 맞게 적절히 그 숫자를 조정할 수 있다.

〈표 13-3〉 **유튜브 댓글 토픽별 쟁점**

토픽	쟁점
토픽 1	국민의 건강을 보호하기 위한 정은경 청장과 의료진의 고생에 감사
토픽 2	대한민국 정부의 방역 문제
토픽 3	코로나 백신 부작용 증상 및 진단 의심 사람은 병원으로
토픽 4	코로나 백신 접종 사전 예약 관리 서버 이슈
토픽 5	코로나19 변이 바이러스 확진과 기저질환이 있는 사람

　LDA 시각화 편집 과정을 거쳐 [그림 13-11]과 같은 유튜브 댓글에 대한 최종 LDA 시각화 결과를 도출하였다.

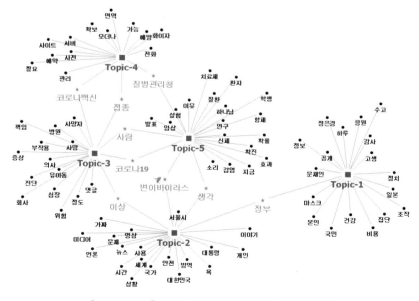

[그림 13-11] 유튜브 댓글에 대한 LDA 시각화 결과

　　유튜브 댓글에 대한 LDA 시각화 결과에는 '코로나 백신' '질병관리청' '접종' '사람' '코로나19' '이상' '변이 바이러스' '생각' '정부' 등의 매개 단어가 존재하며, 모든 토픽은 1개 이상의 매개 단어의 존재를 통해 서로 연결되어 있음을 알 수 있다. 참고로, 매개 단어들만을 강조하기 위한 노드 스타일링은 유튜브 콘텐츠에 대한 LDA 결과와 동일하게 설정하여 실행하였다.

　　'질병관리청' 키워드로 추출한 유튜브 콘텐츠와 이에 달린 댓글에서 도출한 최종 핵심어 30개를 순위로 정리하면 〈표 13-4〉와 같다. 텍스트 데이터를 모집한 시기 동안 '질병관리청'과 관련하여 가장 많이 언급된 단어는 2개의 분석 대상 모두 '코로나 백신'과 '접종'이었다. '예약' '방역' '정은경' 등의 단어들도 빈번하게 언급되었으며, 수고하는 의료진 및 질병관리청 관계자들에게 '감사'하는 긍정적 단어와 백신 '부작용'에 대한 염려스러운 아젠다도 존재하였다. 두 분석 대상의 TF 및 TF-IDF에서 순위의 차이가 다소 존재하였지만, 전체적으로 유사한 아젠다를 보였다고 보고할 수 있다.

〈표 13-4〉 **유튜브 콘텐츠와 콘텐츠 댓글의 TF와 TF-IDF 순위 정리**

순위	유튜브 콘텐츠		유튜브 댓글	
	TF	TF-IDF	TF	TF-IDF
1	코로나 백신	코로나19	코로나 백신	사람
2	접종	코로나 백신	접종	접종
3	코로나19	예방	사람	코로나19
4	예약	국민	코로나19	국민
5	사람	방역	예약	국가
6	방역	진행	국가	감사
7	국민	안전	국민	정부
8	질병관리청	시작	방역	방역
9	국가	예약	감사	질병관리청
10	정은경	건강	정은경	부작용
11	감사	브리핑	정부	정은경
12	예방	증상	대한민국	생각
13	사전	정은경	부작용	예약
14	대한민국	일상	질병관리청	이상
15	증상	질환	생각	대한민국

16	정부	수칙	진단	질환
17	진단	사회	변이 바이러스	증상
18	이상	사전	이상	병원
19	부작용	발생	증상	변이 바이러스
20	변이 바이러스	이상	병원	화이자
21	생각	확인	관리	사망
22	질환	영상	질환	진단
23	병원	상황	사전	고생
24	관리	뉴스	서버	모더나
25	화이자	진단	사이트	책임
26	확진	모더나	사망	확진
27	사이트	대상	확진	유아동
28	서버	구독	화이자	건강
29	사망	계획	시간	시간
30	모더나	경우	고생	정도

LDA를 활용한 유튜브 콘텐츠와 콘텐츠 댓글의 쟁점 및 담론 분석에서도 유사한 쟁점('접종 안내'나 '감사')과 상이한 내용(댓글에서는 '백신 부작용 증상'과 '사전 예약 관리 서버 문제' 등)도 존재하였음을 확인할 수 있었다.

〈표 13-5〉 **유튜브 콘텐츠와 콘텐츠 댓글의 쟁점 순위 정리**

	순위	토픽	쟁점
유튜브 콘텐츠	1	토픽 1(33%)	코로나19 증상 및 진단을 안전하게 예방하기 위한 접종 안내
	2	토픽 4(28%)	질병관리청장 정은경 코로나19 뉴스 브리핑 영상
	3	토픽 5(18%)	코로나 백신 모더나 접종 사전 예약 시작과 이상 증상 제보
	4	토픽 2(11%)	연령별 코로나 백신 예방 접종 시행 계획 발표
	5	토픽 3(10%)	감염 및 증상 발생 및 방역 상황 완료
유튜브 콘텐츠 댓글	1	토픽 5(23.3%)	코로나19 변이 바이러스 확진과 기저질환이 있는 사람
	2	토픽 1(22.6%)	국민의 건강을 보호하기 위한 정은경 청장과 의료진의 고생에 감사
	3	토픽 3(22%)	코로나 백신 부작용 증상 및 진단 의심자는 병원으로
	4	토픽 4(17.8%)	코로나 백신 접종 사전 예약 관리 서버 이슈
	5	토픽 2(14.3%)	대한민국 정부의 방역 문제

제14장
인스타그램 콘텐츠 분석

1. 인스타그램 콘텐츠 데이터 가져오고 전처리 설정하기

NetMiner SNS Data collector를 활용하여 유튜브 데이터를 추출하려면, NetMiner의
주메뉴 표시줄에서 Extension 탭의 Instagram Collector를 [그림 14-1]과 같이 선택하
면 된다.

[그림 14-1] Instagram Collector 선택 화면

Instagram Collector를 선택하여 클릭하면 [그림 14-2]와 같은 팝업창이 생성되고 순
서에 따라 설정해 준다.

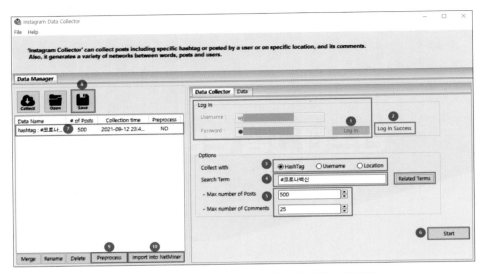

[그림 14-2] 인스타그램 데이터 추출부터 저장까지의 단계

❶ 'Data Collector' 탭 내 인스타그램 데이터 추출을 위한 허가(Authorization)[1]를 얻어야 한다. 이에 'Log in' box 내 인스타그램 user name과 password를 입력하여 'Log in'을 클릭하면 된다.

❷ Log in에 성공했다면, 'Log in Success'라는 알림이 보인다.

❸ 세 가지의 소통 및 분석 요소(HashTag, Username, Location)를 가진 인스타그램 특성상 데이터를 추출하기 위해서는 추출할 대상('Collect with')을 선정해 주어야 한다. 이 예시에서는 인스타그램상의 텍스트 데이터 중 해시태그에 달린 텍스트만 선별하여 추출하기로 하였다.

❹ 해시태그에 달린 특정 키워드를 활용하여 인스타그램 텍스트 데이터를 추출하기 위하여 'Search Term'에 그 키워드를 입력한다. 이 예시에서는 '코로나'를 입력하였다. 다만, '코로나'와 연관되거나 유사한 단어(조합)가 존재할 수 있기에, 우측의 'Related Terms'를 클릭한다. 이것을 클릭하면 [그림 14-3]과 같이 '코로나'와 관련된 키워드를 볼 수 있으며, 이 예시에서는 그중에서 '코로나 백신'으로 코로나와 관련된 'Search Term'의 범위를 좁혀 데이터를 추출하였다. 그 결과 'Search Term'

---

1) NetMiner의 SNS Data collector 이용자가 개인 이메일로 생성한 개인 인스타그램 계정의 user ID/name과 password를 기입하면 허가를 취득할 수 있다. 이에 이용자는 인스타그램 데이터 수집 전에 개인 인스타그램 계정을 반드시 가지고 있어야 한다.

의 공간에 '#코로나백신'이 기재되어 있음을 확인할 수 있다.

❺ 인스타그램 콘텐츠 최대량(Max number of Posts)과 콘텐츠당 달린 최대 코멘트(Max number of Comments)를 임의로 지정할 수 있다. 이 예시에서는 '#코로나백신' 해시태그를 가진 콘텐츠 500개 그리고 콘텐츠당 달린 코멘트 25개를 추출하는 것으로 지정하였다.

❻ 설정 후 'Start'를 클릭한다.

❼ 지정한 데이터가 추출되며, 완료 시 'Process is completed' 화면이 나타나는데 이때 'OK'를 클릭하면 된다. 이후 'Data Manager' 패널에 Data Name(이 예시에서는 'HashTag: #코로나백신'), #of Posts(이 예시에서는 총 '500개'의 인스타그램 콘텐츠), Collection time, Preprocess(이 예시에서는 'NO'로 표기)가 자동적으로 표시된다.

❽ 추출된 데이터를 저장한다.

❾ 'Preprocess'를 클릭하여 [그림 14-4]의 인스타그램 텍스트 데이터 전처리 혹은 클리닝 과정을 실시한다.

❿ 모든 과정이 끝난 후 'Import into NetMiner' 기능을 활용하여 전처리한 데이터를 NetMiner로 보낸다.

이 예시에서 관심 있는 '코로나'라는 키워드의 연관 범위가 매우 넓기에, 인스타그램의 해시태그상 '코로나'와 관련된 단어 목록을 [그림 14-3]과 같이 볼 수 있으며, 1개 이상의 연관어를 클릭하여 지정할 수 있다. 이 예시에서는 '#코로나백신' 연관어만 선택하였다.

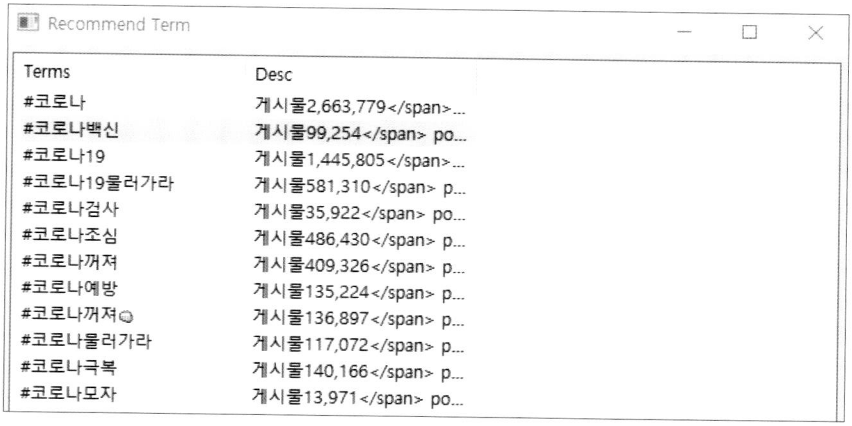

[그림 14-3] 인스타그램 텍스트 데이터 추출 시 연관 키워드 선택

[그림 14-2]의 ❾번 'Preprocess'를 클릭하면 [그림 14-4]와 같은 창이 생성되고, 이용자의 분석 목적에 맞게 인스타그램 텍스트 데이터 전처리 과정을 실행한다.

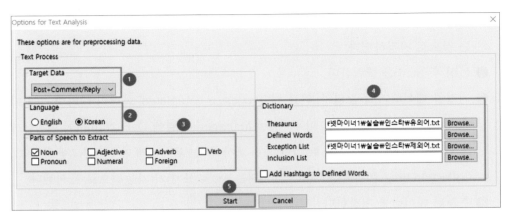

[그림 14-4] 인스타그램 텍스트 데이터 전처리 과정 1

❶ 데이터 분석 타깃('Target Data')이 ① 인스타그램 콘텐츠(Post)인지 ② 인스타그램 콘텐츠에 달린 코멘트(Comment) 또는 답글(Reply)인지 혹은 ③ 2개의 텍스트 데이터의 합(Post+Comment/Reply)인지 결정하여 선택한다. 이 예시에서는 'Post+Comment/Reply'를 선택하였다.

❷ 분석하고자 하는 텍스트가 한글인지 영어인지에 따라 'Language'의 옵션 중 한 언어를 선택하면 된다. 이 예시에서는 한글로 설정하였다.

❸ 분석 텍스트의 단위 혹은 품사를 결정한다. 명사(Noun), 형용사(Adjective), 부사(Adverb), 동사(Verb) 중 하나를 선택하거나 다수의 품사를 복수로 선택할 수 있다. 이 예시에서는 '명사'만 추출하고자 하였다.

❹ 미리 준비한 유의어(Thesaurus), 지정어(Defined Words), 제외어(Exception List), 포함어(Inclusion List) 사전을 제시하여 전처리를 진행한다. 이 예시에서는 [그림 14-5]의 유의어와 제외어 사전만을 전처리 과정에 포함하였다.

❺ 모든 전처리 과정이 완료되면 'Start'를 클릭하여 진행한다.

이 예시 분석에서 사용한 유의어와 제외어 사전 내용은 [그림 14-5]와 같다.

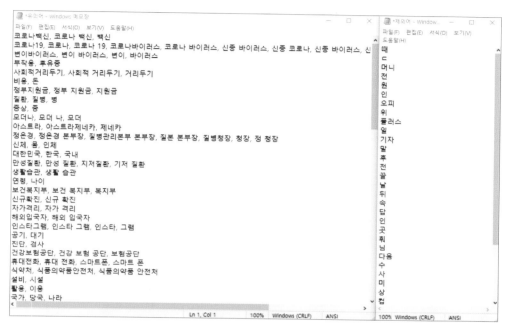

[그림 14-5] 인스타그램 텍스트 데이터 전처리 과정 2

2. TF & TF-IDF 분석

1) TF 분석

[그림 14-2]의 ❿번에 해당하는 'Import into NetMiner' 기능을 활용하여 데이터를 NetMiner로 보낸 후의 화면은 [그림 14-6]과 같다.

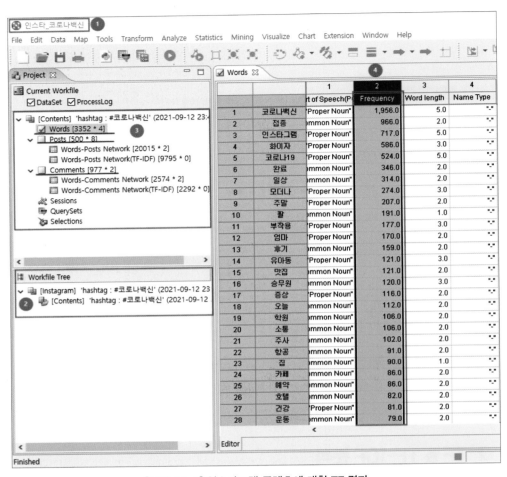

[그림 14-6] 인스타그램 콘텐츠에 대한 TF 결과

❶ NetMiner로 입력하기까지 일련의 과정이 완료되면, 전체 데이터셋을 저장하여 데이터가 소실되지 않도록 해야 한다. 이 예시에서는 파일명을 '인스타_코로나백신'으로 저장하였다.

❷ 'Workfile Tree' 패널에서 입력된 데이터에 대한 정보를 확인할 수 있다. 이 예시에서는 [Contents] hashtag' Workfile에서 분석하였다.

❸ 'Current Workfile' 패널에서는 '코로나백신' 해시태그를 가진 인스타그램 콘텐츠(Posts) 500개, 이에 대한 코멘트 977개 그리고 분석 가능한 단어(Words) 3,352개가 입력되고 나열되어 있음을 확인할 수 있다.

❹번의 경우, ❸의 'Words'를 클릭하면 우측 창에서 단어당 TF를 볼 수 있다. 이 예시

는 [그림 7-17]의 과정을 실행하여 단어 빈도에 대한 내림차순으로 정리한 결과이다. 또한 TF 분석 결과를 엑셀 파일로 변환하여 저장한다.

2) TF-IDF 분석

TF-IDF 분석을 위한 과정은 다음과 같다.

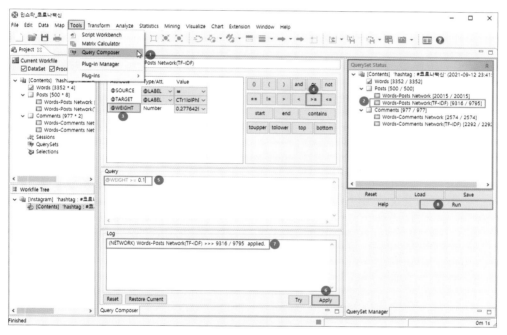

[그림 14-7] 인스타그램 콘텐츠에 대한 TF-IDF 분석 과정

❶ [그림 14-6] 인스타그램 콘텐츠에 대한 TF 결과창에서, [그림 14-7]과 같이 NetMiner 주메뉴의 Tools 탭 중 Query Composer를 선택한 후 클릭한다.

❷ Query Composer 활성화 화면이 생성되면, 'Post [500/500]'의 'Word-Posts Network(TF-IDF) [9316/9795]'를 클릭한다.

❸ 클릭 후 TF-IDF 속성 중 '@WEIGHT'를 선택한다.

❹ '>='을 선택한다.

❺ 'Query'창에 '@WEIGHT >= 0.1'을 입력한다. 이 예시에서는 TF-IDF 속성 중 WEIGHT 값이 0.1 이상만 선별하여 추출하는 것으로 설정하였다.

❻ 'Apply'를 클릭한다.

❼ 총 9,795개의 원 TF-IDF 2-mode network가 총 9,316개로 감소하였음을 확인할 수 있다.

❽ 'Run'을 클릭하여 Query의 조건대로 실행한다.

TF-IDF 결괏값을 얻기 위하여 NetMiner 주메뉴에서 Analyze 탭의 Two Mode 중 Degree를 선택한 후 클릭하면, [그림 14-8]과 같은 창이 나타난다.

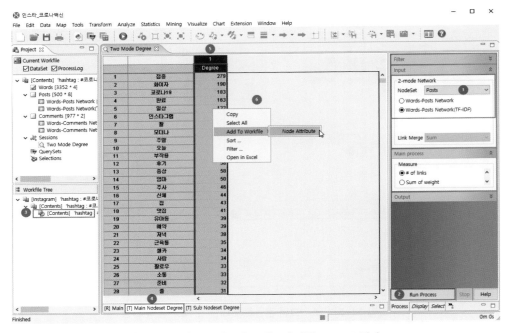

[그림 14-8] 인스타그램 콘텐츠에 대한 TF-IDF 결과

❶ Two Mode Degree 창이 생성되고 'NodeSet'을 'Posts'로 선택한 후, 'Words-Posts Network(TF-IDF)'를 지정한다.

❷ 분석을 실행하기 위하여 'Run Process'를 클릭한다.

❸ 'Workfile Tree' 내 '[Contents] hashtag(Query)' 파일이 하나 더 생성되었음을 확인할 수 있다.

❹ '[T] Main Nodeset Degree'를 클릭하면 새로운 창이 생성된다.

❺ 단어마다 'Degree' 값을 보여 주는데, 이 값이 TF-IDF 지수이다. TF 분석의 결과

정렬과 동일하게 TF-IDF 'Degree' 값을 'sort' 기능을 이용하여 내림차순한다. 또한 필요시 TF-IDF 분석 결과를 엑셀 파일로 변환하여 저장한다.

❻ TF-IDF 분석 결과에 대해 워드 클라우드를 활용한 시각화를 하기 위하여 Add to Workfile 탭의 Node Attribute를 선택한다.

3) TF와 TF-IDF 분석 결과 정리

'코로나백신' 키워드로 추출한 500개의 인스타그램 콘텐츠에서 가장 많이 등장한 단어(TF)는 '코로나 백신(1,956회)'이었으며, 그다음으로는 '접종(966회)' '인스타그램(717회)' '화이자(586회)' '코로나19(524회)' '완료(346회)' '일상(314회)' '모더나(274회)' '주말(207회)' '팔(191회)' 순으로 높았다. 단어 빈도-역문서 빈도(TF-IDF) 기준으로는 '접종(279)'이 가장 중요한 단어였으며, 그다음으로는 '화이자(190)' '코로나19(183)' '완료(163)' '일상(122)' '인스타그램(97)' '팔(95)' '모더나(81)' '주말(74)' '오늘(72)' 순으로 나타났다.

〈표 14-1〉 인스타그램 콘텐츠에 대한 TF와 TF-IDF 순위

인스타그램 콘텐츠 건수 (N=500) & 단어 수 (N=3,352)					
순위	단어	TF	순위	단어	TF-IDF
1	코로나 백신	1,956	1	접종	279
2	접종	966	2	화이자	190
3	인스타그램	717	3	코로나19	183
4	화이자	586	4	완료	163
5	코로나19	524	5	일상	122
6	완료	346	6	인스타그램	97
7	일상	314	7	팔	95
8	모더나	274	8	모더나	81
9	주말	207	9	주말	74
10	팔	191	10	오늘	72
11	부작용	177	11	부작용	63
12	엄마	170	12	후기	58
13	후기	159	12	증상	58
14	유아동	121	14	엄마	50
14	맛집	121	15	주사	46

16	승무원	120	16	신체	44
17	증상	116	17	집	43
18	오늘	112	18	맛집	41
19	학원	106	19	유아동	39
20	소통	106	19	예약	39
21	주사	102	21	저녁	38
22	항공	91	22	근육통	35
23	집	90	23	셀카	34
24	카페	86	23	사람	34
24	예약	86	25	팔로우	33
26	호텔	82	25	소통	33
27	건강	81	27	준비	32
28	운동	79	28	줄	31
28	셀카	79	28	두통	31
30	사람	76	30	하루	30
31	신체	75	30	아침	30
32	예방	73	30	내일	30
33	차	71	30	감사	30
33	데일리	71	34	차	29
35	팔로우	68	34	건강	29
36	준비	61	34	걱정	29
36	고생	61	37	인천시	28
38	병원	60	37	예방	28
38	감사	60	37	생각	28
40	두통	59	37	데일리	28
40	근육통	59	41	정도	27
42	저녁	58	42	시간	25
42	걱정	58	43	학원	24
44	인천시	57	43	가능	24
45	줄	54	45	어제	23
46	대학교	53	45	병원	23
47	육아	52	47	카페	22
48	서비스	51	47	잔여	22
49	환영	50	47	이상	22
50	하루	46	47	열	22

인스타그램 콘텐츠에 대한 TF와 TF-IDF 분석 결과를 워드 클라우드를 이용하여 시각화하면 [그림 14-9]와 같다. 워드 클라우드 시각화 방법은 [그림 8-3]부터 [그림 8-5]까지를 참고하면 된다.

〈TF〉

〈TF-IDF〉

[그림 14-9] 인스타그램 콘텐츠에 대한 TF와 TF-IDF 워드 클라우드 시각화

3. LDA 분석

LDA 분석은 다음과 같은 과정을 거친다.

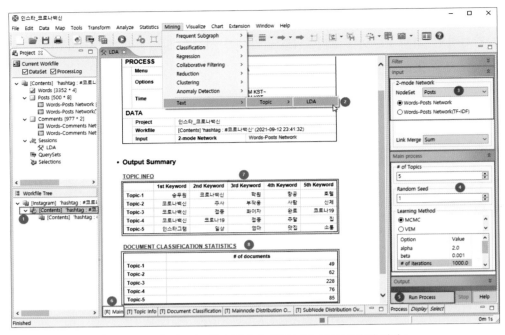

[그림 14-10] **인스타그램 콘텐츠에 대한 LDA 분석 과정 및 결과 1**

❶ 'Workfile Tree' 내 원래의 '[Contents] hashtag' 파일로 이동한다.

❷ NetMiner 주메뉴에서 Mining 탭의 Text 중 Topic의 LDA를 지정하여 클릭한다.

❸ 'Input' 패널에서 'NodeSet' 설정을 'Posts'로 지정하고, 'Words-Posts Network'를 선택한다.

❹ 'Main process' 패널에서 '#of Topics'의 의미는 LDA 분석을 통하여 분석자가 추출하고자 하는 토픽의 총 개수를 임의로 설정할 수 있다는 것이다. 이 예시에서는 토픽을 '5'개로 지정하였다. 또한 'Learning Method'에서 디폴트 값인 'MCMC'와 'alpha 값을 2.0'으로, 'beta' 값을 '0.001'로 그리고 '#of iterations' 값을 '1000.0'으로 지정하였다.

❺ 'Run Process'를 클릭하여 모든 설정을 실행한다.

❻ 화면 하단에 있는 '[R] Main' 탭에서 LDA 분석 결과를 확인할 수 있다.

❼ LDA 'Output Summary'를 이용해 예시로 설정한 topic 5개 각각의 분류에서 주요 키워드를 순위별로 나타낸다.

❽ 총 500개의 인스타그램 콘텐츠 중 각 토픽이 차지하는 콘텐츠 수를 제시한다. 가령, 가장 많은 인스타그램 콘텐츠를 보이는 'Topic_3'의 콘텐츠 수는 228개로 전체

콘텐츠의 45.6% 정도에 해당함을 알 수 있고, 인스타그램 콘텐츠 토픽별 비중은 [그림 14-11]과 같이 제시할 수 있다.

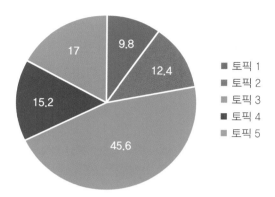

[그림 14-11] 인스타그램 콘텐츠에 대한 LDA 분석 결과 2

[그림 14-10]의 인스타그램 콘텐츠상 topic 각각에 대한 주요 키워드 등을 세부적으로 보기 위한 과정은 [그림 14-12]와 같다.

		1	2	3	4	5	6	7	8	9	10	11	12
		1st Keyword	1st Prob	2nd Keyword	2nd Prob	3rd Keyword	3rd Prob	4th Keyword	4th Prob	5th Keyword	5th Prob	6th Keyword	6th Prob	7th
1	Topic-1	승무원	0.039	코로나백신	0.035	학원	0.033	항공	0.030	호텔	0.027	셀카	0.026	
2	Topic-2	코로나백신	0.126	주사	0.021	부작용	0.021	사람	0.018	신체	0.017	걱정	0.011	
3	Topic-3	코로나백신	0.192	접종	0.134	화이자	0.099	완료	0.059	코로나19	0.050	모더나	0.045	
4	Topic-4	코로나백신	0.065	코로나19	0.058	접종	0.048	주말	0.047	집	0.021	예방	0.019	
5	Topic-5	인스타그램	0.163	일상	0.055	엄마	0.036	맛집	0.024	소통	0.020	유아동	0.020	

[R] Main [T] Topic Info [T] Document Classification [T] Mainnode Distribution Over Topic [T] SubNode Distribution Over Topic

[그림 14-12] 인스타그램 콘텐츠에 대한 LDA 분석 결과 3

❶ [그림 14-10]의 '[R] Main' 탭 옆의 '[T] Topic Info'를 클릭한다.

❷ 추출된 각 토픽의 주요 키워드 순위와 확률값 등 더욱 상세한 LDA 분석 결과를 볼
수 있다.

앞서 언급한 LDA 분석 결과를 보고서나 연구 논문으로 작성하기 위해서 〈표 14-2〉
와 같이 각 토픽별 키워드 6개와 각 키워드별 추출 확률을 제시하였다. 결과 보고 목적
에 따라 보고할 키워드 개수는 임의로 지정할 수 있다.

〈표 14-2〉 LDA 분석에 의한 인스타그램 콘텐츠 토픽당 TOP 6 핵심 키워드

토픽	키워드 1	키워드 2	키워드 3	키워드 4	키워드 5	키워드 6
토픽 1 (콘텐츠 수 = 49, 9.8%)	승무원	코로나 백신	학원	항공	호텔	셀카
확률	0.039	0.035	0.033	0.03	0.027	0.026
토픽 2 (콘텐츠 수 = 62, 12.4%)	코로나 백신	주사	부작용	사람	신체	걱정
확률	0.126	0.021	0.021	0.018	0.017	0.011
토픽 3 (콘텐츠 수 = 228, 45.6%)	코로나 백신	접종	화이자	완료	코로나19	모더나
확률	0.192	0.134	0.099	0.059	0.05	0.045
토픽 4 (콘텐츠 수 = 76, 15.2%)	코로나 백신	코로나19	접종	주말	집	예방
확률	0.065	0.058	0.048	0.047	0.021	0.019
토픽 5 (콘텐츠 수 = 85, 17%)	인스타그램	일상	엄마	맛집	소통	유아동
확률	0.163	0.055	0.036	0.024	0.02	0.02

쟁점 정리는 토픽별 키워드 6개를 기준으로 하였으며, 앞서 언급한 바와 같이 분석
결과를 활용하는 목적에 맞게 적절히 그 숫자를 조정할 수 있다.

〈표 14-3〉 인스타그램 콘텐츠에 대한 토픽별 쟁점

토픽	쟁점
토픽 1	코로나 백신 접종 후 승무원의 항공 학원 및 호텔에서 셀카
토픽 2	코로나 백신 주사의 사람 신체에 대한 부작용 걱정
토픽 3	화이자 혹은 모더나 코로나 백신 접종 완료
토픽 4	코로나19 예방을 위한 코로나 백신 접종과 주말에 집에서 휴식
토픽 5	엄마와 유아동의 인스타그램 맛집 소통

LDA 분석 결과인 토픽별 분류와 쟁점을 보고한 후 그 결과를 시각화하기 위하여 [그림 14-13]의 과정을 거친다.

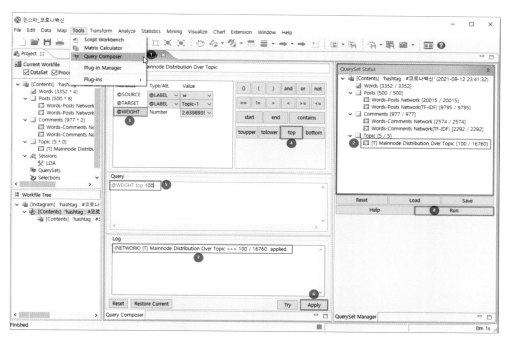

[그림 14-13] 인스타그램 콘텐츠에 대한 LDA 시각화 전처리 과정 1

❶ [그림 11-5]처럼 LDA 시각화 전처리 과정을 거친 후 NetMiner 주메뉴에서 Tools 탭의 Query Composer를 선택한 후 클릭한다.

❷ '[T] Mainnode Distribution Over Topic'의 16,760개 단어 네트워크를 전부 시각화하기는 쉽지 않기에, 네트워크 수를 적절하게 줄일 필요가 있다. 이 예시에서는 분석 함의를 제공할 만한 링크의 Weight가 큰 'top 100'개만 선별하여 시각화하기

로 하였다.

❸ 'Query' 기능을 활용하기 위하여 '@WEIGHT'를 클릭한다.

❹ 예시의 Weight top 100개만 선별하기 위하여 'Query' 패널의 'top'을 클릭한다.

❺ 'Query' 공간에 '@WEIGHT top'이라는 명령어가 생성되고 '100'을 입력한다.

❻ 실행을 위하여 'Apply'를 클릭한다.

❼ 그 결과 'Log' 공간에 '(NETWORK) [T] Mainnode Distribution Over Topic > > > 100/16760'이라는 명령어가 생성되었고, ❷ 'Query Set Status' 패널 내에서 '[T] Mainnode Distribution Over Topic [100/16760]'으로 변환되었음을 확인할 수 있다.

❽ 'Run'을 클릭하면 모든 설정이 완료되어 진행된다.

LDA 분석 시각화를 위한 사전 준비 과정이 완료되면 [그림 14-14]의 과정을 진행한다.

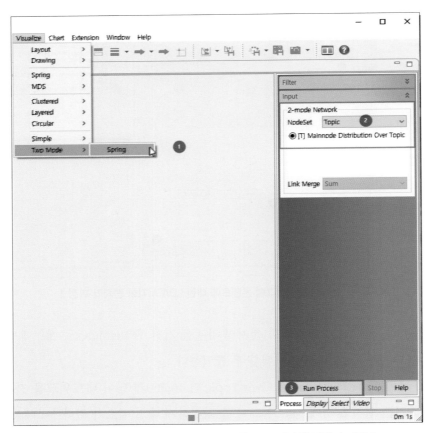

[그림 14-14] 인스타그램 콘텐츠에 대한 LDA 시각화 전처리 과정 2

❶ NetMiner 주메뉴에서 Visualize 탭의 Two Mode 중 Spring을 선택한 후 클릭하면
  우측의 창이 생성된다.

❷ '2-mode Network'의 'NodeSet'에서 'Topic'을 선택한다.

❸ 'Run Process'를 클릭하여 시각화를 진행한다.

[그림 11−9]부터 [그림 11−18]까지의 LDA 시각화 편집 과정을 거쳐 [그림 14−15]와
같은 최종 시각화 결과를 도출하였다.

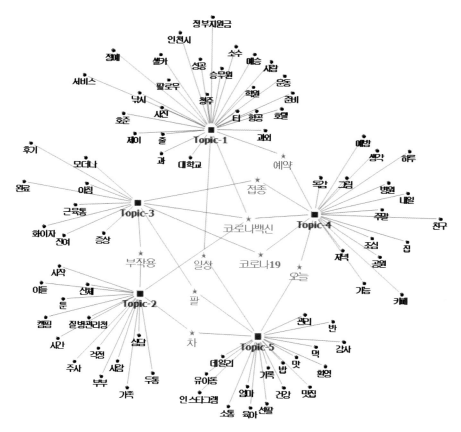

[그림 14−15] 인스타그램 콘텐츠에 대한 LDA 시각화 결과 1

LDA 시각화 결과에는 '코로나19' '코로나 백신' '접종' '예방' '오늘' '일상' '팔' '차' 등의
매개 단어가 존재하며, 모든 토픽이 1개 이상의 매개 단어의 존재를 통해 서로 연결되
어 있음을 알 수 있다.

참고로, 매개 단어들만을 강조하기 위하여 [그림 11-16]부터 [그림 11-18]까지의 노드 스타일링 과정을 토픽과 매개 단어들을 대상으로 실행하였다. 이 예시에서는 토픽 노드의 모양을 '네모'형으로, 색상은 '파란색'으로, 노드 크기는 '25'로, 둘레 굵기는 '3'으로, 글꼴 'Tahoma', '굵게', 글자 크기 '25' 그리고 글자 색상은 '파란색'으로 설정하여 실행하였다. 한편, 매개 단어 노드의 모양은 '별표'로, 색상은 '붉은색'으로, 노드 크기는 '25'로, 둘레 굵기는 '3'으로, 글꼴 'Tahoma', '굵게', 글자 크기 '25' 그리고 글자 색상은 '붉은색'으로 설정하여 실행하였다.

한편, [그림 14-15]의 시각화 결과를 [그림 14-16]의 팔레트(Palette) 아이콘 기능을 이용하여 노드와 링크의 스타일링을 추가함으로써 정교화하도록 하였다.

[그림 14-16] 인스타그램 콘텐츠에 대한 LDA 시각화 스타일링 아이콘

팔레트 아이콘을 클릭하면 [그림 14-15] 인스타그램 콘텐츠에 대한 LDA 시각화 결과와 관련된 노드(단어)와 링크(네트워크)에 대한 스타일링을 추가로 진행할 수 있다.

먼저, 노드 스타일링 과정은 [그림 14-17]과 같다.

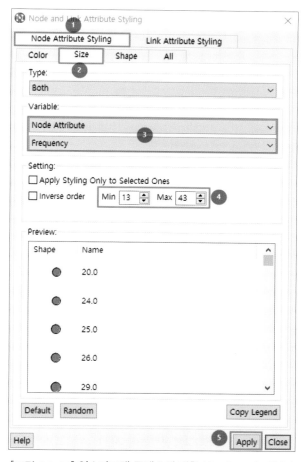

[그림 14-17] 인스타그램 콘텐츠에 대한 LDA 노드 스타일링

❶ 'Node Attribute Styling'을 선택한다.

❷ 단어 노드의 'Color' 'Size' 'Shape' 'All'을 선택하여 노드 스타일링을 세부적으로 수
행할 수 있다. 이 예시에서는 'Size'를 선택하였다.

❸ 'Size' 선택 후 노드의 속성('Node Attribute') 중 어떠한 속성을 기준으로 'Size' 스타
일링의 변화를 줄 것인지 선택한다. 이 예시에서는 단어 출현 빈도('Frequency')를
선택하였다.

❹ 최소 13회 이상에서 최대 43을 나타내는 디폴트 값을 그대로 적용하였다.

❺ 'Apply'를 클릭하여 실행한다.

한편, 링크 스타일링 과정은 [그림 14-18]과 같다.

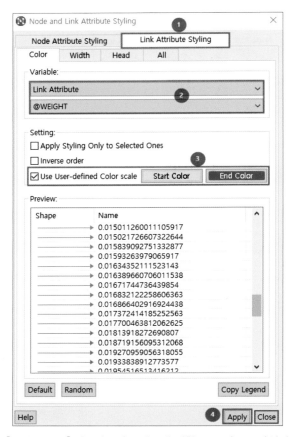

[그림 14-18] 인스타그램 콘텐츠에 대한 LDA 링크 스타일링

❶ 'Link Attribute Styling'을 선택한다. 또한 단어 간 링크의 'Color' 'Width' 'Head' 'All'을 선택하여 링크 스타일링을 세부적으로 수행할 수 있다. 이 예시에서는 'Color'를 선택하였다.

❷ 'Color' 선택 후 노드의 속성('Link Attribute') 중 어떠한 속성을 기준으로 'Color' 스타일링의 변화를 줄것인지 선택한다. 이 예시에서는 링크의 Weight를 기준으로 선택하였다.

❸ 다양한 Color setting 조건이 존재한다. 이 예시에서는 링크의 Weight가 낮을수록 '노란색'으로 그리고 Weight가 높을수록 '붉은색'으로 링크의 Color를 설정하였다.

❹ 'Apply'를 클릭하여 실행한다.

빈도가 높은 노드 크기와 Weight가 높은 링크의 두께를 조절하면, [그림 14-16]의 시각화 결과보다는 직관적으로 차별화된 시각화 결과를 볼 수 있다([그림 14-19] 참조).

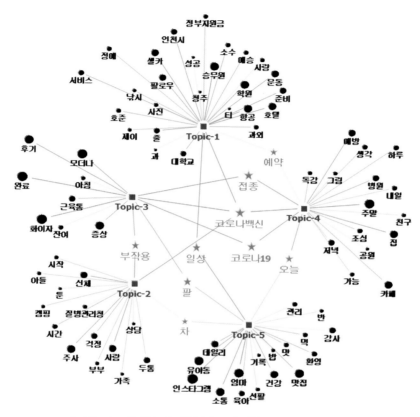

[그림 14-19] 인스타그램 콘텐츠에 대한 LDA 시각화 결과 2

이 책에서는 NetMiner 프로그램을 활용하여 빅데이터 분석의 기초인 텍스트 데이터 분석에 대해 실습과 사례를 중심으로 설명하였다. 연구자들은 이 책을 기반으로 다양한 텍스트 데이터를 수집하여 각자의 연구 및 분석 목적에 따라 이 책의 내용을 응용 및 적용하여 활용하길 바란다. 하지만 텍스트 분석만으로 많은 연구자의 갈증을 해소하기에는 부족함이 있을 것이다. 이에 추후 출간될 소셜미디어 분석이나 소셜 네트워크 분석을 다룬 책을 통하여 심도 있는 빅데이터 분석을 경험해 보길 권유한다.

참고문헌

강만모, 박상무, 김상락(2012). 빅데이터의 분석과 활용. 정보과학회지, 30(6), 25-32.

강형석, 양장훈(2018). 한국어 word2vec 모델을 위한 최적의 형태소 분석기 선정. 한글 및 한국어 정보처리, 25(2), 376-389.

국가정보화전략위원회(2011). 빅데이터를 활용한 스마트 정부 구현.

서명구, 박규석(2004). 효율적인 웹 스크래핑을 위한 확장 WIDL에 관한 연구. 한국인터넷정보학회 추계학술발표대회 논문집, 5(2), 241-244.

송태민, 송주영(2016). R을 활용한 소셜 빅데이터 연구방법론. 서울: 한나래 아카데미.

신수정(2014). 글에서 감정을 읽다! 감성 분석의 이해. 서울: 한국 IDG.

옥진아, 진창종(2015). 경기도 정책지도 구축 및 활용방안. 경기: 경기개발연구원.

유예림, 백순근(2016). 자동화된 텍스트 분석을 활용한 2015 개정 교육과정 정책에 대한 언론 보도의 쟁점 분석. 교육과정평가연구, 19(3), 127-156.

이미숙, 이창훈, 김지연(2014). 빅데이터를 활용한 환경분야 정책수요 분석. 서울: 한국환경정책·평가연구원.

이지영(2015). 빅데이터의 국가통계 활용을 위한 기초연구. 대전: 통계청.

정용찬(2012). 빅데이터 혁명과 미디어 정책 이슈. 충북: 정보통신정책연구원.

정지선(2011). 新가치창출 엔진, 빅데이터의 새로운 가능성과 대응 전략. 대구: 한국지능정보사회진흥원.

정지선(2012). 성공적인 빅데이터 활용을 위한 3대 요소. 대구: 한국지능정보사회진흥원.

정원준(2018). 사드(THAAD) 이슈를 둘러싼 한국과 중국 간 갈등 쟁점의 변화 추이 연구: 빅데이터를 이용한 시계열 토픽 모델링과 언어 네트워크 분석 기법으로. 한국광고홍보학보, 20(3),

143-196.

정원준, 김대욱, 윤호영, 이형민, 박진우, 김동성, 손영곤, 전홍식, 천용석, 정유미, 박종구(2019). 빅데이터의 분석방법과 활용. 서울: 학지사.

주해종, 김혜선, 김형로(2017). 빅데이터 기획 및 분석. 서울: 크라운출판사.

최규현(2012). 빅데이터 연구 동향과 시사점. 충북: 정보통신산업진흥원.

하연 편집부(2012). 빅데이터와 DBMS의 시장전망. 인천: 하연.

한신갑(2015). 빅데이터와 사회과학하기: 자료기반의 변화와 분석전략의 재구상. 한국사회학, 49(2), 161-192.

한국지능정보사회진흥원(2012). 빅데이터 시대! SNS의 진화와 공공정책. IT & Future Strategy, 13, 1-37.

Adrian, C., Sidi, F., Abduliah, R., Ishak, I., Affendey, L. S., & Jabar, M. A. (2016). Big data analytics implementation for value discovery: A systematic literature review. *Journal of Theoretical and Applied Information Technology*, *93*(2), 385-393.

Blei, D. (2011). Introduction to probabilistic topic models. *Communications of the ACM, 55*(4), 77-84.

Blei, D., Ng, A., & Jordan, M. (2003). Latent dirichlet allocation. *Journal of Machine Learning and Research, 3*, 993-1022.

Blei, D., & Lafferty, J. D. (2009). Topic models. In A. Srivastava, & M. Sahami (Eds.), *Text mining: Classification, clustering, and applications* (pp. 71-89). Boca Raton, FL: Chapman & Hall.

De Mauro, A., Greco, M., & Grimaldi, M. (2014). *What is big data? A consensual definition and a review of key research topics*. Presented in 4th International Conference on Integrated Information.

Desouza, K. C., & Jacob, B. (2014). Big data in the public sector: Lessons for practitioners and scholars. *Administration & Society, 49*(7), 1043-1064.

Gartner (2011). *Big data means big changes*. Gartner Group.

Hofmann, T. (1999). *Probabilistic latent semantic indexing*. Presented in Proceedings of the 22nd annual international ACM SIGIR conference on Research and Development in Information Retrieval. Retrieved from https://www.researchgate.net/publication/2941307_Probabilistic_Latent_Semantic_Indexing.

International Data Corporation (IDC). (2011). *IDC's worldwide big data taxonomy, 2011*. New York, NY: Alacra Store. Retrieved from http://www.alacrastore.com/storecontent/IDC/IDC-s-Worldwide-Big-Data-Taxonomy-2011-2107-4575.

Landauer, T., & Dumais, S. (1997). A solution to Plato's problem: The latent semantic analysis theory of acquisition, induction, and representation of knowledge. *Psychological Review*, *104*, 211-240.

Linoff, G. S., & Berry, M. J. A. (2011). *Data mining techniques: For marketing, sates, and customer relationship management.* Indianapolis, IN: Wiley.

McCombs, M. E., & Shaw, D. L. (1972). The agenda-setting function of mass media. *The Public Opinion Quarterly, 36*(2), 176-187.

Mckinsey Global Institute (2011). *Big data: The next frontier for innovation, competition, and productivity.* Mckinsey & Company. Retrieved from https://personal.utdallas. edu/~muratk/courses/cloud11f_files/MGI-full-report.pdf.

McNeely, C. K., & Hahm, J. (2014). The big (data) bang: Policy, prospects, and challenges. *Review of Policy Research, 31*(4), 304-310.

NASCIO (2012). *Is big data a big deal for state governments? The big data revolution.* Retrieved from https://www.nascio.org/wp-content/uploads/2019/11/NASCIO_BigData_ August2012.pdf.

Schwab, K. (2016). *The fourth industrial revolution.* New York, NY: Crown Publishing.

Steyvers, M., & Griffiths, T. (2007). Probabilistic topic models. In T. Landauer, D. McNamara, S. Dennis, & W. Kintsch (Eds.), *Handbook of latent semantic analysis: A road to meaning* (pp. 427-448). Mahwah, NJ: Lawrence Erlbaum Associates.

Wallach, H. M., Mimno, D., & McCallum, A. (2009). Rethinking LDA: Why priors matter. In Y. Bengio, D. Schuurmans, J. D. Lafferty, C. K. I. Williams, & A. Culotta (Eds.), *Advances in neural information processing systems 22* (pp. 1973-1981). Red Hook, NY: Curran Association, Inc.

White, P., & Breckenridge, R. S. (2014). Trade-offs, limitations, and promises of big data in social science research. *Review of Policy Research, 31*(4), 331-338.

Wiedemann, G. (2013). Opening up to big data: Computer-assisted analysis of textual data in social science. *Forum Qualitative Social Research, 14*(2), 311-320. Retrieved from http:// nbn-resolving.de/urn:nbn:de:0114-fqs1302231.

Yiu, C. (2012). *The big data opportunity: Making government faster, smarter and more personal.* London: Policy Exchange.

찾아보기

저자 소개

정원준(Chung, Wonjun)

수원대학교 미디어커뮤니케이션학과 PR학 전공 교수이다.
연세대학교(B.S.), Illinois State University(M.A.) 그리고 Purdue
University 커뮤니케이션(Communication)학과에서 PR학 전공 박사
학위를 취득하였다. 미국 University of Louisiana에서 커뮤니케이션
학과 부교수를 역임하였다. 세부 연구 분야는 국정 PR, 정부 · 정책
PR, 빅데이터 분석 기반 공공PR, 투자자 관계(IR), 지역 관계, 이슈 ·
위기 · 쟁점 · 갈등 관리, 국제 PR 등이다. 저서로『디지털 시대의 PR
학신론』(공저, 학지사, 2021),『빅데이터의 분석방법과 활용』(공저,
학지사, 2020),『광고홍보 교육의 현재와 미래』(공저, 한경사, 2019),『디지털 사회와 PR 윤리』
(공저, 커뮤니케이션북스, 2018),『정책 PR론』(공저, 커뮤니케이션북스, 2015),『PR 전문직의 리
더십과 윤리의식』(공저, 커뮤니케이션북스, 2014) 등이 있고, 국내외 다수의 저널에 연구 성과를
발표하였다.

NetMiner를 활용한
빅데이터 텍스트 분석 기법과 활용
Big Data Text Analyses and Applications: Using NetMiner

2022년　8월　20일　1판　1쇄　인쇄
2022년　8월　30일　1판　1쇄　발행

지은이 • 정원준
펴낸이 • 김진환
펴낸곳 • ㈜ **학지사**
　　　　　04031 서울특별시 마포구 양화로 15길 20 마인드월드빌딩
대표전화 • 02-330-5114　　팩스 • 02-324-2345
등록번호 • 제313-2006-000265호

홈페이지 • http://www.hakjisa.co.kr
페이스북 • https://www.facebook.com/hakjisabook

ISBN 978-89-997-2705-4　93320

정가 20,000원

출판미디어기업 **학지사**
간호보건의학출판 **학지사메디컬** www.hakjisamd.co.kr
심리검사연구소 **인싸이트** www.inpsyt.co.kr
학술논문서비스 **뉴논문** www.newnonmun.com
교육연수원 **카운피아** www.counpia.com